"一带一路"
民心相通报告

"一带一路"智库合作联盟

主　编　郭业洲

执行主编　金　鑫　王　文

执行副主编　王立勇　许永权

人民出版社

"国之交在于民相亲，民相亲在于心相通。""一带一路"建设参与国弘扬丝绸之路精神，开展智力丝绸之路、健康丝绸之路等建设，在科学、教育、文化、卫生、民间交往等各领域广泛开展合作，为"一带一路"建设夯实民意基础，筑牢社会根基。

——习近平

　　"一带一路"建设要以文明交流超越文明隔阂、文明互鉴超越文明冲突、文明共存超越文明优越，推动各国相互理解、相互尊重、相互信任。

——习近平

　　文明交流互鉴是古丝绸之路留下的精神财富，民心相通应该成为"一带一路"建设国际合作的重要组成部分。我们愿探讨多层次、宽领域的人文合作，加强教育、科技、文化、卫生、旅游、体育等领域交流合作，搭建更多合作平台，开辟更多合作渠道。我们愿积极创造条件，让社会各阶层、各群体都参与到合作中来，营造多元互动、百花齐放的人文交流局面。

——习近平

目　录

同筑民心之桥　共建"一带一路"

——在"增进民心相通"平行主题会议上的主旨讲话

（2017 年 5 月 14 日）

中共中央对外联络部部长　宋　涛

尊敬的各位来宾，

女士们、先生们、朋友们：

　　大家下午好！首先，我谨代表"增进民心相通"平行主题会议的主办方——中共中央对外联络部，对各位嘉宾的到来表示最热烈的欢迎！

　　在各方热切期待和共同努力下，"一带一路"国际合作高峰论坛今天上午在北京隆重开幕，习近平主席发表了重要讲话，对过去 3 年多来"一带一路"建设的进展和经验进行了总结，并在凝聚各方共识的基础上，明确了下一阶段合作的方向和领域。一些外国元首、首脑和国际组织负责人也对"一带一路"建设提出了期许和建议。从他们的讲话中不难看出，"一带一路"要行稳致远，离不开"民心相通"的支撑和保障，需要实施好增进民心相通这项基础性工程。

　　"一带一路"倡议提出 3 年多来，围绕增进民心相通这一目标，中国与"一带一路"沿线国家开展了领域广泛、内容丰富、形式多样的人文交流与合作。通过一系列项目和活动的实施，"一带一路"沿线国家民众增进了相互了解、深化了相互友谊，也更加理解和支持"一带一路"建设。此次平行主题会议，为推动民心相通这项大事业进入新阶段、迈上新台阶提供了重要契机。大家从五洲四海汇聚这里，我们期待各位的真知灼见，也感谢各位为促进"一带一路"民心相通建设所作出的贡献。

女士们、先生们、朋友们，

当今世界正在发生深刻复杂的变化，在经济全球化遭遇许多新挑战、全球经济增长动力不足的大背景下，我们需要更加深入地把握"一带一路"民心相通建设的重要意义。

首先，推动民心相通建设，可以为各国经济合作夯实社会根基。中国有句古话，"以利相交，利尽则散"，"唯以心相交，方成其久远"。"一带一路"不仅是经济发展倡议，更是民心相通倡议。我们所要实现的互联互通，是政策沟通、设施联通、贸易畅通、资金融通、民心相通五个领域齐头并进。搞好"一带一路"建设，离不开各国民众的支持，只有各国民众交往多了、感情深了，心与心才能贴得更近，各种务实合作才能开展得更加顺畅，各国友好的基础才能更加坚实。可以说，民心相通建设既承担增进友谊、加深了解的重任，又发挥助推经济合作的功能。民心相通既是手段，也是目的。我们需要齐心协力，不断强化"一带一路"民心相通纽带，更加主动地顺应民愿、汲取民智、动员民力，不断优化互利共赢的合作模式，让"一带一路"建设的成果更好地惠及相关国家民众，为各方务实合作构筑强有力的社会环境和民意基础。

其次，推动民心相通建设，可以为改革和完善全球治理体系注入动力。当今世界，经济全球化的进程面临挑战，很多国家都面临增长乏力、贫富不均、发展失衡、环境退化等一系列问题。应对这些挑战，不仅需要每个国家作出努力，也需要加强全球治理，推动全球治理向着更加公正合理方向发展。时至今日，全球治理是攸关各国利益和普通民众福祉的一件大事，需要调动社会力量共同参与。"一带一路"不仅是经济发展之道，也是推动新型全球化、完善全球治理的创新性探索。各国人民对美好生活的向往，就是全球治理变革的方向。通过"一带一路"民心相通建设，我们可以更好地把握各国民众的发展诉求，更及时地回应各国民众的变革意愿，更有力地引导社会力量开展相关合作，更平衡地维护好各方利益，进而为改革和完善全球治理体系凝聚共识、寻求对策。

第三，推动民心相通建设，可以为深化文明交流互鉴提供平台。文明是人类物质生活和精神生活的积淀，文明多样性是当今世界的基本特征，也是人类进步的源泉。在"一带一路"沿线，不同民族和宗教，不同历史和国情，不同文化和习俗，孕育了不同文明，构成了多姿多彩的文明景观。"一带一路"建设不仅是物质性的，也是精神性的；既需要经贸合作的"硬"支撑，更离不开文明互鉴的"软"助力。我们需要倡导多元多样、平等相待的文明观，尊重差异、求同存异、聚同化异；需要倡导美人之美、美美与共的文明观，相逢相知、相互欣赏、互信互敬；需要倡导不忘本来、面向未来的文明观，礼敬传统、包容创新、与时俱进；需要倡导以文化交融化解对抗冲突的文明观，多沟通、多对话、多协商，增进民心相通，用"文明和谐"摈弃"文明冲突"。

第四，推动民心相通建设，可以为构建人类命运共同体积聚条件。当今世界，各国已经形成你中有我、我中有你的利益交融格局。正如习近平主席所言，"各国要树立命运共同体意识，真正认清'一荣俱荣、一损俱损'的连带效应。在追求本国利益时兼顾别国利益，在寻求自身发展时兼顾别国发展"。"一带一路"建设坚持以民为本，倡导合作共赢，力促联动发展，是构建人类命运共同体的重要探索和实践。通过"一带一路"建设，中国希望与相关国家和国际组织一道，同心打造人类命运共同体。我们要把增进"一带一路"沿线国家的命运共同体意识，作为民心相通事业的努力方向和目标，大力促进地缘相连、人缘相亲、文缘相通、命运与共，让各国民众在实现共同发展的过程中成为好朋友、好伙伴，逐步构建责任共担、利益共享、休戚与共的人类命运共同体。

女士们、先生们、朋友们，

"积力之所举，则无不胜也；众智之所为，则无不成也"。推动"一带一路"民心相通事业，需要充分发挥各方的"主人翁"精神，把握机遇、齐心协力，将美好愿景转化为实际行动。要更加有效地开展好下一阶段的民心相通合作，我有以下四点建议与大家分享。

一、增进民心相通，要突出一个"共"字。各国要坚持"共商共建共享"的原则，共同做好民心相通合作的顶层设计、整体布局和项目规划，共同构建双边、多边交流平台。要加强协调、通力合作，强化共同担当意识，履行好各自的责任义务，提升相关民心相通项目的落地效率，促进民心相通建设的常态化、机制化。

二、增进民心相通，要把握一个"情"字。要带着感情做好民心相通事业，让相关项目能够真正深入各国民众的内心。多开展可以拨动人们心弦的活动，注重厚植情谊、以情动人，提升各国民众对"一带一路"建设的认同感、支持度。要循序渐进、久久为功，一步一个脚印地做好"一带一路"的"心通"工程。

三、增进民心相通，要讲求一个"实"字。要把民心相通事业与各方务实合作更加紧密地结合起来，围绕建设绿色、健康、智力、和平丝绸之路，实施好一批指向明确、重点明晰、效果明显的民心相通项目。要注重增进民心相通项目的普惠性，提升沿线国家不同群体、不同阶层民众的参与度和获得感。

四、增进民心相通，要彰显一个"容"字。民心相通合作要秉承包容开放原则，不断完善多元主体合作模式，带动更多国家、更多国际组织、更多社会力量参与进来。要倡导文化包容意识，培育双赢、多赢、共赢理念，促进各国民众相互学习、取长补短，正确对待观念分歧，妥善处理好合作与竞争的关系，追求共同发展。

女士们、先生们、朋友们，

"人之相知，贵在知心"。民心是最大的政治，民心相通则是最基础、最坚实、最持久的互联互通。"一带一路"建设的所有成果，归根结底是要造福各国人民，让一个个普普通通的民众得到实惠。"一带一路"建设，既需要经济合作，更需要真情交流和民心共振。让我们携起手来，在丝绸之路精神的指引下，坚持以民为本、深化文明互鉴，架起民心相通之桥，铺就心灵丝绸之路，增进理解、扩大认同、加深友谊，为促进以合作共赢为核心的新型国际关系、构建人类命运共同体而不懈努力！

谢谢大家！

第一部分

"一带一路"民心相通报告
——政策推进篇

第一章

政策先行　促进交流

第一节　环境保护部：以碧水蓝天换融洽无间

一、基本情况

生态环境保护是"一带一路"建设八个重点合作领域之一，也是促进我国与"一带一路"沿线国家和地区交流合作的重要窗口。环境保护部高度重视"一带一路"建设中的生态环保合作，积极落实国家领导人关于建设绿色丝绸之路的相关要求，充分利用现有双多边合作机制，分享我国生态文明与绿色发展的理念和实践，建设生态环保信息共享平台，并开展务实合作，促进民心相通。

二、主要成果

（一）举办生态环保主题的对话交流活动

1."一带一路"生态环保国际高层对话会

2016 年 12 月 11—12 日，环境保护部与深圳市人民政府在深圳市共同主办"一带一路"生态环保国际高层对话会。会议主题为"加强生态环境保护，共建绿色'一带一路'"。来自"一带一路"沿线的柬埔寨、伊朗、老挝、蒙古国、俄罗斯等16个国家以及联合国环境规划署等4个国际组织的高级别代表，以及外交部、商务部、相关省区环保部门官员、学者和企业界代表200余人参加会议。

会议围绕"加强政策交流""构建合作平台""履行企业环境责任"三个专题展开交流与研讨。会议期间，"一带一路"环境技术交流与转移中心（深圳）正式启动，该中心由环境保护部与深圳市人民政府共同建设，将作为我国与"一带一路"沿线国家开展环保产业国际合作的高端平台，推动绿色"一带一路"务实合作的开展。同时，会议期间还发布了《履行企业环境责任 共建绿色"一带一路"》倡议。倡议由中国—东盟（上海合作组织）环境保护合作中心、中国可持续发展工商理事会、全国工商业联合会环境服务业商会共同发起，环境保护部、国家发展改革委、商务部为支持部门，第一批19家参与企业涵盖能源、交通、制造业、环保产业等多个领域。

2. 中国—东盟环境合作论坛（2016）

2016年9月10—11日，环境保护部与广西壮族自治区人民政府、东盟秘书处、越南自然资源与环境部在广西南宁共同主办中国—东盟环境合作论坛（2016）——绿色发展与城市可持续转型。来自越南、柬埔寨等8个东盟国家环境部门、相关国际组织、科研机构、地方环保部门和企业代表200余人出席论坛。

会议指出，多年来中国与东盟在生态环境保护领域开展了全方位合作，取得了丰硕成果，成为"南南合作"的一大亮点。与会代表一致认为，中国的生态文明理念正在引领绿色转型，"一带一路"倡议为东盟繁荣和发展带来新的机遇，绿色"一带一路"建设也将有助于东盟国家实现2030年可持续发展议程的目标，造福于东盟国家和人民，希望在"一带一路"建设过程中，进一步加强沟通与对接，开展务实合作，共同推动本地区的可持续发展。

（二）建设生态环保信息共享平台

1. 上海合作组织环保信息共享平台

2013 年 11 月 29 日，李克强总理出席上海合作组织成员国总理第 12 次会议时提出"共同制定上合组织环境保护合作战略，建立信息共享平台"的倡议。环境保护部积极落实领导人倡议，2014 年启动建设上海合作组织环保信息共享平台。

平台旨在推动区域各国环保信息、知识、经验和技术的共享和应用，共同应对区域环境挑战，建设绿色丝绸之路，推动区域绿色发展。目前，该平台门户网站已正式上线运行。

2. 中国—东盟环保信息共享平台

2015 年，在第 18 次中国—东盟领导人会议上，李克强总理提出"建设中国—东盟环保信息共享平台"的倡议。环境保护部积极落实倡议并开展相关工作。

平台旨在促进中国与东盟各国间环境信息的收集、整理、分析和运用，实现区域环保信息的互联、互通、互用，推进实现中国与东盟国家"互联网＋环保合作"的新局面，服务绿色丝绸之路建设。目前，环境保护部正在与东盟各国共同修改和完善平台建设方案，并于 2017 年正式启动平台建设工作。

3. "一带一路"生态环保大数据服务平台

2016 年 9 月 27 日，环境保护部在京正式启动并对外发布"一带一路"生态环保大数据服务平台网站。该平台将进一步整合上合、东盟等信息共享平台，收集整理中国和"一带一路"沿线国家与地区的生态环境状况以及环境保护政策、法规、标准、技术和产业发展等相关信息，分享生态文明与绿色发展的理念与实践，搭建政策对话与交流平台、决策支持平台、科学研究平台和能力建设平台，为"一带一路"建设提供生态环保信息支撑。

（三）实施绿色使者计划，开展能力建设活动和环保援外培训

2010 年，时任总理温家宝在第 13 次中国—东盟领导人会议上提出"开展中国—东盟绿色使者计划"的倡议，环境保护部积极落实倡议并开展相关工作。截至 2015 年，该计划共举办活动 12 次，邀请东盟国家 200 多名环境官员、青年学生、专家来华参加相关活动。2016 年，环境保护部在中国—东盟绿色使者计划的基础上制定了"海上丝绸之路绿色使者计划"。

在海上丝绸之路绿色使者计划框架下，2016 年，环境保护部举办 4 期环境管理和污染防治能力建设研讨班，来自东盟国家的 58 名环境官员参与相关活动。

同时，在商务部支持下，2016 年环境保护部举办 8 期援外生态环保培训项目，共计培训来自埃及、伊朗等 46 个发展中国家的 222 名官员。

（四）开展务实合作，促进民心相通

1. 建设"一带一路"环保技术和产业国际合作平台

经环境保护部批准，现正在建设中国—东盟环保技术和产业合作交流示范基地（江苏，以宜兴环境科技园为依托）、中国—东盟环保技术和产业合作交流示范基地（广西，以粤桂特别试验区为依托）、"一带一路"环境技术交流与转移中心（深圳）、核与辐射安全国际交流中心（北京，以国家核与辐射安全监管技术研发基地为依托）。未来，还将视情形在柬埔寨设立境外环境合作支持机构，推动相关务实合作的开展。

2. 建设澜沧江—湄公河环境合作中心

2016 年 3 月，李克强总理在首次澜沧江—湄公河领导人会议上提出"中国愿与湄公河国家共同设立澜沧江—湄公河环境合作中心，加强技术合作、人才和信息交流，促进绿色、协调、可持续发展"的倡议。澜沧江—湄公河环境合作中心作为我国在澜沧江—湄公河合作机制下与相关国

家开展生态环保合作的主要平台和支持机构，将以"成果落实，合作建设，突出亮点"为导向，推动同湄公河地区国家生态环境管理部门间的交流，在能力建设、技术转移、生态保护、环境治理等领域开展示范合作，促进中国环保标准、技术、产业和咨询服务业"走出去"。

目前，环境保护部已编制完成澜沧江—湄公河环境合作中心工作方案，并初步建立了与湄公河国家环境部门的交流机制。下一步，将制定并实施绿色澜湄行动计划，推动具体工作的开展。

3. 建设中国—东盟生态友好城市发展伙伴关系

2015 年 11 月，李克强总理在第 18 届中国—东盟领导人会议上提出"探讨建立中国—东盟生态友好城市发展伙伴关系"的合作倡议。

2016 年 9 月，中国与东盟秘书处、东盟国家代表在中国—东盟环境合作论坛（2016）上共同启动了该伙伴关系。

（五）推动环保社会组织"走出去"，助力民心相通

2016 年 7 月和 10 月，环境保护部组织召开两次"一带一路"环保社会组织工作交流座谈会，就环保社会组织开展国际交流合作进行讨论，对国内环保社会组织助力绿色"一带一路"建设提出对策建议。同时委托中国生态文明研究与促进会就此开展专题研究，并提出相关工作建议。

三、特色优势

一是生态环保与绿色发展已成为当前国际社会核心发展议题之一。在"一带一路"建设过程中加强生态环保相关工作，建设绿色"一带一路"，与国际绿色发展的趋势相适应，与中国大力推进生态文明建设的内在要求相契合，同时也顺应了沿线国家推动绿色发展的要求。二是生态环保工作是塑造"一带一路"建设正面国际形象的重要途径之一。环

保的公益属性有利于凝聚共识，增信释疑，促进沿线国家民众支持和认同。三是开展与沿线国家的生态环保合作有助于推动中国生态文明和绿色发展理念"走出去"，提高中国在全球环境治理体系中的影响力和话语权。

四、主要挑战

一是缺乏资金支持，目前开展的生态环保对话交流及务实合作项目数量偏少，影响力有限；二是生态环境信息缺乏，对"一带一路"沿线国家的生态环境状况以及政策、标准、法律法规了解不够；三是沟通渠道不太通畅，尚未与部分沿线国家建立起双边环保合作关系；四是人才队伍能力不足，深入了解沿线国家和地区语言文化的人才仍相对较少，难以满足实际工作需要；五是我国环保社会组织尚未全面"走出去"，其加强中国环境保护对外宣传、促进中国与沿线国家民间环保交流合作的作用尚未得到全面发挥。

五、未来思路

1. 依托现有平台，进一步加强生态环保相关政策交流和民间合作，了解、识别沿线国家和地区的环保合作需求，分享绿色发展的理念与实践，推动各方共同参与绿色"一带一路"建设。

2. 推动区域环保信息共享，加强"一带一路"生态环保大数据服务平台及其网站建设，强化信息支撑。

3. 继续实施绿色使者计划和环保援外培训，进一步增信释疑，争取更多理解和支持，培育友华人士。

4. 推动环保社会组织"走出去"，加强中国与沿线各国环保非政府组织、智库及民间的交流合作，切实推动民心相通。

第二节　国家新闻出版广电总局：扎实推进"丝绸之路影视桥工程"，服务"一带一路"民心相通工作

为配合国家"一带一路"倡议构想、推进民心相通，国家新闻出版广电总局在中宣部指导下组织实施了"丝绸之路影视桥工程"。自2014年正式启动以来，该工程有序推进，成效明显。"丝绸之路影视桥工程"从影视节目的内容制作、译配、宣传推广、渠道落地播出等不同角度促进民心相通，增进"一带一路"国家民众对中华传统文化和中国当代社会经济发展的了解。有关情况如下：

一、整体目标

根据沿线国家政策法规、产业和技术发展情况，在俄罗斯、印度、哈萨克斯坦、土耳其、缅甸等重要国家，以"丝绸之路国际电影节""中国影视剧对象国本土化语言译配"等重点项目为抓手，扎实推进"丝绸之路影视桥工程"。

二、具体举措

"丝绸之路影视桥工程"主要从五个方面策划和实施项目，推进与丝路沿线国家的民心相通。

1. 积极推动丝路题材广播影视作品的创作、推广和发行。积极鼓励和推动丝绸之路题材广播影视作品的创作、国际合拍，每年邀请沿线国家派团和选片参加"丝绸之路国际电影节"，在沿线重点国家适时举办"丝绸之路电影周"等活动。

2. 鼓励扶持面向沿线国家的影视精品译配和播出。针对对象国和地区

受众需求，精选一批传播当代中国价值观念、体现中华文化精神、反映中国人审美追求的优秀影视剧、动画片、纪录片，配译成沿线国家本土语言，通过商业营销、广告时段置换、节目交流相结合的方式，在沿线国家主流电视台播出。

3. 策划组织沿线国家跨境采访、媒体活动等品牌活动。服务"一带一路"建设大局，立足民心相通，提升中国广播影视媒体和作品在当地的影响，充分利用沿线重点国家的播出和推广平台，与沿线国家媒体联合策划组织丝路主题的跨境采访报道、人文历史媒体活动和广电艺术团体演出等合作项目。

4. 稳步推进面向沿线国家的广播影视落地覆盖。根据中央国际传播力建设总体规划和实施方案，继续做好面向沿线国家的广播影视落地覆盖工作。以中央电视台、中国国际广播电台、中央人民广播电台为骨干，沿边省区和其他有条件的省区市媒体为重点，新兴媒体为突破点，提高落地覆盖率，提升新闻信息内容产品核心竞争力。

5. 鼓励推动广播影视产品、技术和服务"走出去"。支持并引导有条件的国内广播影视设备厂商和科技企业抓住沿线国家数字化改造契机，积极开拓当地市场，促进中国广播影视技术设备面向沿线国家的出口，鼓励支持有条件的工程技术企业参与沿线国家广播影视对外承包合作建设项目，带动技术、标准和设备输出。以技术标准出口带动技术设备和节目内容出口。

三、主要成果

1. 围绕大局，有效引领全国广播影视领域参与"一带一路"建设。影视桥工程围绕中心、服务大局，着力引领全国广播影视机构和媒体参与"一带一路"建设，尤其在促进民心相通方面发挥了积极作用。每年全国都有 300 多个单位主动策划影视桥工程项目，发挥自身优势，在广播影视内容制作、译制配音、宣传推广等方面策划和实施项目。目前，在总局的统筹协调下，影视桥工程已经形成了以中央电视台、中国国际广播电台和中央人民广播电台为骨干，以地方广电机构、民营文化企业为补充，政府主导、多主体参与的格局，有效发挥"影视桥工程"对地方与边境省区市广电发展和"走出去"的带动作用。

2. 打造亮点，通过本土化译制配音影视精品提升我国文化软实力。影视桥工程实施三年多来，始终将中国影视剧对象国本土化语言译配工作作为整个项目的重点，针对 26 个目标国家完成了 60 部影视节目的译制、配音、推广和播出工作，超额完成第一阶段工作目标（15 个国家），效果显著。

3. 树立品牌，精心举办丝绸之路国际电影节。国家新闻出版广电总局、陕西省人民政府、福建省人民政府联合主办了丝绸之路国际电影节，从 2014 年至今已举办三届。2014 年首届电影节的参展国家为 26 个，2016 年第三届电影节的展映国家达到了 57 个，电影节的国际影响力显著提升。印度、俄罗斯等国分别担任主宾国，强化了双边合作水平和国际化色彩。电影节的活动内容也日趋丰富。

4. 聚焦新闻，有效传播丝路精神、宣传"一带一路"建设成果、提升国际舆论引导力。中央电视台大型系列节目《共同繁荣新起点》播出后，引发境内外媒体高度关注，《光明日报》撰文称该节目开创同类题材多个第一，日本《读卖新闻》专门发文关注该节目。中央人民广播电台"丝绸之路沿线国家广播电台大型主题报道活动"14 场丝路主题系列直播和大型网络专题节目《"一带一路"进行时》播出后，反响热烈。中央电视台《丝路梦开始的地方》项目整合英语、西班牙语、法语、阿拉伯语和俄语五个频道的资源，在国内 36 个城市、境外 14 个国家完成采访报道，播出了 120 期系列新闻专题。除在央视播出，这些节目还在法国电视五台、法属波利尼西亚电视台、法波大溪地电视台以及哈萨克斯坦、吉尔吉斯斯坦等国的国家电视台播出。陕西卫视《丝绸之路万里行》节目，从国内丝路城市出发，用采访、采风等方式重走陆上丝绸之路和海上丝绸之路，并在境外平台播出，宣传了我国发展良好形势，促进了中国与"一带一路"沿线国家相互了解，取得良好效果。

5. 注重合作，打造中外人文交流新平台。影视桥工程积极发挥广播影视在传播文化、沟通民心方面的独特优势，通过创新形式，打造人文交流新平台，完成"联接中外、沟通世界"的任务。

四、未来思路

1. 加强领导，做好顶层设计。将影视桥工程列为总局重点工作。通过顶层设计引领，推动重点领域和重点项目的发展，着力打造精品项目。

2. 加强统筹，强化项目评估。探索建立绩效评估和效果评估体系，借助总局社科研究平台和资源，开展课题研究，逐步建立和完善效果评估体系。通过加大统筹力度、优化运行机制，充分凝聚各方力量，创新合作网络、合作模式、合作平台，提升影视桥工程的平台和支点作用。

3. 加强规划，推进实施示范性重点项目。认真规划好下一阶段工作，把握重点、打造亮点，创新合作网络、合作模式、合作平台，推进实施示范性重点项目。要重视电影在"一带一路"民心相通和人文交流中的作用，办好丝绸之路国际电影节，着力打造"中外电影节"品牌活动，提升中国电影在丝路国家的影响力和竞争力。继续做好中国影视剧本土化语言译配工作，办好"中国剧场"项目，利用好电视剧、动画片和纪录片等载体，通过高品质的翻译和配音，立足本土化表达、国际化制作，有效消除文化鸿沟，讲好中国故事、传播中国文化。策划实施好"友邻传播工程"，发挥好边疆省区的地理、文化优势，做好面向周边国家的对外传播，着力加强我国在周边国家的话语权和文化影响力。

4. 加大财政支持，拓展资金渠道。为有效配合国家"一带一路"建设战略，促进民心相通，需要加大资金支持力度，积极拓展其他资金渠道，提高资金使用效率，强化影视桥工程的引导力，发挥杠杆作用，惠及更多项目主体。

第三节　科学技术部：深化科技人文交流，共同提升科技创新能力

一、基本情况和主要成果

2016 年，科技部会同国家发展改革委、外交部、商务部联合发布了《推荐"一带一路"建设科技创新合作专项规划》（以下简称《专项规划》），就与"一带一路"沿线国家和地区主动对接和开展科技园区合作进行了规划部署。主要成果有：

（一）杰出青年、培训班、科技联委会交流项目和政府间项目

一是执行杰出青年科学家来华工作计划。2016 年资助了来自印度、巴基斯坦、孟加拉国、缅甸、蒙古国、泰国、斯里兰卡、尼泊尔、叙利亚、埃及等国 100 多名青年科学家来华，在农业、环境能源、信息技术、科技政策与创新管理等领域开展科研；与埃及、孟加拉国等国签署了双向或单向科学家交流协议。二是启动中以青年创新领袖计划。中国科技部与以色列外交部于 2016 年 3 月签署了《中华人民共和国科学技术部与以色列国外交部"青年创新领袖计划"合作谅解备忘录》，中方已于当年 7 月赴以色列执行第一批计划。三是发挥政府间科技合作联委会交流项目的作用。按照政府间科技合作所确定的重点方向，与泰国等国共同对有潜在或初始合作意向的团队交流给予支持。四是举办发展中国家技术培训班，培训来自包括沿线国家和地区在内的学员。

（二）搭建论坛、研讨会等多层次交流平台

科技部与上海市人民政府于 2016 浦江创新论坛期间，共同主办了"一

带一路"科技创新合作专题研讨会,以"建设'一带一路'创新共同体"为主题,来自沿线国家和地区政府、大学、科研机构、智库和技术转移机构等国内外科技创新各领域代表参会,对"一带一路"倡议背景下的科技创新合作进行了积极有益的对话和磋商。科技部主办了首届中国—中东欧国际创新合作大会,支持广西举办了中国—东盟技术转移与创新合作大会,支持云南举办中国—南亚技术转移与创新合作大会。

二、特色优势

我国与沿线国家和地区围绕"一带一路"科技创新合作迎来良好机遇。一是我国与许多沿线国家和地区发展阶段类似,发展需求和条件有共同之处,在发展路径的选择上容易达成共识。二是科技创新在与沿线国家和地区开展国际合作中具有先行优势,已成为政策沟通、设施联通、贸易畅通、资金融通、民心相通的关键支撑。三是科技创新在支撑"一带一路"建设中已发挥了积极作用,并取得良好成效。

三、未来思路

深化科技人文交流,增进科技界的互信和理解,是推动"一带一路"科技创新合作的基础,也是与沿线国家和地区持续开展人文交流活动的核心。与沿线国家和地区合作,共同培养科技人才,扩大杰出青年科学家来华工作计划规模,建设一批不同类型的培训中心和培训基地,广泛开展先进适用技术、科技管理与政策、科技评估、科技创业等培训。实施国际科技特派员计划,开展科技志愿服务,解决技术问题,满足技术需求。合作开展科普活动,促进青少年科普交流。

加强科技创新正常沟通,支持沿线国家和地区开展正常能力建设。积极与沿线国家共同开展科技创新规划编制、科技创新政策制定、国家创新体系建设等，推动开展重大科技活动联合评估，形成科技创新政策协作网络。

构建多层次的科技人文交流平台。充分利用博鳌亚洲论坛、中国—东盟博览会、中国—亚欧博览会、中国—南亚博览会、中国—阿拉伯国家博览会、中国—俄罗斯博览会、中国—中东欧博览会、中国西部国际博览会等平台，继续建设好与东盟、南亚和阿拉伯国家的国际技术转移与创新合作大会和中国—中东欧国家创新技术合作及国际技术转移研讨会等科技创新合作平台。

第四节　国家体育总局：加强与"一带一路"沿线国家的体育交流，以体育联接民心

国家体育总局高度重视与"一带一路"沿线国家开展体育交流与合作。近几年组织了丝绸之路国际汽车拉力赛、"武术丝路行"等活动，并利用人文交流机制的平台和双边合作机制，务实推进了与"一带一路"沿线国家的交往，加深了与沿线各国人民之间的了解与友谊，促进了民心相通。

一、"一带一路"框架下的跨国体育交往

中国在"一带一路"框架下组织的多国参加的体育活动尚处于起步和探索阶段，主要有 2016 年丝绸之路国际汽车拉力赛和"武术丝路行"系列武术国际推广活动。

（一）丝绸之路国际汽车拉力赛

2016 年，中俄两国共同举办了丝绸之路国际汽车拉力赛，赛事穿越俄罗斯、哈萨克斯坦和中国。7 月 8 日在莫斯科红场发车，7 月 24 日在北

京国家奥林匹克公园庆典广场收车。总里程 10780 公里，其中赛段总里程 4105 公里，行驶路线总里程 6675 公里。来自 30 个国家和地区的 125 辆赛车和 270 名车手报名参赛，其中中国赛车 23 辆、车手 45 名。该活动以其影响力大、涉及面广、受关注程度高等特点，成为宣传"一带一路"倡议、推动沿线经济带建设、增进与沿线国家友谊的平台。

(二)"武术丝路行"系列武术国际推广活动

为加强中国传统体育项目推广力度，配合外交大局和"一带一路"倡议构想，我国以中国武术协会的名义与"一带一路"沿线国家合作，于 2016 年 3—9 月组织举办"武术丝路行"系列武术国际推广活动。该活动分为五站，覆盖南亚、中亚、西亚北非、中东欧等地区的 11 个国家，扩大了中国文化及武术运动在海外的影响力，进一步促进了我国与丝绸之路沿线国家的体育交流与合作。

二、与"一带一路"沿线国家体育交往情况

(一) 与欧洲大国的体育交流与合作

中国与俄、英、法、德等欧洲体育强国体育界关系友好。除体育领导人互访，运动员、教练员等人员往来以外，还在人文交流机制等国家层面机制框架下开展了体育交流与合作。

体育总局作为中俄、中英、中法人文交流机制的成员单位，积极参与了相关工作，在机制框架内积极推动与上述三国的体育交流与合作，取得了丰硕的成果。

中国与俄罗斯自 2006 年起互办的中俄青少年运动会是中俄人文交流框架内的亮点活动之一，至今已举办了 6 届。双方自 2012 年起举办中俄体育科学研讨会，至今已举办了 3 届，并于 2015 年 10 月成立了联合科研工作组，不断深化科研领域的务实合作。2016 年双方成功在哈尔滨召开

了第一届中俄青少年冬季运动会。此外还在申办和组织大型综合性运动会方面相互沟通和支持、互派运动队共同训练、推动边境省份开展交流与合作等。

在中英高级别人文交流机制框架下，双方开展了运动队互访、健身气功、武术培训和展演、高校赛艇友谊赛等一系列活动。近几年，我国与英方积极探讨青少年足球、冬季运动及冬奥会等领域的合作。

在中法高级别人文交流机制框架下，双方在两国优势和传统项目上开展了交流与合作。两国武术协会建立了双边合作机制，定期轮流举办"中法武林大会"。

我国与德国体育界关系友好，双方自 2009 年起举办中德体育研讨会，迄今已举办了 6 届，为两国体育专家和学者交流经验提供了沟通互动的平台，也为两国体育交流开辟了更加广阔的空间。

（二）与中东欧国家的体育交流与合作

体育总局积极配合外交大局，主动探索与中东欧国家体育交流与合作。我国与中东欧国家体育界关系良好。2016 年 3 月，为配合高访并落实中捷体育合作谅解备忘录，我国派冰球队赴捷训练并举行了友谊赛，中捷两国元首亲切接见了我国运动员。作为中国——中东欧国家人文交流年框架内活动，2016 年我国派中国武术专家组赴匈牙利举办了"武术丝路行"——武术段位制培训；派健身气功队赴斯洛文尼亚、塞尔维亚进行了宣传推广和教学活动。

（三）与中亚国家体育交流与合作

我国与中亚国家体育交往不多，近年来主要为派队参加在吉尔吉斯斯坦举办的国际伊塞克湖运动会。参赛国家主要为中亚各国和俄罗斯等国，每年举办一届。该运动会自 2004 年起列入上海合作组织的活动框架。为配合上合组织的工作，自 2004 年起，体育总局委托新疆维吾尔自治区体育局派团代表我国参赛,至今已参加 7 届,每届代表团人数 50 人以内,圆满完成了参赛任务。

三、未来思路

体育总局重视同"一带一路"沿线国家开展体育交流与合作,今后将与上述国家体育界继续加强交往,增进了解与友谊,并在国际体育事务中加强协调与合作,为促进我国与"一带一路"沿线国家友好关系的发展作出更大的贡献。

第五节　国家宗教事务局:发挥宗教文化交流功能,保障民心相通工作顺利进行

"一带一路"沿线国家有着宗教形态复杂、宗教分布格局庞大、信教人口比例广泛的鲜明特点。实践证明,重视发挥宗教的重要战略支点作用,对于密切与"一带一路"沿线国家和地区间的民心相通、夯实"一带一路"建设的人文社会基础,保障"一带一路"建设的成功实施具有重要的现实影响和深远的历史意义。

一、基本情况

目前,中国宗教界已与包括"一带一路"沿线国家在内的 80 多个国家和地区的宗教组织建立、发展了友好关系。近年来,国家宗教事务局指导中国宗教界结合自身特点和优势,为服务"一带一路"建设开展了一些探索性的工作。主要如下:

一是深化宗教交流。国家宗教事务局会同有关部门,积极推动、组织

宗教界在"一带一路"沿线国家开展一系列宗教文化交流活动，增强了在宗教领域的国际话语权；指导中国宗教界参与了由沙特倡议、各伊斯兰国、阿拉伯国家宗教界广泛参与的伊斯兰世界联盟（简称"世伊盟"），以及总部设在泰国、各国佛教组织广泛参与的世界佛教徒联谊会（简称"世佛联"）等国际宗教组织，并于 2014 年承办了第 27 届"世佛联"大会；发起搭建世界佛教论坛和国际道教论坛的宗教工作平台，并多次组织佛牙舍利、佛指舍利赴缅、泰等国供奉，先后与新加坡、印尼、土耳其、马来西亚等国联办了宗教文化展演活动，扩大和加深与"一带一路"沿线国家的宗教交流。

二是构建磋商机制。国家宗教事务局巩固和发展中俄宗教交往与合作小组和中俄宗教理事会（中俄友好、和平与发展委员会下属）两个机制，通过民间和官方两个渠道，推动中俄宗教事务的合作，从而为不断向前发展的中俄全面战略协作伙伴关系服务。国家宗教事务局以中华宗教文化交流协会名义与中国佛教协会于 2015 年 10 月在江苏无锡共同主办了第四届世界佛教论坛，广泛邀请了"一带一路"沿线国家的佛教界代表参加。此外，国家宗教事务局和中国伊协于 2016 年 7 月举办"伊斯兰教中道思想国际研讨会"，加强与俄并中亚五国伊斯兰教界和政府宗教部门的联系合作。

三是增进传统友谊。国家宗教事务局王作安局长于 2015 年 4 月率团出访印度、尼泊尔、泰国，深化与上述三国政府宗教部门及宗教界的交流。此外，国家宗教事务局先后邀请接待哈萨克斯坦、越南、斯里兰卡、孟加拉国等国宗教部长或相关负责人率团访华，并指导中国伊斯兰教协会邀请接待了阿拉伯国家知名伊斯兰教人士代表团、组织安排中国伊斯兰教领袖与土耳其总统埃尔多安座谈，等等。

四是推动文明对话。2015 年 4 月，国家宗教事务局主办的以"中道圆融——凝聚善愿的力量"为主题的宗教分论坛在博鳌亚洲论坛会议中心举行，邀请了 6 位来自中国大陆、香港、台湾的佛教、伊斯兰教、基督教领袖及印尼伊斯兰教领袖作为嘉宾，主张中道圆融，共商宗教和谐。
2016 年 3 月，国家宗教事务局主办的以"心平天下平——同愿同行亚
太梦"为主题的宗教领袖对话分论坛在博鳌成功举办，邀请全国政协常
委、中国佛教协会副会长、第十一世班禅额尔德尼，柬埔寨佛教法宗派
布格里僧王，香港宝莲禅寺方丈净因作为嘉宾，提倡善愿善行，推动文
明对话。2016 年 5 月，国家宗教事务局和奥地利外交部共同主办的"中
奥《道德经》研讨会"在奥地利维也纳召开，这是首次在境外举办由双
方政府部门发起，政、学、教三界共同参加的以中国经典为主题的研讨
会。2016 年 12 月，邀请埃及基督教圣公会首席大主教莫奈和埃及前任
大穆夫提阿力·葛玛博士访问北京和上海，这是埃及基督教和伊斯兰教
领袖首次联合组团访华。

五是遏制极端主义。中华宗教文化交流协会和中国伊斯兰教协会于
2016 年 7 月在乌鲁木齐共同主办了伊斯兰教中道思想国际研讨会。研讨
会的主题是"倡导中道思想，反对极端主义"，来自中国、俄罗斯、哈萨
克斯坦、塔吉克斯坦、吉尔吉斯斯坦、乌兹别克斯坦等 6 个国家的伊斯兰
教界人士、专家学者和政府代表近百人出席，深入阐释了伊斯兰教中道精
神，有力批驳了极端主义种种歪理邪说和错误思想。2016 年 5 月，国家
宗教事务局蒋坚永副局长率团赴德国汉堡参加由国家宗教事务局与德国新
教教会联合会共同举办的"中德宗教对话——和平与共享"跨宗教对话会，
围绕"对话与融合——克服极端主义"和"宗教的积极作用——宗教服务
社会"两个主题进行了深入研讨，共同应对宗教极端主义给人类社会带来
的危机。

六是发挥智库作用。2015 年 9 月 18 日至 20 日，由国家宗教事务局
外事司与中国社会科学院世界宗教研究所联合举办的"一带一路"与宗教
对外交流中国社科论坛在京成功举办。来自美国、芬兰、新加坡和中国香
港、中国台湾以及内地高校、科研院所的知名专家学者，宗教工作部门、
全国性宗教团体有关负责同志等 120 余位代表参加了论坛。论坛通过对当

今国际各宗教与世界文明对话途径、主要特点及发展趋势的分析和研讨，对于密切与沿线国家和地区间的民心相通、保障"一带一路"建设的健康发展具有重要的现实意义。

七是增强祖庭凝聚力。考虑到汉传佛教"祖庭"是佛教中国化的实践结晶和宝贵成果，中华宗教文化交流协会与中国佛教协会主办，陕西省组委会承办，北京大学和陕西师范大学协办的汉传佛教祖庭文化国际学术研讨会于 2016 年 11 月在陕西西安成功召开。研讨会以"祖德流芳　共续胜缘"为主题，吸引来自 17 个国家和地区的近 300 位佛教界代表、知名学者莅会。通过主办"祖庭"国际学术研讨会，增强"祖庭"文化的凝聚力和辐射力，引导各国佛教徒"认祖归宗"，产生中华文化向心力。

二、工作启示

民心相通是夯实"一带一路"建设的基础，也是推进"一带一路"建设的凝固剂和催化剂。经过新中国成立 60 多年来的发展，中国宗教界是可资利用的重要公共外交力量，可将宗教纳入我国公共外交战略的顶层设计和总体布局中，将这一资源优势切实转变为工作优势。

一是不断加强自身建设。国家宗教事务局将指导宗教界继续发掘中国与丝路沿线亚洲国家之间深厚的历史人文积淀，以"一带一路"沿线国家为优先方向，支持中国各宗教加强自身建设，指导宗教界强化培养国际交流人才，不断增强宗教界服务国家外交大局的能力，继续扩大对外友好交往，拓展宗教交流领域，在交流中增进理解，在合作中凝聚共识，塑造良好国际环境，为中国公共外交开辟新资源。

二是持续打造交流平台。国家宗教事务局将一如既往指导中国宗教界结合自身特点和优势，以更加开放的姿态，既着眼于多边国际舞台，又积极用好现有平台，并开创新的宗教交流平台，努力为筑牢"一带一路"成功建设的社会和民间基础发挥平台作用。例如，进一步实体化、机制化由我国举办的世界佛教论坛、国际道教论坛等宗教工作平台，继续发挥"中韩日佛教友好交流会议"交流平台，支持中国道教界发起创建"世界道教联合会"等国际平台，并推动国内宗教组织在取得联合国非政府组织咨商地位，指导全国性宗教团体在国际宗教组织中发挥作用，适时扩大我国宗教影响力和话语权。

三是巩固深化合力机制。国家宗教事务局将因教制宜、因地制宜，规划切实可行的宗教对外方略，尊重和调动宗教界开展对外交流的主体性和积极性，指导和推动宗教团体加强与"一带一路"沿线国家宗教界间交流与合作，发挥好中国和伊斯兰合作组织磋商机制，落实好中阿合作论坛框架下的人文交流合作项目，积极争取国家有关部门和我国驻外机构的支持，搭建共同参与、优势互补的宗教外事工作机制。此外，国家宗教事务局将继续发挥专家学者理论探索、方略规划、制度设计等方面的智库作用，搭建机制促使宗教界、学界相互促进，形成合力，共同为"一带一路"建设作出积极贡献。

第六节　共青团中央：做好青年人才交流工作是实现民心相通的基础

一、基本情况

团中央高度重视青年人文交流的战略性、基础性、源头性地位，充分发挥青年交流群众性、互动性、体验性的特点，在推动"一带一路"民心相通、人文交流方面做出了不懈努力。近年来，团中央形成了《共青团中央关于未来五年加强中外青年人文交流的工作规划》和《共青团青年外事工作服务"一带一路"倡议工作规划》两份文件，强化青年外事顶层设计，明确今后发展方向。

在交往布局方面，团中央与蒙古国、东南亚各国、南亚大国和传统友好国家已经建立相对稳定的大规模青年交流机制，持续开展人文交流项目；依托中俄、中欧、中英、中法等国家级人文交流机制以及中国—中东欧（16+1）合作、上海合作组织机制，与欧洲、中亚不同类型的组织机构持续开展交流项目；通过"亚非青年联欢节"等项目开展对亚洲、非洲各国的青年交流。

在交流活动方面，团中央结合青年的兴趣特点，不断创新活动形式、丰富活动内容，促进了沿线国家青年间的思想碰撞、情感交融和文化理解。针对"一带一路"沿线国家，在多边交流方面，团中央打造形成了"筑梦丝路——欧亚领导人青年研修交流活动"、东盟青年干部培训班等多个品牌项目，2016 年举办了延续项目"上海合作组织青年交流营"和"亚非青年联欢节"首届活动，在东盟 10+1 和大湄公河次区域合作框架内举办了中国—东盟青年事务部长会议、中国—东盟青年营、中国—东盟青年企业家论坛、澜沧江—湄公河青年友好交流等一系列区域性青年交流项目。在双边交流方面，持续开展与俄罗斯、蒙古国、印度、巴基斯坦、尼泊尔、越南、印尼等"一带一路"沿线国家的大型青年交流活动，取得显著成效。

二、主要成果

1. 筑梦丝路——欧亚青年领导人研修交流活动

2014 年 9 月，习近平主席在上合组织杜尚别峰会上宣布，未来 5 年内每年邀请 50 名上海合作组织国家青年领导人来华研修。团中央以全国青联名义实施该项目。项目启动三年来，已在上合组织成员国中形成良好口碑，在欧亚地区增进了青年精英对华认知。2016 年 4 月 19 日至 30 日，应全国青联邀请，来自俄罗斯、白俄罗斯、哈萨克斯坦、吉尔吉斯斯坦、塔吉克斯坦、乌兹别克斯坦、土库曼斯坦和丝绸之路国际青年联盟（阿塞拜疆）的欧亚国家青年领导人代表团一行 51 人，来华参加"筑梦丝路——欧亚青年领导人研修交流活动"，代表团考察了青年工作项目、企业、文化设施，并参与了专题研讨会。团中央精心设计培训内容，加强对"一带一路"倡议的宣讲和专题座谈，取得了良好效果。

2. 东盟青年干部培训班

为贯彻落实中央周边外交方针，在东盟各国增进青年一代对华认知和了解，团中央自 2002 年起在广西设立中国（广西）国际青年交流学院并每年举办东盟青年干部培训班。迄今为止，该学院共举办培训班 44 期，1952 名东盟各国青年干部参加了培训。2016 年，团中央在此项目下共举办四期培训班，培训东盟青年干部 187 人。

3. 上海合作组织青年交流营

2015 年 7 月，习近平主席在上海合作组织成员国元首理事会第十五次会议上提出"自 2016 年起连续 5 年在华举办上海合作组织青年交流营，每年邀请本组织国家 200 名青年代表参加活动"的倡议。全国青联于 2016 年 8 月 22 日至 30 日实施首届"上合组织青年交流营"，来自上合组织成员国、观察员国共 10 国的青年与中方代表共 116 人参加了活动。

4. 亚非青年联欢节

2015 年 4 月，国家主席习近平出席亚非领导人会议，宣布未来 5 年连续在华举办亚非青年联欢节，每年邀请 400 名亚非国家青年代表访华并参加联欢。2016 年 7 月，亚非 35 国共 350 名青年代表访问北京并参加首届亚非青年联欢节。其间，各国青年代表出席了联欢节开幕式，听取了中国国情、青年组织与青年工作、"一带一路"专题讲座，参观了大学、企业、社区、青年活动中心等单位，并参加了素质拓展活动和文艺交流活动。首届亚非青年联欢节开辟了青年外事工作的新局面，加深了全国青联与亚非 100 个国家的青年交流。

5. 中越青年大联欢

2015 年 11 月，习近平总书记在河内与越共中央总书记阮富仲会谈期间指出，要继续办好中越青年大联欢活动。2016 年 9 月，李克强总理会见越南总理阮春福期间，双方一致认为要共同办好第三届中越青年大联欢。2016 年 11 月，应越南胡志明共青团中央邀请，以团中央书记处第一书记秦宜智为总团长的中国青年代表团一行 1000 人访问越南并参加第三届中越青年大联欢活动，创造了派遣千人规模青年代表团出访的新纪录。

6. 中国青年志愿者海外服务计划

中国青年志愿者海外服务计划是由团中央和商务部共同组织实施的援外项目，选派青年志愿者到国外开展为期半年至 2 年（一般为 1 年）的汉语教学、体育教学、医疗卫生、信息技术、农业技术、土木工程、工业技术、经济管理、综合培训、社会发展等领域的志愿服务工作。2016 年向老挝、柬埔寨、塞舌尔派出青年志愿者 29 人。中国青年志愿者协会于 2010 年获得了联合国经社理事会特别咨商地位，2016 年派代表赴墨西哥参加了全球志愿者峰会。

7. 中国青年创业就业基金会对外交流

2016 年，团中央所属中国青年创业就业基金会派遣中国青年创业就业考察团赴英国、以色列进行交流考察。此访加强了与英、以在高新技术、股权投资领域等的交流与合作，同时促进了青年创业就业工作的国际交流。该基金会还与欧洲科技创新中心联合打造了海外首家中国青年创业社区，重点关注海外高新科学技术，为创业者提供跨境孵化、项目加速、跨境股权投资和科技转化等综合性服务。此外，该基金会还与欧洲科技创新中心签订战略合作协议，未来将共同设立海外创投母基金，合作举办商业培训、访问、论坛、跨境创业比赛等。

8. 与沿线国家的双边青年交流

2016 年，团中央配合党政外交大局，积极开展"一带一路"沿线人文交流工作，继续同沿线国家开展大规模青年交流。团中央认真落实"中俄青年友好交流年"有关后续工作，与俄罗斯开展 100 名青年互访；与拉法兰前总理领衔的法国展望与创新基金会共同主办中法高级别人文交流机制第三次会议配套活动，100名中法青年举行友好使者会见；开展中印200名青年互访、中印尼100名青年互访、中巴100名青年互访、中尼50名青年互访、中越百名青年友好会见；邀请蒙古国100名青年、斯里兰卡100名青年访华；继续保持与柬埔寨、老挝、缅甸、新加坡、马来西亚、文莱、泰国等东盟国家的长期友好交往关系；积极推动开展边境青年交流，鼓励广西、云南等边境省份自主开展对接壤国家的文化、经贸、创新创业等主题的青年交流项目。

三、特色优势

1. 大规模青年交流有利于打造人脉网络、夯实民意基础，并产生较强的辐射作用。我国与沿线各国开展的青年互访活动人数规模庞大、参与者界别广泛、层次较高，易产生广泛的社会影响。青年交流形式多样，注重思想碰撞和情感沟通，有助于培养我国与"一带一路"沿线国家青年间的朴素友好感情。

2. 依托不同交流主体和平台，开展多层次青年国际交流。团中央在青年交流中注重打造多领域、多渠道、多层次的中外青年交流格局。团中央依托广西、新疆、内蒙古的国际青年交流学院等实体交流基地，面向东盟、中亚、俄罗斯、蒙古国等国家和地区开展青年人才培训和交流；积极筹建中国—东盟青少年交流活动中心；以2014—2015年中俄青年友好交流年为契机，团中央推动23个省（区、市）与俄罗斯21个联邦主体合作开展了73项青年交流活动，直接参与交流的青年人数达4800多人次；通过开展中俄百名青年互访、中印尼百名青年互访、法国500名青年访华等大规模交流活动，外国青年的访问覆盖除西藏以外的中国30个省区市。

3. 注重搭建务实合作平台，助力青年企业家"走出去"。深化务实合作是落实"一带一路"倡议，推动沿线国家共同发展的重要渠道。为此，团中央与外方合作成立了中俄青年企业家俱乐部、中国—东盟青年企业家协会、中英青年创新创业联盟等交流平台。开展了中欧、中英、中法青年友好伙伴项目，鼓励支持我国各级青年组织、青年企业家协会、基金会等与沿线各国结对开展交流合作，并在此基础上试运行了"中欧青年拉手网"信息合作平台。

四、主要挑战

1. 国际环境错综复杂，部分国家尚存疑虑

目前，一些国家对"一带一路"倡议的态度存在温差，在表态支持"一带一路"的沿线国家中，许多国家在希望与"一带一路"倡议对接的同时，并不希望自己国家的发展战略被其掩盖。加之部分双边关系中纠纷尚存，青年交往的深度和持久性无法得到保障。如南海争端牵动着越南、马来西亚、菲律宾等国的对华态度，并直接反映在青年交流中。

2. 人文交流成果相对隐性和长期化，易被忽视

做好"一带一路"民心相通、人文交流工作需要各方面长期、深入、细致地做人的工作，其工作成效往往难以在短期内显现。各国政府在领导人出访或举办大型活动时，一般而言更偏爱务实具体的经济领域合作成果，相对抽象、隐性的人文交流易被各方忽视，导致重视不足，缺乏长期持续的投入。

3. 交往国家青年组织工作水平参差不齐，信息沟通不畅通，青年交流不稳定

"一带一路"沿线国家大多为发展中国家，不少国家国家治理能力有待提升、经济社会发展水平较低。团中央交往对象组织在开展青年交流时往往面临人力短缺和经费压力，无力配合我国大力推进人文交流的有关安排。如与我国交往的一些国家青年组织经常更换，不确定性强，导致青年互访项目不稳定。团中央在对部分国家交流中，还受到双方工作语言不便和信息渠道不畅等因素制约，以致对对象国的国情和局势了解不够深入，影响了交

流活动的顺利开展。

五、未来思路

下一阶段，团中央将继续落实好东盟青年干部培训班、中国—东盟青年营和"筑梦丝路——欧亚青年领导人研修交流项目""上合组织青年交流营"等域内多边、双边青年交流项目；继续开展"亚非青年联欢节"，加强与西亚、非洲青年面对面的交流。具体要做好以下几方面工作。

1. 持续做好人脉工作。加强与沿线国家党政青年精英群体间的深度交流，建立国别青年人脉信息库。广泛吸收精通"一带一路"沿线国家小语种的青年志愿者进入我青年外事志愿者库，积累对沿线国家青年交流的后备人才。

2. 重视对外宣传工作。在内容上，多强调互利互信、共同利益、伙伴关系；在方法上，加强与主流媒体的合作，邀请其参与青年交流活动并报道青年交流成果和双方友好感情；在产品上，挖掘或生产更多介绍中国基本国情、社会风貌、文化传统、"一带一路"交流的书刊、报纸、影音资料，推动"中国故事"走向"一带一路"国家。

3. 建设好青少年对外交流服务平台。发挥好团中央所属的中国国际青年交流中心、中国青少年研究中心、中国青年企业家协会、中国青年报社、中国青少年发展基金会等平台成员单位的特色和优势，围绕"一带一路"倡议大力推进青年交流。

第七节 国家汉办：以汉语传播促进文化传播，以文化交流助力民心相通

民心相通是"一带一路"倡议的社会根基，语言交流则是民心相通的

前提和保障。从 2004 年全球第一所孔子学院协议在乌兹别克斯坦签署至今，孔子学院以推广汉语和传播中华文化为己任，为促进与沿线各国人文交流，深化民心相通作出了重要贡献。

一、基本情况

据统计，"一带一路"沿线已有 51 国建立了 134 所孔子学院和 127 个孔子课堂。2016 年注册学员 46 万人，开展各类文化活动 8368 场，受众 270 多万人。2013 年以来，中国领导人出席"一带一路"孔子学院活动 27 次，"一带一路"沿线各国领导人数百次出席孔子学院活动，中外《联合声明》、公报等重要文件明确提出支持孔子学院建设 26 个。

2016 年，"一带一路"沿线孔子学院共有中方派出院长、教师和志愿者 2095 人。11.8 万人参加汉语水平考试，招收"孔子学院奖学金"生 3230 人，"孔子新汉学计划"博士研究生 164 人；向"一带一路"沿线 51 国赠售汉语教材 12.3 万册。此外，国家汉办在国内有关院校设立了"一带一路"国家汉语推广培训基地、"一带一路"南亚东南亚国家汉语推广基地、东南亚汉语师资培训基地、汉语国际推广中亚基地、汉语国际推广多语种基地(西安) 等基地，为培养本土汉语师资、开发多语种教学资源、开展国别研究提供保障。

二、主要工作

1. 因地制宜、灵活多样地开展汉语教学。根据当地国情和民众需求，孔子学院推出了从学历教育到非学历教育、从"零起点"到高端学术研究的教学体系。为满足经贸、旅游、中医、职业技能等各领域需求，孔子学院还开设了商务汉语、语言翻译、中医理论等特色汉语课程，深受当地民众欢迎。目前，沿线各国 94% 的孔子学院和课堂开设了汉语学分课程，

2016年总班次达1.7万个。共有93所大学在孔子学院带动下开设了中文专业，10所大学开设了汉语师范专业。在孔子学院影响下，泰国、亚美尼亚、斯洛文尼亚、爱沙尼亚等20个沿线国家将汉语教学纳入国民教育体系。

2. 高水平、高质量开展文化交流互鉴活动。孔子学院坚持一国一策、一校一策，开展喜闻乐见的文化活动，如：乌兹别克斯坦塔什干国立东方学院孔子学院成功举办十三届"汉语暨丝绸之路研讨会"；亚美尼亚埃里温"布留索夫"国立语言与社会科学大学孔子学院举办"21世纪丝绸之路：合作与展望国际论坛"；塔吉克斯坦国立民族大学孔子学院与中国驻塔使馆举办"中塔一家亲"大型文艺演出。俄罗斯、波兰、匈牙利、罗马尼亚、格鲁吉亚、吉尔吉斯斯坦等国孔子学院开设中医、武术类特色文化课程和讲座，深受当地人民欢迎；斯洛文尼亚、黑山、保加利亚、吉尔吉斯斯坦、亚美尼亚、老挝等国孔子学院，邀请所在国领导人参加活动，全面提升影响力。

3. 为"一带一路"提供人才智力支持，促进经贸合作。匈牙利罗兰大学成立"一带一路"研究中心，中共中央政治局常委刘云山揭牌；大连外国语大学成立中国首家亚美尼亚教育文化研究中心；上海大学成立土耳其研究中心，与土耳其海峡大学联合出版《土耳其蓝皮书》；保加利亚索非亚大学孔子学院与北京外国语大学联合培养历史学博士生；匈牙利赛格德大学孔子学院帮助上海外国语大学匈牙利语本科专业建设。孔子学院在促进经贸合作领域也发挥了积极作用，如：乌克兰孔子学院为乌航空公司培训本土员工；泰国孔敬大学孔子学院配合"一带一路"倡议，促进泰国职业教育委员会与中国铁路企业合作培养铁路人才，创办高铁汉语培训项目；塔吉克斯坦冶金孔子学院为中资企业海成集团开设本土管理层汉语强化班；比什凯克人文大学孔子学院推动四川省政府与吉尔吉斯斯坦楚河州政府建立友好合作关系；捷克、摩尔多瓦孔子学院推动友好省州城市建设，匈牙利罗兰大学孔子学院协助中匈两国旅游局举办"中国游客千人游"活动，等等。

三、困难和挑战

1."一带一路"沿线国别差异大，情况复杂。有的国家受地缘政治和外交关系影响，中方教师派出困难，个别国家曾一度收紧对我国派出志愿者签证政策；有的国家因民族宗教、战乱及周边干扰因素，无法开办孔子学院，如巴勒斯坦、叙利亚等；有的国家存在"政府冷、民间热"的情况，如印度、蒙古国汉语学习需求旺盛，但在签证等问题上存在诸多不便；有的国家政局不稳，孔子学院和中方人员人身安全屡屡受到影响，如阿富汗等。

2. 师资队伍数量不足。一是缺乏一支懂得当地语言，了解民情风俗，能够有效开展人文交流的师资队伍。目前，"一带一路"沿线有30种主要官方语言，除俄、法、德、泰、阿拉伯语外，中方院校开设其他语种院校及学生数量寥寥，在以汉语作为外语教学能力、跨文化交际能力和中华文化传播能力方面存在很大的短板。二是缺乏中方教师专职队伍。一直以来，中方选派院长和教师采取"抓壮丁"方式，从中方合作院校临时抽调人员赴任，加之"一带一路"沿线多为发展中国家，教师赴任既影响工资收入，又没有职务职称评定方面的倾斜措施，缺乏吸引力，好的老师不出去、留不住。

3. 经费投入不足。孔子学院已迈入第二个10年发展期，工作重点将由规模发展转入质量提升阶段。院长学院、示范孔子学院、网络孔子学院建设都是提升教学质量进一步扩大影响力的关键措施。此外，完成"一带一路"沿线国家孔子学院全覆盖，提高中方院长和教师、志愿者待遇，都需进一步加大投入。

四、未来措施

1. 完善布局，支持"一带一路"沿线国家新建孔子学院35所，中小学孔子课堂 100 个，国别从目前 51 国扩展至 64 国，力争实现全覆盖。

2. 不断提高办学质量和文化活动影响力，到 2020 年，培训各类学员达到 200 万人，组织文化交流活动和专题论坛 2 万场，受众 1000 万人。积极为当地中资企业提供本土员工职业技能培训，鼓励中资机构参与孔子学院建设。

3. 大力加强师资队伍建设，采取特殊措施加大培养力度。既注重多语种、多学科，又注重培训熟悉当地政治法律、历史人文的高素质人才。实现派出中方汉语教师和志愿者 2.5 万人，通过"请进来"和"走出去"相结合方式，培训本土汉语教师 15 万人。

4. 积极开展人文交流项目力度，来华夏令营 2.5 万人；招收"孔子学院奖学金"生 1.25 万人，大力培养本土汉语人才、研究型专业人才、职业技术型人才。

5. 大力支持开展"一带一路"沿线国家双语教材、文化服务和中外文对照辞典。

第八节 中国法学会：坚持互学互鉴，增进法治共识

"一带一路"倡议提出三年多来，中国法学会积极参与到共建"一带一路"伟大进程中，与"一带一路"沿线国家法学法律界开展了全方位、多领域、深层次的法治交往活动，在充分发挥法治的引领和保障作用方面做了大量工作，通过多种形式推动民心相通的深入实践。

一、以法治共识凝聚合作共识，建立法治共识机制

实践证明，长远的、可持续的经济合作必然要求国家之间形成法治共

识，建立法治互信。"一带一路"沿线国家国情不同，在法律文化与传统、法律制度与具体规则上存在较大差异，对很多事情的理解往往不尽一致，甚至会产生一定误解。这些都会不同程度地影响合作机制的实施和推进。面对这种情况，中国法学会通过与"一带一路"沿线国家开展多种形式的法治交往活动，在不同场合呼吁各国把法治作为合作各方价值理念的最大公约数，用法治共识凝聚合作共识，用法治互信增进政治互信，用法治方式设定权利和义务，用法治方式化解分歧。

二、积极开展与"一带一路"沿线国家法治交往，促进互联互通

中国法学会主动服务和融入"一带一路"建设，围绕加强涉外法律工作及"一带一路"法治建设主题，与沿线国家开展了多种形式的法治交往。

一是举办论坛及论坛框架下研讨会。"一带一路"倡议提出三年来，中国法学会举办了多场相关论坛，并在各论坛框架下举办多场研讨会。在这些论坛活动中，中国法学会邀请来自"一带一路"沿线国家法学法律界的政府官员、专家学者及法律实务界人士，围绕热点法律问题展开深入讨论，推动了沿线各国法治进程及"一带一路"法治体系建设。

二是派团互访。三年多来，中国法学会派团访问了多个"一带一路"沿线国家，并接待多个相关国家代表团来华访问。中国法学会在2014—2016年派团访问了俄罗斯、哈萨克斯坦、安哥拉、南非、菲律宾、柬埔寨、泰国、马来西亚、肯尼亚、新加坡、印度、斯里兰卡、蒙古国等国，访问期间分别与当地法学法律组织高层领导开展对话，推动双边及区域法律合作融入"一带一路"建设大局。在2014—2016年中国法学会接待巴西律师协会代表团、尼泊尔法律专家代表团、印度律师协会代表团、日本日中法律家交流协会代表团、俄罗斯最高法院司法总局代表团和安哥拉总检察院代表团来访。

三是做好重点人物工作。2016年，中国法学会为首次正式访华的泰国国王孙女帕查拉吉迪亚帕公主专门举办中国—东盟法律论坛"促进可持续发展法治高层研讨会"；邀请柬埔寨司法大臣、印度尼西亚首席大法官、俄罗斯法律家协会主席、东盟法律协会主席、上合组织地区反恐机构执委会副主任、安哥拉总检察长等多位部级以上及重要人物来华访问；与肯尼亚首席大法官、肯尼亚总检察长兼司法部长、津巴布韦总检察长、南非总检察长、贝宁最高法院院长等多位部长级官员举行会见会谈，详细介绍"一带一路"倡议，释疑解惑，增进互信；与"一带一路"沿线国家重要司法机构、主要法学研究机构保持稳定、密切联系，发挥"老朋友"作用，如奥地利奥中法律协会、奥地利国民议会议员汉纳斯·亚罗利姆，法国比较立法学会前任主席、巴黎第二大学教授柯森，国际统一私法协会会长等，通过一次次的会面与对话推动"民心相通"加速实现。

四是推动"一带一路"沿线校际交流。积极推动我国"一带一路"沿线省份法律院校与柬埔寨皇家法律经济大学、老挝国立大学、泰国法政大学、马来西亚马来亚大学、巴西圣保罗天主教大学、俄罗斯莫斯科国立法律大学、俄罗斯圣彼得堡国立大学、印度法律学院、南非开普敦大学、坦桑尼亚达累斯萨拉姆大学、喀麦隆雅温得第二大学、肯尼亚斯特拉斯莫尔大学、贝宁阿波美—卡拉维大学、捷克查理大学、波兰华沙大学、雅盖隆大学、塞尔维亚贝尔格莱德大学等"一带一路"沿线国家知名学府法学院签署合作协议，开展校际交流，共同探讨在"一带一路"框架下的深层次、多样化合作。

三、建立中非联合仲裁机制，积极探索用法治方式预防和化解纠纷新路径

在"一带一路"经贸往来过程中，企业会遇到很多法律风险，这就需

要通过法治的方式预防和化解经贸合作过程中可能存在的各种风险和矛盾，推动民心相通工作，发挥法治为"一带一路"保驾护航的作用。

中国法学会在用法治方式预防和化解纠纷方面进行了积极尝试，其中以构建中非联合纠纷解决机制为重要突破。中国法学会曾就企业在非投资和贸易遇到的法律风险进行过实地调研，我们了解到，在非洲投资遇到法律难题时需要进入到高成本、低效率的解决程序，而仲裁、调解等非诉讼纠纷解决方式由于效率高、透明度高、对抗性小等优势，日益得到企业的认可。此后，中国法学会加快探索构建中非特色纠纷解决机制，创建平台、创新机制，创造性地解决中国在非企业遇到的法律难题。2015 年，中国法学会积极发挥主导与引领作用，联合北京国际仲裁中心、上海国际仲裁中心和深圳国际仲裁院，同时与南部非洲仲裁基金会、非洲非诉讼纠纷解决中心、南部非洲仲裁员协会等南非国内仲裁机构携手，共商共建中非联合仲裁机制。2015 年 11 月，中非联合仲裁中心上海中心和约翰内斯堡中心已正式成立运营，实现了法律服务关口前移。我国"走出去"企业可考虑在合同上加入中非联合仲裁中心示范条款，纠纷出现时，可委托中非联合仲裁中心进行仲裁，有助于降低成本，提高效率，有效维护我国企业的海外利益。

四、做好域外法律人才培养工作，为维护地区繁荣稳定做好人才储备

中国法学会已实施域外法律人才培训多年，培养了一大批传播中国法律制度和法治文化的"法律使者"，为推动民心相通工作作出了积极贡献。目前中国法学会设有面向东盟、南亚、东北亚及非洲国家法律界人士的培训班，在此平台上介绍中国法律制度和法治文化，宣传中国特色社会主义法治建设最新成就。鉴于参训人员大多是所在国家法律法学界的精英，中国法学会在培训工作中，注重做好学员的思想工作，增进学员对华情感。

中国法学会注重培训基地校友会建设,定期举办校友会活动,巩固校友会"朋友圈",增进校友对"一带一路"重大倡议的理解与认同,培养持续传播中国法治文化的"金种子",使这些校友成为"一带一路"倡议的积极推动者。

五、实施中国法学家国际讲学计划,讲好中国法治故事

为传播中国特色社会主义法治理念与法治成果,推动中国法学家走向国际舞台,中国法学会组织安排国内知名专家学者赴柬埔寨皇家经济法律大学、泰国法政大学等"一带一路"沿线国家法律院校举办学术讲座,介绍中国法治道路和法律制度并与外国师生开展互动交流。由法学大家讲授中国法治故事,对推动中国法治走向世界,争取对中国法治道路理解认同,树立中国法治大国形象具有极为明显的效果,是民心相通工作的另一种实践。

"一带一路"建设是各国法治建设互学互鉴的难得机会。中国法学会将在积极投身于全面推进依法治国伟大实践的同时,继续坚持开放包容、互学互鉴的理念,全面深化与"一带一路"国家法学法律界在法学研究、法律服务、信息交流、人员往来、人才培养等领域的务实合作,从法治领域推动民心相通,将"一带一路"打造成为法治合作之路、法治文明互鉴之路,让沿线各国人民共享"一带一路"合作共赢的成果。

第九节 中国红十字会:深化人道合作, 搭建爱心之桥

根据国家"一带一路"建设的总体部署,近年来,中国红十字会积极探索参与"一带一路"建设的思路和对策。有关情况如下:

一、红十字会参与"一带一路"建设的主要优势

中国红十字会作为中华人民共和国统一的红十字组织，作为国际红十字运动的重要成员和我国民间外交的重要渠道，参与国家"一带一路"建设是我会的职责所在，也是深化人道领域交流合作，发挥红十字会作为政府人道领域助手作用，促进民心相通的一支独特而重要的力量。

（一）有利于更好地展示人类命运共同体精神。国际红十字运动以保护人的生命健康，维护人类尊严，推动世界持久和平为宗旨，超越意识形态、种族、信仰等束缚，是共建人类命运共同体的成功实践。习近平总书记指出，"红十字组织是全世界影响范围最广、认同程度最高的国际组织。""红十字是一种精神，更是一面旗帜，跨越国界、种族、信仰，引领着世界范围内的人道主义运动。"将红十字国际交流合作纳入国家"一带一路"建设总体框架，有助于更好地体现"一带一路"的人文、中立和包容精神，增强援外项目的人道公益属性，减少分歧，化解猜忌，促进互信，深化融合，更好地助力人类命运共同体的伟大实践。

（二）有助于拓展国际交往深化互联互通。作为具有 150 年悠久历史和广泛国际影响力的当今世界最大的人道主义组织，国际红十字运动的成员国多达 190 个，形成了相对完备的国际协作机制和遍布全球的工作网络。实践表明，红十字国际交流是民间外交的重要渠道，是政府外交和既有双多边机制的重要拓展和补充。特别是在疏解武装冲突地区、领土争议地区、民族分裂地区等复杂区域国际事务方面，以及在敏感地区开展国际援助和交流合作方面，红十字组织都具有不可替代的作用，是深化国际交往、增强"一带一路"互联互通的重要平台和纽带。

（三）可对应特殊的民生需求。"一带一路"沿线区域特别是我周边区域地缘政治复杂，经济社会发展不平衡，自然环境和气候条件复杂，公共服务不均衡，存在诸多现实和潜在风险。特别是武装冲突地区、民族分裂

地区等生存发展环境更加严峻，人道需求强烈。国际红十字运动起源于战地救护，具有相对成熟的应急救援、应急救护、人道救助机制。发挥红十字组织的作用，借助红十字双多边协作机制，可积极培育"一带一路"救援、救护、救助服务体系，开展针对最易受损群体的人道服务项目，进一步优化"一带一路"民生服务供给，助力"平安丝绸之路""健康丝绸之路""人道丝绸之路"建设，以润物细无声的方式，更好地促进民心相通，展现我负责任大国形象，有效提升我国软实力。

（四）可有效整合资源构建多元化援外格局。红十字会兼有民间组织、公益机构、国际组织的多重身份，可有效动员社会捐赠资源、社会组织资源、民间志愿服务资源、国际红十字协作资源，整合企业、组织、个人和国际力量，共同参与"一带一路"建设，增强援外工作的民间属性，构建多元化援外格局，更好地体现开放共享、和谐包容精神，增强"一带一路"社会参与和资源融合，同时还具有投入少、影响大的特殊效果。

二、关于"红十字与'一带一路'同行"的总体构想

服务国家"一带一路"建设总体战略，结合编制中国红十字事业"十三五"发展规划，2016年中国红十字会正式提出"红十字与'一带一路'同行"的构想，将参与"一带一路"建设作为"十三五"时期红十字事业发展的重点战略目标。未来五年，将努力做好以下几方面的工作：

一是创设"一带一路"博爱论坛机制，构建红十字人道交流合作平台，面向亚太、中亚、非洲、东盟等区域，每年举办一次区域性部长级研讨班。加强与红十字国际组织和各国红十字会在应对气候变化、灾害应对、人口老龄化、城市化等方面的互利合作。

二是联合"一带一路"沿线相关国家特别是周边国家红十字会，加强区域性医疗应急救护协作，共建"一带一路"红十字急救走廊，重点是配合中巴经济走廊建设，与巴基斯坦红新月会共建中巴急救走廊，增强中巴

经济走廊安全保障和公共卫生服务水平。

三是按照国家对外援助整体部署，实施"一带一路"博爱家园计划，支持发展中国家开展非紧急状态人道发展项目，积极开展人道关怀、防灾减灾、社区发展、卫生健康等人道救助和服务项目，惠及基层民众，增进民心相通。

四是成立"丝路博爱基金"，作为中国红十字会服务"一带一路"建设的专项公益基金，服务企业"走出去"的战略公益基金和国际志愿服务基金，动员社会资源，引领更多的企业、组织和志愿人士参与"一带一路"建设，构建多元化援外工作格局。

五是加强对外援助能力建设，盘活国际与国内、总会与地方两个资源，加强国际交流人才队伍建设，建立中国红十字会国际化人才库，培养国际化专门人才，提升对外援助专业化水平。

三、关于中巴急救走廊项目的规划情况

中巴经济走廊是贯通南北丝路的关键枢纽，是"一带一路"重点工程。经认真研究论证，中国红十字会将建设中巴急救走廊作为红十字与"一带一路"同行的示范项目，主要基于以下考虑：

（一）中巴经济走廊东起新疆喀什，西至巴基斯坦瓜达尔港，全长3000公里，是一条集公路、铁路、油气、光缆在内的"黄金走廊"，但也是地理风险、环境风险、地缘政治风险相互交织的复杂地带，沿线公共卫生服务特别是急救服务设施缺失，存在诸多风险和隐患。发挥红十字组织作用，可有序构建应急救援、应急救护、公共卫生服务体系，提升中巴经济走廊的安全保障和卫生服务水平。中国红十字会与巴基斯坦红新月会建立了长期的战略合作伙伴关系，在共建中巴急救走廊方面取得了高度共识。借助红十字国际协作平台，可减少分歧，便于援建项目落地。

（二）中巴急救走廊建设采取"抓两头、带中间"的方式，以点带面、

分步实施。"一头"是巴基斯坦瓜达尔港,按照项目规划,将援建一所综合性的红十字急救中心和一所红十字卫生服务站,承担院前急救和综合卫生服务功能,并作为急救走廊巴方基地,选派医疗队入驻,配合巴基斯坦红新月会开展医务人员培训和共建应急救援队伍。该急救基地于 2017 年 5 月落成。"另一头"是新疆喀什,作为中巴急救走廊中方基地,计划建设一处综合性的应急指挥中心,统一指挥调度急救走廊应急救援行动。"中间"是指沿中巴经济走廊,有序布设"急救站 + 急救人员 + 急救车辆 + 应急信息系统"等组成的急救单元,形成应急救援和公共卫生供给带。

(三)中巴急救走廊项目规划周期五年,第一期完成瓜达尔港基地建设,同步开展急救队伍派驻、巴方医务人员培训。第二期建设喀什应急指挥调度中心,开发应急指挥系统,并有序援建急救单元。第三期继续加密急救站点,完善急救体系,取得经验后向其他"一带一路"区域推广。

第二章

地方政府，务实推进

第一节　利用地缘历史优势，巩固中俄人民友谊[①]

国之交贵在民相通。黑龙江省力求通过人文领域交流合作，巩固和发展中俄友谊，夯实共建"一带一路"的民心民意基础。在此过程中，黑龙江省积极发挥与俄罗斯地域相近、人员往来密切、交流底蕴深厚的优势，以平等互利共赢为推动合作的根本出发点和落脚点，将吸收外来文化成果与弘扬中华文化有机结合，取得了良好效果。

一、政府合作

黑龙江省与毗邻的俄罗斯地区均建立了省州长会晤机制，双方保持频繁接触。近年来，双方共同研究中国倡导的"一带一路"与俄罗斯倡导的"欧亚经济联盟"对接合作事宜，就俄远东自由港、超前发展区以及"滨海1号"国际大通道建设等重大项目与政策进行了深入对接。2016年9月，

---

① 作者：黑龙江省发展和改革委员会。

时任省委书记王宪魁同志率团对俄罗斯进行工作访问,在莫斯科分别会见俄联邦委员会副主席乌玛哈诺夫、远东发展部部长加卢什卡、交通部副部长阿萨乌尔、齐杰诺夫、经济发展部第一副部长利哈乔夫、莫斯科州州长沃罗比约夫、俄直接投资基金总裁德米特里耶夫、俄大桥公司第一副总经理弗列金,就共享"一带一路"机遇、促进"龙江丝路带"与俄远东开发规划及滨海国际运输走廊互动对接、促进桥梁口岸基础设施互联互通等进行了专题工作会谈,达成高度共识,取得积极务实成果。2016年11月,省长陆昊率黑龙江省代表团访问滨海边区,与米克卢舍夫斯基州长共同出席了2016俄罗斯滨海边区"黑龙江日"活动,就发挥哈尔滨和符拉迪沃斯托克两个中心城市在俄远东地区与黑龙江省合作中的梯次带动作用、促进互利经贸投资合作、完善跨境基础设施建设、开通跨境自驾游、恢复开通绥芬河至符拉迪沃斯托克国际邮路、扩大旅游领域合作等问题达成共识。每年中俄博览会及哈洽会期间,俄罗斯远东及腹地州区行政长官和联邦政府部门负责人积极参与,省州之间地方交流密切。

二、文化交流

"中俄文化大集""黑龙江日"等大型中俄文化交流项目在国内外获得高度评价。2016年8月11日至15日,第七届"中俄文化大集"在黑龙江省黑河市与俄罗斯阿穆尔州布拉戈维申斯克市同时举行。参与活动的中俄嘉宾及文化客商1000余人,其中俄罗斯政府官员、嘉宾及演员200余人。本次活动围绕"一带一路""龙江丝路带"建设和俄罗斯欧亚经济一体化构想,突出文化贸易主题,举办了国际文化艺术品、中俄摄影书画、俄罗斯油画、中国国画、俄罗斯手工艺品、中国刺绣精品、中国非遗、中俄大学生实践作品、国际名猫、科普大篷车、中俄艺术名家写生、赴俄工艺品、中国玛瑙展等13项展览展销活动,通过黑龙江"指尖芳华"——非物质文化遗产北方刺绣精品展、中国知名书画家作品展销、中俄优秀影片展、"友谊之河"中俄油画名家写生作品展、当代文学研讨暨中俄出版物版权交易会等，弘扬了中华文化。境内外重要媒体对此进行了多角度、全方位的报道。

2016 年 11 月，"黑龙江日"活动在俄罗斯滨海边区首府符拉迪沃斯托克举行，两省区政府有关部门、市地政府及企业代表 500 余人出席开幕式。在"黑龙江日"框架内，举行了省州长会晤、相关政府部门负责人对口工作会谈、企业合作洽谈会、交响音乐会、"大美龙江"摄影展、图片展、黑龙江非遗经典刺绣展、中国电影展、黑龙江旅游产品推介会、特色旅游产品展示、中医药学术交流、中医专家多媒体讲座、双方医护人员交流会、中俄大学生烹饪大赛、两省区高校高科技论坛、武术比赛、乒乓球赛、足球赛、青少年冰球赛、武术表演等内容丰富的活动。活动期间，处处洋溢着真诚友好、务实交流、共促发展的友好氛围，受到了滨海边区政府及社会各界的广泛关注和积极参与，俄方相关媒体对"黑龙江日"活动进行了大量滚动报道，在当地民众中引起强烈反响。

三、科教合作

黑龙江大学设立了中俄学院、中俄联合研究生院，与圣彼得堡国立大学共建的俄语测试中心已于 2016 年正式成立并开始运营。中俄学院成立于 2011 年 5 月，学院与新西伯利亚国立大学合作，本科生 70% 的专业课程由俄罗斯新西伯利亚国立大学、俄罗斯科学院西伯利亚分院研究员负责讲授，旨在培养精通俄语、熟悉俄罗斯国情、具有国际化视野，通晓相关自然科学与人文社会科学专业知识、实践能力强的高级专业复合型人才。黑龙江大学中俄联合研究生学院建立于 2006 年，2012 年经教育部批准，俄方合作院校由远东国立大学变更为新西伯利亚国立大学，并正式开始招收硕士研究生，与中俄学院合署办公，在读学生 100 余人。学院形成了独树一帜的对俄人才培养特色，在国际教育和科研合作中起到了引领和示范的作用，引起社会和媒体的广泛关注和认可。2016 年 11 月，黑龙江大学与圣彼得堡国立大学语言测试中心联合举办俄罗斯国家对外俄语语言等级测试，两校共建的俄语测试中心正式成立并开始运营，共建的高翻学院工作正在推进。

哈尔滨工业大学与圣彼得堡国立大学合作设立中俄等离子物理应用技术联合研究中心、生态环境联合研究中心、中东铁路文化遗产保护创新研究中心，中俄人才交流与科研合作基地建设深入推进。由哈工大作为中方常设主席单位的中俄工科大学联盟（阿斯图联盟）成功举办了阿斯图纳卫星任务专家工作研讨会、2016 鳌山欧亚科技论坛暨阿斯图第三届年会、小卫星学者计划港澳高校青年团访问俄罗斯太平洋国立大学、2016 阿斯图相聚叶卡捷琳堡、2016 阿斯图相聚莫斯科、2016 中俄大学生小卫星创新设计大赛、阿斯图中俄大学生青年论坛等学术研讨、工作交流和青年联谊活动，入盟院校总数量达到 56 所，促进了中俄科技交流与教育合作，增进了两国青年友好感情。

与俄罗斯合作设立哈尔滨音乐学院。2015 年，中方与俄罗斯圣彼得堡音乐学院签署了合作备忘录。圣彼得堡音乐学院向哈尔滨音乐学院提供优秀教师、高质教材与先进教学方法，选派 2 名专家协助建设高水平钢琴系、管弦系并担任系主任，选派高水平专业教师开展长期教学工作。目前，哈尔滨音乐学院已从圣彼得堡音乐学院聘请 11 名专家；随着今后办学规模不断扩大，选聘俄方教师专家将达到 20 名。哈尔滨音乐学院将与圣彼得堡音乐学院建成紧密合作型友好学院，推进建立中俄联合人才培养方案、联合实施教学计划等教学合作机制，力求在联合开展教学、科研、创作、表演等方面深度合作，成为中俄两国音乐高等教育与文化艺术交流的新载体。

四、旅游合作

依托沿边优势，黑龙江省不断加大与俄罗斯相关地区旅游领域互动交流，密切旅游合作关系。2016 年以来，先后参加了在符拉迪沃斯托克举行的第二十届太平洋国际旅游展、第二届太平洋旅游论坛，在叶卡捷琳堡举行的中俄地区旅游合作会议，对黑龙江旅游资源进行了广泛推介。积极与俄方合作，共同开发了东部方向的哈尔滨—牡丹江—绥芬河、东宁、密山赴俄符拉迪沃斯托克，东北部方向的哈尔滨—佳木斯经同江、抚远、饶河名山赴俄哈巴罗夫斯克、比罗比詹，北部方向的哈尔滨—黑河—俄布拉戈维申斯克等跨国旅游精品线路，借助哈尔滨—叶卡捷琳堡—莫斯科、哈尔滨—叶卡捷琳堡—圣彼得堡航线开发了黑龙江赴俄欧洲部分远程旅游线路，利用第五航权，借助莫斯科—叶卡捷琳堡—哈尔滨—泰国曼谷航线，开发了跨境中转旅游线路。利用中俄界江资源，打造以界江邮轮旅游为核心的旅游产品体系，建成了一批有特色的界江旅游项目。

第二节 利用侨乡优势，加强对外文化交流①

福建是古代海上丝绸之路的重要起点，也是海外侨胞的主要祖籍地之一，与"一带一路"沿线国家和地区人文关系密切。近年来福建主动融入国家对外开放大局，对外人文交流取得了积极成效。

一、对外教育合作进一步深化

一是厦门大学马来西亚分校正式开学。厦大是中国首个在海外设分校的大学。厦门大学马来西亚分校位于首都吉隆坡西南约45公里，占地约61万平方米，总建筑面积达47万平方米。厦门大学分校于2016年2月正式开始招生，开设中医学、汉语言文学、新闻学等12门本科专业，目前在校生1300余人。分校主要为马来西亚、中国与东盟各国培养人才，开展沙特石油公司人才培育项目，为沙特阿美石油公司培育石油化工人

---

① 作者：福建省发展和改革委员会。

才。分校计划至 2020 年实现每年招收 1 万名学生目标,包括 9000 名本科生和 1000 名研究生。其中,马来西亚本地生源、中国国内生源以及其他国家(地区)生源各占三分之一。

二是华侨大学积极推进办学国际化。与 29 个国家和地区的 100 多所高校及机构建立合作关系,在泰国、日本、菲律宾、印尼、意大利等国开设教学点,泰国分校、新加坡南洋学院、意大利威尼斯学院、北美分校前期工作稳步推进,新加坡南洋学院 2016 年实现了首次在新加坡招生,2016 年华侨大学与泰国东盟普吉泰华学校签署了合作办学协议。

三是加强双向交流。积极引进一批高层次创新创业人才,设立政府外国留学生和出国留学奖学金,鼓励海外青年学生来闽留学和开展研学旅行,支持福建省教师及学生出国留学。

二、对外科技交流稳步推进

一是积极开展科技援外培训。发挥福建海洋、农业等领域技术优势,利用南南合作等渠道,为发展中国家、沿海国家培训政府官员和技术人员,密切与"一带一路"沿线国家的科技人才交流,目前,参加福建海洋领域培训的国家已达到 100 个,同时还在多个国家和地区建立合作基地,推动当地可持续发展。

二是积极利用各类平台推动科技合作。积极利用中国国际投资贸易洽谈会、中国·海峡项目成果交易会等平台,召开专场科技对接活动,加强与"一带一路"沿线国家在食用菌、海洋环保技术等多个方面的交流合作。加强国际科技合作基地建设,推动区域内科技合作基地协同发展。

三、对外文化交流深入拓展

一是积极发挥妈祖文化等特色文化的作用。2016 年成功举办了首届世界妈祖文化论坛，来自 19 个国家和地区 89 个政府机构、学术单位和社会组织联合发表了《世界妈祖文化论坛湄洲倡议》。同时还举行了第十八届中国·湄洲妈祖文化旅游节，以"妈祖文化海丝精神人文交流"为主题，传播"立德、行善、大爱"妈祖精神和推进海内外妈祖文化交流、旅游合作。"立德、行善、大爱"的妈祖精神内涵和"平安、和谐、包容"的妈祖文化特征，与"和平之海、合作之海、和谐之海"的中国海洋馆相互映照，成为"21 世纪海上丝绸之路"民心相通的维系纽带。同时还积极挖掘陈靖姑文化、闽南文化、茶文化等特色文化的深刻内涵，"万里茶道"已列入中蒙俄经济走廊规划纲要。

二是做好"21 世纪海上丝绸之路"申遗工作。国家文物局确定由泉州市牵头，联合漳州、莆田、广州、宁波、南京、丽水、江门、阳江等城市，全力推进"海上丝绸之路·中国史迹"联合申遗，作为我国 2018 年项目组织申报。成功举办由国家文物局主办，福建省文化厅、泉州市政府承办的海上丝绸之路国际学术研讨会，出台了《泉州海上丝绸之路史迹保护条例》（草案），申遗预审文本已向联合国教科文组织世界遗产中心提交。

三是办好各种对外文化、学术交流平台。泉州"中国海上丝绸之路高峰论坛""东亚海洋考古学术研讨会""海峡两岸中医药论坛""21 世纪海丝佛教·福建论坛"等大型海丝学术会议汇聚世界知识精英，海上丝绸之路国际艺术节经国务院批准永久落户泉州，"海上丝绸之路国际艺术节""亚洲艺术节""丝绸之路国际电影节""海峡影视季"，以及厦门"南洋文化节"、莆田"同谒妈祖，共佑海丝""陈靖姑文化节"等文化节庆活动演绎"21 世纪海上丝绸之路"风采，厦门建设东盟文化艺术交流中心并举办"海丝"东盟文化艺术展，汇聚展示"21 世纪海上丝绸之路"文化艺术精品，均在海内外引起了强烈反响。

四是推动文化精品"走出去"。福建省歌舞剧院创排大型舞剧《丝海梦寻》，赴海上丝绸之路沿线国家进行常年交流演出，展现福建在开辟海上丝绸之路、繁荣各大洲商贸往来、推动东西方文化交融过程中的重要历史地位和作用。成功在美国、东南亚等国家举办了 45 场中国（福建）书展展销会及 31 场"美丽福建"大型图片展活动。侨刊乡讯成为福建省对外人文交流重要渠道。

五是构建与"海丝"沿线国家的多层次常态化合作机制。在美国、南非设立全国首创的对外文化交流工程"闽侨文化中心""闽侨书屋"，并将提升为"福建海丝文化驿站"，其在"21 世纪海上丝绸之路"沿线国家和地区深入拓展，广泛扩大福建"海丝"文化传播；成立了"一带一路"汉学总中心，并计划陆续在境外建立分中心，促进语言文化互通。泉州启动"东亚文化之都·2014 泉州活动年"，与光州、横滨等三国"文都"举办37 项文化交流；漳州连续参加"中国海丝九城市文化遗产精品联展"和"海上丝绸之路文物精品七省联展"，与"21 世纪海上丝绸之路"沿线国家的人文交流更加密切。

通过建立对外交流平台等多种形式，加强与"21 世纪海上丝绸.之路"沿线国家的人文交流与合作，初步建立"21 世纪海上丝绸之路"人文交流纽带。

四、旅游合作亮点突出

一是办好旅游合作平台。2016 年第二届"海上丝绸之路"（福州）国际旅游节，以国际视野，对接"一带一路"，邀请到了印度尼西亚、哥伦比亚驻华大使，加拿大、希腊、西班牙、泰国、阿联酋、澳大利亚、约旦、马耳他、韩国、塞浦路斯等 10 个"一带一路"沿线国家城市旅游机构代表，以及 300 多名境外旅行商参会。以"旅游+"思维，打造产业联动大平台，举办旅游类专业展会，以及 2016 中国国际老爷车暨汽车文化嘉年华、家具建材装饰品博览会、婚庆博览会、EPIC 等展会，在延伸旅游产业链、拓展旅游会展、旅游商品等产业发展空间的同时，使"21 世纪海上丝绸之路"旅游节焕发出新的生机和活力，全面提升了节庆综合效益。

二是创新旅游方式。经国家旅游局同意，"海丝之旅"正式列入2016年首批推出的中国十大国际旅游品牌，编印了"海丝联盟"专题旅游指南，在百度等十余个平台产品上集中宣传"海丝联盟"；在福克斯（FOX）电视网国家地理频道投放《美丽中国——扬帆海丝》形象广告片，覆盖超过20余个国家3亿海外观众。在乐途及其关联的十余家知名网站中开设"海丝"旅游专区，开展了"聚海上丝路·享千年传奇"主题活动；此外，在Facebook、Twitter、Youtube三大国际新媒体开设主题账号，并委托国际专业团队开展"海丝联盟"话题宣传推广，互动量超过百万次。

下一步，福建将继续发挥对外交流历史悠久、华侨华人众多等优势，深入开展与"一带一路"，特别是"海丝"沿线国家的人文交流，讲好中国福建故事，办好丝绸之路国际电影节、海上丝绸之路国际艺术节、世界妈祖文化论坛等多项文化交流平台，加快建设海丝侨缘馆、福州"海丝博物馆"、海上丝绸之路国际文化交流展示中心等建设，促进与"一带一路"沿线国家的人文交流与合作。

第三节　建设南亚东南亚辐射中心，继续推进民心相通工作①

人文交流是"民心相通"的重要内容，而"民心相通"是"一带一路"建设的五大合作重点内容之一，也是习近平总书记考察云南提出的云南要努力成为我国面向南亚东南亚辐射中心的重要内容。云南作为中国具有独特区位优势的省份，在中国促进与南亚东南亚国家人文交流和民心相通方面具有不可替代的优势和地位。近年来，云南在促进与南亚东南

---

① 作者：云南省社会科学院。

亚国家人文交流及民心相通方面做了大量工作，并取得显著成绩，但离"一带一路"要求还有很大差距，今后还需要从多方面继续推进人文交流及民心相通工作，以便更好为国家发展战略和云南建设面向南亚东南亚辐射中心服务。

一、云南与南亚东南亚民间交流合作现状

(一) 民间交流的历史

云南与南亚东南亚国家有着悠久的民间交流史。早在先秦时期，就开辟了著名的从四川成都经云南到东南亚南亚地区的"南方丝绸之路"。汉唐以来，北方丝绸之路、南方丝绸之路、海上丝绸之路进一步推进了中国与南亚东南亚地区的民间交流。特别是南亚国家印度的佛教传入中国，中国的许多产品传入印度，使云南成为中国文明与印度文明加强民族宗教文化交流的重要纽带。明清后，中国与南亚东南亚国家的交流更加频繁，还有不少人到对方国家定居。到了近代以及抗战时期，中国与南亚东南亚国家的民间交流仍未中断。在中国抗战期间，印度还派以柯棣华为代表的援华医疗队来到中国，与中国人民并肩作战。

第二次世界大战后，中国与南亚东南亚国家的民间交流进入了一个新时期。20世纪50年代中国与印度、缅甸共同提出和平共处五项原则进一步推进了民间交流。20世纪60年代和70年代由于受各种因素影响，中国与南亚东南亚国家的民间交流有所降温，但20世纪80年代后，随着各国对外开放步伐的加快，中国与南亚东南亚国家民间交流逐步增加，在彼此互通有无、取长补短、携手合作的背景下，民间交流进入到一个新时期。

21世纪以来，中国与南亚东南亚国家的民间交流越来越多，关系越来越密切。云南得益于传统基础、良好的区位优势、地方政府之间的互访，友好交流也日益频繁，特别是与友好城市印度加尔各答、缅甸曼德勒、孟加拉国达卡等的交流成果丰硕。

(二) 民间交流的现状与特点

近年来，中国及云南与南亚东南亚不断开拓创新，大力开展多领域、多渠道、多层次的民间交流，加强文明交流互鉴，民间交流形式多样，覆盖面越来越广，有力地促进了人民间的相互了解、理解、支持和帮助，成为推动共同发展的强大力量。民间交流具有更灵活、更专业、更便捷、更轻松等突出特点，各类活动在内容上、时间上、方式上都比较切合实际，获得了广泛认可。

1. 政府部门大力推进民间交流。近年来，中国与南亚东南亚国家领导人互访时经常与高校、智库机构、工商企业见面，发表各种演讲，阐述相关政策，积极推进民间交流，而且各部委及地方政府也积极推动民间交流。例如从 2013 年开始举办的中国—南亚博览会，不仅举办商品展、南亚商品采购大会，还举办南亚国家投资促进会、中国—南亚商务论坛、中国—南亚智库论坛、中国—南亚友好组织论坛、中国—南盟经贸高官会、中国—南亚东南亚艺术周、东盟华商会暨亚太华商论坛、大湄公河次区域合作组织（GMS）经济走廊活动周等系列活动。在 2015 年云南举办的中国国际旅交会期间，开展了中国国际旅游研讨会暨中印旅游合作论坛、中国—南亚国家旅游部长圆桌会议、首届中国特色旅游商品大赛颁奖仪式、云南旅游与航空专业推介会、中国旅游投资洽谈会、"旅游 + 互联网"高峰论坛、古滇文化旅游项目首期开园仪式等系列活动。

2. 交流形式日益多样化。各民间机构积极推动民间交流，不断组织召开国际会议，精心组织各种演出、展览和学术活动，举办民间艺术节，派出考察、培训、进修和学习团组，接待来华访学、讲学、研修等团组，出席南亚东南亚地区的国际会议，举办项目培训，参加教育展，出版发行相关书刊，不仅人员迁徙、相互往来、商贸活动、文化交流日益频繁，而且翻译出版书籍、派出留学生、接待外国学者来访、相互举办展览会、参加体育竞赛活动、资料交换等也日益增加，涉及自然科学、哲学、社会科学、文学艺术（音乐、舞蹈、美术、电影、戏剧、广播、文物等）、教育科技、体育卫生等方面，其交流规模、形式和内容大大超过以往。云南省也充分利用各种资源，发挥传统优势，积极与有关部门密切合作，持续开展文化交流，举办了文化旅游节、歌舞晚会、电影周、东南亚南亚艺术节等交流活动，全面推进民间交流，取得了显著成绩，这使得云南开展的孟中印缅民间交流形式越来越多样，内容越来越丰富，范围越来越广。

3. 青年互动频繁。近年来，云南与南亚东南亚的青年交往日益增加。中孟两国艺术界在 2012 年和 2013 年实现了互访。2015 年是中孟建交 40 周年暨中孟友好年，双方共同开展了第二届"美丽中国·美丽孟加拉"中孟青年画家交流活动。另外，中国还增加政府奖学金名额，在南亚东南亚国家建立孔子学院、孔子课堂，举办"汉语桥"等活动。云南利用相关优势和资源，也积极参与到这些活动之中。这有力地推动了中国与南亚东南亚国家的青年交往。

4. 交流合作成效日益显著。近年来，云南充分发挥地缘、人缘、文缘优势，不断扩大与南亚东南亚国家民间交流，使云南与南亚东南亚国家民间交流日益活跃，交流内容日益丰富，交流规模持续扩大，人员往来日益密切。

在教育交流合作方面，云南省启动建成面向南亚东南亚的人才培养基地及周边国家学生留学中国的重要目的地。政府鼓励普通中小学、职业学校、高等院校加强教育国际交流合作，鼓励有条件的学校招收南亚东南亚国家学生，支持高校开展留学生学历教育。支持云南大学等有实力、有条件的高校及教育培训机构到海外办学，在国外建立教育对外发展办事机构。加大境外孔子学院和汉语培训中心建设，提高办学水平。增加政府奖学金数量，重点资助南亚东南亚国家来云南留学生。云南各高校也坚持开放办学，不断加大与南亚东南亚国家教育交流合作，开展了合作办学、互派留学生、教师培训、联合研究等方面合作。2015 年云南高校留学生人数和中小学校招收国际学生人数双双突破万人，总数达到 2.2 万多人。其中，高校留学生总数在全国各省区中排名第 11 位，云南正成为南亚东南亚学生来华留学的重要目的地①。同时，公派出国留学和自费出国留学人数也逐年递增。仅 2012—2014 年云南就累计向泰国派出 2762 人，占同期云南外派出国总人数的 33%。云南省内高校在境外办学情况位居全国前列，红河学院在越南太原大学开设境外本科专业，云南财经大学与泰国兰实大学合作举办曼谷商学院，昆明理工大学与泰国博仁大学合作举办昆工—博仁中文国际学院，云南民族大学与印度文化关系委员会联合共建了印度在华的第一所瑜伽学院——中印瑜伽学院。云南警官学院承办了中国—东盟国家警察院校校长论坛暨执法能力建设圆桌会议。

　　在旅游交流合作方面，近年来云南主动与南亚东南亚等国家开展多种形式的旅游交流合作，2016 年云南省内运营机场达 14 个，并开通了多条通往南亚东南亚国家的航线。旅游部门也围绕"一带一路"、孟中印缅经济走廊、大湄公河次区域合作组织（GMS）积极推进与南亚东南亚在旅游产品开发、旅游客源互送、旅游投资合作、旅游品牌打造、旅游管理、旅游人才培养等方面的交流与合作。与印度、孟加拉国、缅甸、泰国等地方政府部门或旅游机构签署旅游合作协议或备忘录，建设云南旅游大数据中心及面向南亚东南亚旅游网络交易平台，以深化旅游深化区域合作。与国家旅游局共同完成了对孟中印缅经济走廊建设的调研，举办了 2015 中印经贸旅游合作论坛、2015 中印旅游合作论坛、2015 南亚商务论坛等活动，积极推进"金四角"旅游区建设，落实环中老缅泰四国旅游线连接具体项目，大力推进边境旅游、跨境旅游发展。目前，云南麻栗坡、河口、景洪、瑞丽、畹町、腾冲、磨憨、清水河、南伞等口岸开通了 10 多条到越南、老挝、缅甸的边境旅游线路。2016 年云南继续围绕 GMS 旅游合作和孟中印缅经济走廊建设，推广"南方古丝绸之路""茶马古道"以及中国旅游交易会等，构建"旅游＋互联网"新体系，大力推进孟中印缅国际旅

① 李沙青：《以国际合作深化教育对外开放》，《云南日报》2016 年 5 月 10 日。

游合作圈的构建。云南日益成为南亚东南亚国家出境旅游的重要目的地。2014 年仅泰国、新加坡、印度三国来云南游客就达到 75.25 万人次。预计 2017 年云南接待海外旅游者将突破 650 万人次，接待国内旅游者将突破 5 亿人次，旅游业总收入将突破 5400 亿元。

在文化交流合作方面，云南坚持"政府主导、企业主体、市场运作、社会参与"的原则，充分发挥南亚东南亚国家邻近的优势，不断扩大与周边国家的文化交流。近年来云南搭建了中国—南亚博览会等平台，建立了孟中印缅地区合作论坛、中国—缅甸合作论坛、昆明—加尔各答国际合作论坛、中孟合作论坛以及中国—老北、中国—泰北、中国—越北等合作机制，举办"澜沧江·湄公河边境六国文化艺术节""中缅边境经济贸易交易会""中国·德宏国际目瑙纵歌节""中国·芒市（国际）咖啡文化节""中国·德宏国际泼水狂欢节""中缅胞波狂欢节""中老越三国丢包狂欢节""临沧边境经济贸易交易会""中越（河口）边境经济贸易交易会""普洱边境经济贸易交易会"等节庆活动的举办，吸引了越来越多的周边国家民众到云南。同时，云南还积极推动文化"走出去"，制定并实施了文化产业"走出去"三年行动计划，鼓励和支持云南文化企业"走出去"。由云南省歌舞剧院为柬埔寨打造的《吴哥的微笑》，是中国文艺院团第一个"走出去"的国外驻场演出项目，自 2010 年 11 月 30 日在柬埔寨驻场演出到 2015 年 12 月 31 日，共演出 1923 场，46 个国家 97.33 万人次观看，还带动了 160 多名柬埔寨人就业，探索出了"国际元素、中国创意、中国制造、中国运营"的成功经验。云南还积极支持和鼓励主流媒体加强与南亚东南亚国家媒体的合作。云南日报报业集团先后与印尼《国际日报》《印尼新闻报》《印尼国际报》，马来西亚《星洲日报》，缅甸《金凤凰》《仰光时报》等建立长期合作关系，分别以中文、英文、印尼文、缅文等多种语言文字合作开办"美丽云南"新闻专刊专版。在民族民间工艺品方面，云南依托多姿多彩的民族风俗和独特的地域文化，大力发展彝族刺绣、傣族织锦、白族扎染、剑川木雕、建水紫陶、乌铜走银、香格里拉尼西黑陶、滇画等独具特色的民族民间工艺品，并积极推动其"走出去"。

在医疗卫生交流合作方面，不断深化与南亚东南亚国家的卫生交流与合作。一是依托国家医疗卫生服务共同体项目开展与老北5省交流合作。2014年云南西双版纳州人民医院受国家卫生计生委的委托开始实施"国家卫生计生委东盟10+1中老边境5省医疗卫生服务合作体建设项目"，到2015年7月，琅勃拉邦省医院、乌多姆赛省医院、波乔省医院、丰沙里省医院共同体分站全部建成启用。依托该项目举办了"中国云南西双版纳—老挝北部5省医院管理论坛"及国家级继续医学教育项目。昆明理工大学和西双版纳职业技术学院为老挝北部地区培养了临床医学（本科）留学生20名。二是深入推进中—越老缅边境地区传染病联防联控合作。从2005年开始，在中央财政的支持下，卫生部开展了大湄公河次区域跨境传染病联防联控项目，到2015年，云南省对应的境外联防联控试点区域已从2005年的缅甸一个国家边境地区2个县扩展到缅、老、越3国22个边境县。目前，云南已在老挝南塔省设立了1个联合联络办公室；在老挝、缅甸边境设立了6个疟疾/登革热省级监测工作站。三是举办中国云南—南亚东南亚国家医院院长论坛。2016年在昆明举办中国—南亚博览会期间，云南省卫生计生委与云南省贸促会联合主办了首届中国云南—南亚东南亚国家医院院长论坛，来自中国、印度、巴基斯坦、泰国、马尔代夫、越南等11国的卫生官员和医院院长参加了论坛。论坛期间，云南省18所医院和南亚、东南亚10国20所医疗机构共同签订了《关于医疗卫生合作谅解备忘录》。四是加强对外医疗援助工作。2015年4月，尼泊尔发生8.1级强烈地震，云南省卫生计生委组建中国政府医疗防疫队赴尼泊尔协助和指导当地开展灾后医疗卫生防疫工作。2015年10月，云南又派出云南省疾控中心3名公共卫生专家和云南省第一人民医院1名眼科专家赶赴缅甸水灾灾区，在曼德勒、马圭省、伊洛瓦底省以及仰光四地，开展了为期8天的义诊、卫生防疫知识讲座和医疗物资捐赠活动。五是做好边境传染病防控工作。2015年缅甸果敢发生"2·09"事件后，云南省及时派出卫生专家赶赴现场，有序开展医疗救治与卫生防疫工作。六是持续开展"光明行"活动。近年来云南多次组织专家到缅甸、老挝等国家开展"光明行"活动。2016年云南省也在缅甸仰光、东枝、曼德勒、腊戍以及老挝琅勃拉邦等地实施了"光明行"项目，为当地民众实施免费白内障手术。七是举办巴基斯坦医务代表团小儿麻痹康复培训班。受中国驻巴基斯坦使馆的委托，2016年1月，云南省卫生计生委和云南省外办在昆明共同举办了巴基斯坦医务代表团小儿麻痹康复培训班。7月，又成功举办了第二批培训班。八是加强面向南亚东南亚的医疗机构建设。按照立足云南、面向西南、辐射南亚东南亚的要求，云南省政府与中国医学科学院阜外医院共同合作，按三级甲等心血管病专科医院标准建设高水平医院，该医院于2013年年底启动，2017年投入使用。九是积极推动中医药对外交流与合作。先后组织全省中医药有关人员参加了大湄公河次区域传统医药交流会、"澜沧江—湄公河传统医药发展论坛"、首届中国云南南亚东南亚国家医院院长论坛等，积极介绍云南省中医药民族医药发展情况，洽谈寻求合作。

在学术、科技、人才、智库、体育、媒体等交流方面，云南与南亚东南亚国家也进行了深度合作，构建了多个平台，举办了相关论坛和会议，不断扩大"朋友圈"，促进了云南与南亚东南亚国家的人文交流。

二、云南建设面向南亚东南亚区域性国际人文交流中心的优势

建设面向南亚东南亚辐射中心是国家对云南的新定位，赋予的新使命，对云南与周边国家的合作交流提出了更高要求。而人文交流是国与国、民与民建立友好关系的桥梁和纽带，对推动经贸合作、区域发展起着重要作用。云南有建设面向南亚东南亚区域性国际人文交流中心的基础与条件。

1.区位优势突出。云南是中国西南重要沿边省份。边境线长4060公

里，占我国陆地边境线的五分之一。与越南、老挝、缅甸三国毗邻，与印度、孟加拉国、泰国、柬埔寨等其他南亚东南亚国家近邻。在中国陆路沟通"三亚（东亚、东南亚、南亚）""两洋（太平洋、印度洋）"中得天独厚的优势。云南是孟中印缅经济走廊、中国—中南半岛经济走廊的重要起点，是澜沧江—湄公河次区域合作、大湄公河次区域合作组织（GMS）的重要参与省份，是中国打造中国—东盟自由贸易区升级版的窗口省份。云南北上可以连接丝绸之路经济带，向东可以连接长江经济带和珠三角等国内腹地，向南通过中国—中南半岛国际经济合作走廊与海上丝绸之路相连，向西通过孟中印缅经济走廊直接连通印度洋及南亚国家。这种独特的区位优势是其他省份无法企及的，这为云南开展与南亚东南亚地区人文交流提供了便利条件。

2. 民间交流历史悠久。云南与南亚东南亚国家历史文化渊源深厚。在古代，中国与世界连接的通道尽管众多，但最重要的是三条丝绸之路（北方丝绸之路、南方丝绸之路和海上丝绸之路），而云南是这三条丝绸之路的重要节点。从四川成都经云南到南亚东南亚地区的南方丝绸之路，据国内历史专家考证及英国人哈维的《缅甸史》、霍尔的《东南亚史》等著作记载，早在公元前2世纪就已开通，比张骞出使西域开通的北方丝绸之路还早2个世纪。张骞在大夏（今阿富汗北部）看到的蜀布和邛竹杖，就很可能是从成都经云南过缅甸、印度到达阿富汗的，因为当时北方丝绸之路还没有开通。唐宋到明清时期，这条丝绸之路一直十分繁荣，使得云南与南亚东南亚国家紧密相连，双方互通有无，物资、人员交流频繁，中原文化、西南民族文化、印缅文化等在此互相交流、互相融合，为当今云南多元文化并存奠定了基础。同时，也促进了文明互鉴，共同发展。云南大理等地的佛教以及各地的雕塑、绘画艺术的发展，都深深打上了南亚文化的烙印。云南傣族的泼水节等民族风俗习惯也来源于印度人民间相互泼洒净水、祝福祈丰的习俗。中国的文化也在南亚东南亚国家留下了永恒的印记，缅甸、越南、泰国、老挝等地的鼎文化、铜鼓文化来源于中国，其民众中文身刺龙也来源于中国的文化习俗。而今云南再次成为中国文化与南亚文化、东南亚文化交流的结合部，文化交流日益频繁，为云南建设面向南亚东南亚区域性国际人文交流中心奠定了历史基础。

3. 交流资源丰富。云南有 25 个边境县（市），与东南亚南亚各国开展文化交流有特殊的区位优势。云南地形地貌复杂，有高山有峡谷，有冰川也有河流、湖泊，旅游资源和人文资源丰富，自然、环境、气候、民族多样，素有"彩云之南"的美誉。这片土地上生活着 52 个民族，其中 15 个民族为云南独有，是中国民族最多的省份，拥有丰富多彩的民族民间文化。仅少数民族传统体育就多达 300 多项，并以原始、古朴、神秘、独特著称。丰富的音乐、舞蹈、诗歌、餐饮、服饰、民居等民族文化以及多宗教兼容并存和各民族和谐相处，成为云南与南亚东南亚开展人文交流的重要资源。而且，云南有 16 个民族跨境而居，他们生活、习俗相近，跨境婚姻延续千百年，双方的交流联系从未中断过，人缘关系和谐。同时，东南亚南亚是中国华人华侨集中地，人数有 3000 万，彼此间的交流更容易，合作起来更方便，交往也更为密切。另外，佛教文化传播、经济互补等也拉近了彼此的友好合作关系。这使得云南建设面向南亚东南亚的区域性国际人文交流中心有地缘、人缘、文缘的优势。

4. 交流基础较好。改革开放特别是近年来云南充分利用区位、资源、开放的优势，积极挖掘民族文化资源，统筹推进文化产业发展，大力实施文化"走出去"战略，文化产品和服务出口规模不断扩大。把人文交流作为一项长期性、基础性、战略性的工作来抓，不断完善人文交流机制，创新人文交流方式，与南亚东南亚国家共同举办了跨国春晚、影视合作、文化论坛等活动，开展人员互访、学术交流、人才培训等工作，促进经贸、议会、政党、青年、人文、媒体等各领域的交流，使得彼此的各种交往规模不断增加，合作领域不断扩大，促进了相互的文化交流融合。

5. 交流平台众多。近年来，云南充分利用我国面向南亚东南亚人文交流门户和通道的优势，搭建了多个平台（例如中国—南亚博览会、中国旅游交易会等）扩大与南亚东南亚国家人文交流。例如昆明市，现有东南亚国家领事机构 7 个、正式签约的国际友城 18 对，其中东南亚、南亚城市 9 对，外国（地区）企业常驻昆明代表机构近 300 家。这使得云南与南亚东南亚国家的人文交流合作领域不断拓宽，内容愈加丰富，规模持续扩大。目前，仅泰国、新加坡、印度三国来云南游客就达近百万人次。另外，云南还通过建立了若干边境经济合作区、跨境经济合作区等平台和载体，完善跨境交通、口岸和边境通道建设，开展经贸合作，同时推进人员往来，这也为云南建设面向南亚东南亚区域性人文交流中心奠定了基础。

三、加快建设面向南亚东南亚人文交流中心

1. 在云南构建中国与南亚东南亚人文交流平台。充分发挥中国—南亚博览会、中国旅游交易会的作用，积极打造国家级人文交流平台，大力推动与南亚东南亚国家人文交流，促进民心相通。国家进一步加大与南亚东南亚国家的协调力度，争取与更多南亚东南亚国家签署政府间的人文交流合作框架协议，保障人文交流合作活动的顺利开展。建议国家设立"一带一路"建设文化交流合作专项资金，对我国与南亚东南亚国家之间的文化交流合作项目给予大力支持。推进沿边人文口岸建设，打造一批示范工程，实施一批示范项目，推动沿边地区人文交流合作与文化贸易发展。以教育、文化、旅游交流合作为突破口，支持更多南亚东南亚国家学生及相关人员到攻读学位、旅游和开展文化交流。在云南建设一批"国门学校""国门医院"，支持周边国家到云南上学、就医。支持云南教育、文化、科技等部门与南亚东南亚国家相关部门的互访互动。资助云南更多学生赴南亚东南亚国家攻读学位。支持云南的学校"走出去"到南亚东南亚国家办学。支持云南建设面向南亚东南亚国家的小语种教学和师资培养培训基地。"共建、共享"人文交流合作平台，完善与南亚东南亚的人文交流合作机制，既面向南亚东南亚大力传播中华文化和云南民族文化，又积极吸

收借鉴南亚东南亚的优秀文化，相互促进，共同提高。

2. 广泛开展民间友好交流活动。要拓展民间交流新领域，广泛开展友好交流活动，不断扩大人员交流的层次、范围和规模，努力建设面向南亚东南亚的人文交流基地。一是加大文化交流合作力度。鼓励开展多种方式的文化交流活动，举办文化交流与文化产业合作论坛，打造文化交流的长期合作平台。二是积极开展边境、跨境旅游。特别是要加强旅游机构之间的合作，相互学习借鉴对方旅游发展经验，促进区域旅游产业发展，共同打造中国—东南亚—南亚旅游经济圈。三是加强地方政府间的友好交流。要支持云南促进省（邦）、省市之间的交流合作，扩大双方人员往来规模。开展更多城市间的交流合作项目，推进城市间的友好交往，为双方友好关系注入更多新活力。四是促进教育合作。举办教育合作论坛，开展高层对话，拓展合作领域，促进教育交流合作。相互提供更多奖学金，加强相互之间的语言和文化学习培训，进一步扩大学生交流的规模。五是积极开展媒体合作。推进云南与南亚东南亚国家媒体之间的合作，轮流举办"媒体高峰论坛"，促进媒体客观、公正、真实报道相关情况。出版一批多语种（包括中文、英语、印地语、孟加拉语、越语、缅语、老语、泰语等）成果。六是加强学术交流。充分利用中国—南亚智库论坛等学术交流平台，推动智库机构建立更为紧密的合作关系，争取形成更多共识提供给各国政府部门作决策参考。加强中国与南亚东南亚国家学术机构之间的合作，共同举办更多学术研讨会，开展对有关问题的学术研讨和研究。七是加强宗教交流。加强"寺庙外交"，开展同一宗教内和不同宗教间的对话与交流。尊重不同宗教之间的差异，挖掘和整理积极的、有意义的东西，引导帮助人们追求幸福。八是加强青年交流。青少年之间的交流对于未来国家关系的发展具有重要意义，需要开展多种形式的青年和学生交流。

3. 不断提升政治互信水平。政治互信水平越高，国与国之间的友好交流越广泛，反之，民间交流越广泛，越有利于建立政治互信。中国与南亚东南亚国家在各自的开放发展中都积累了很多经验，要相互学习，取长补短，促进经济发展，改善民生，推动国家关系进一步发展。在交流与合作中，应尽量照顾各国的差异与多元化。遵守各国宪法、法律、法规和政策，遵守尊重当地社会风俗习惯和道德风尚，积极承担社会责任。

4. 积极发展民间组织。民间组织是政府和企业之外的第三部门，是保证民间交流可持续发展的重要力量，推进"一带一路"建设既需要政府直接参与，也需要民间组织参与。特别是在推进"一带一路"需要加强民心相通的情况下，民间组织可扮演重要的角色。民间组织可发挥民间智能，收集和反映民间意见；配合政府政策，更好实施项目，保护资源和消除贫困；利用民间财富，平衡市场的不足；发挥其人道主义关怀，提供更多社会服务；协助政策落实，促进社会和谐等。如果民间组织开展国与国之间的交流，还可以促进人民之间的互动互助，推进国际合作，增进人民间的交流与了解，消除区域贫穷，促进和平，增强区域人民参与世界事务的能力，平衡跨国企业的利益。因此，我们不仅要发展民间组织，还要积极推进民间组织的国际交流与合作，提高民间组织参与国际活动的水平和能力，规范交流行为，增强自我发展能力。

5. 充分利用现代科技手段进行交流。在现代社会，民间交流种类越来越多，形式越来越多样。中国与南亚东南亚要更好开展民间交流，需要创新交流方式，开辟更多渠道。要加大网络信息平台建设，建立有效的、双向的信息传播机制，加强信息沟通，为中国、南亚东南亚国家民众提供更多的信息量。中国可以与南亚东南亚国家共同建立一个网上交流平台，及时了解并回应这一区域各国民众的所思所想，让这一区域的网民进行巨量的、日常的交流。另外，根据青少年喜爱漫画和动漫的特点，可以制作一些相关产品，让这一区域各国青少年在娱乐中广交朋友，了解彼此的情况，增进友谊。

6. 促进民间交流便利化开展。扩大民间交流需要进一步深化改革，出台更多便利化措施。中国政府及民间组织要搭建更多民间交流平台，制订和完善政策措施，使中国与南亚东南亚国家人员往来更便捷，交流领域更宽广。提供更多便利条件，推进民间交流人员出入境便利化，促进区域人员便利往来。积极借鉴和汲取发达国家的成功经验，支持我国民间组织到对方国家开展工作。进一步增加民间交流基金，支持和鼓励云南相关学校、科研单位、民间组织及地方政府建立定期互访机制，开展常态化联系。不断改进交流方式、丰富民间交流内涵，凝聚更多共识。支持和鼓励民间交流团组更加深入到南亚东南亚国家基层，更加贴近普通民众。欢迎南亚东南亚国家的民间组织及基层民众，尤其是从未到过云南的民众来云南走走看看，增进其对云南及中国的了解与认知。

第四节　五大领域协同发展，共同推动民心相通①

一、陕西推进"一带一路"建设情况

自"一带一路"倡议提出以来，陕西积极响应国家号召，紧扣"政策沟通、设施联通、贸易畅通、资金融通、民心相通"要求，搭平台、建机制，科学制定年度行动计划，扎实落实各项任务分工，各方面工作取得明显成效，一些领域的建设进度走在全国前列。陕西正以前所未有的速度融入全球经济、前所未有的广度不断扩大开放合作、前所未有的力度加快改革创新、前所未有的魅力吸引着世界目光。

一是互联互通水平全面提升。立体交通网络加快建设，全省高速公路累计通车里程超过5000公里，铁路营业里程达到4900公里，国际客运航线达到42条，陕西首家本土航空公司——长安航空正式起航，连接全国的铁路、高铁、高速公路及航空交通网络日趋完善。国际物流枢纽建设取得新突破，我国首个航空城试验区落户西咸新区，荷兰阿姆斯特

---

① 作者：陕西省发展和改革委员会。

丹、韩国首尔至西安的跨境电商货运包机直飞航线开通运营，陕西与新西兰建立陆海直达多式联运通道，空港保税物流中心正式封关运作，全国首个多式联运海关监管中心正式挂牌运营，陕西首个欧洲大型海外仓在德国法兰克福建立，省部共建"西安铁路枢纽新筑物流基地"开工建设。口岸建设成效显著，"西安港"纳入国际运输"始发港／目的港"序列，与 8 个口岸形成通关协调机制，中欧、中亚班列实现双向开行、常态化运营，进口肉类、进境粮食指定口岸获批，陕西电子口岸综合服务平台上线，获批实施 72 小时过境免签，区域通关一体化改革成效显著，西安港进出口平均通关时间减少 50%，物流成本降低 20%—30%。网上丝路持续延伸，西安国家级互联网骨干直联点开通，跨境贸易电子商务服务试点工作顺利进行。

二是国际影响力持续扩大。高级别会议活动拓展陕西"朋友圈"，参加欧亚经济论坛的国家、地区和国际组织从首届的 13 个增加到 50 多个，丝绸之路经济带城市圆桌会议机制正式建立，丝博会成功更名后吸引力更加凸显，丝绸之路国际电影节、艺术节和旅游博览会常态化，"一带一路"国际研讨会、二十国集团妇女会议和农业部长会议、"一带一路"海关高层论坛、丝绸之路旅游部长会议、丝绸之路经济带城市合作发展圆桌会等重大会议成功举办，借助博鳌亚洲论坛、外交部陕西推介会向世界全方位展示陕西新形象。组织举办哈萨克斯坦—中国（陕西）投资贸易洽谈会等 80 多场投资贸易促进活动，形成了一系列深化务实合作的意向和成果。印度总理莫迪、几内亚总统孔戴等 18 位国家政要来访。外国在陕设立领事馆取得突破，马来西亚、柬埔寨在陕设立领事馆，意大利等 13 个国家在陕设立签证中心，领馆区 4 座统建馆建成。

三是对外经贸合作迈向纵深。与国家发展改革委建立国际产能协同机制，吉尔吉斯斯坦中大石油炼化工业园等 3 个境外园区建设已经启动，有色集团印尼 200 万吨氧化铝等 5 个境外投资项目有序推进，中铁二十局巴基斯坦高速公路等 4 个对外承包工程开工建设，陕西煤化、陕重汽、法士特等大型国企国际化战略稳步推进。300 多家对外投资合作业务经营主体业务覆盖世界 80 多个国家和地区，涉及 30 多个行业领域，累计实现境外投资 30 多亿美元。外贸规模持续扩大、水平不断提升。实施出口振兴和外贸孵化工程，全省外贸企业突破 1 万家，遴选支持 200 家陕西品牌产品企业开拓国际市场。首个陕西出口展示中心在广西凭祥建立，陕西水果出口全球 64 个国家和地区，钛金属制品、重型汽车等特色"秦货"加速走向全球。2016 年陕西与"一带一路"沿线国家进出口总额达 231 亿元，占全省进出口总额的 12%。国际合作园区建设持续推进，中俄、中哈、中吉、中韩等国际合作园区相继建设，西安半导体国际合作产业园、美国内布拉斯加（杨凌）科技园加速推进。即将挂牌的中国（陕西）自由贸易试验区将更好发挥"一带一路"建设对西部大开发的带动作用，大幅提升陕西的对外开放水平。

四是科技和人文交流成果丰硕。围绕产业优势和经济社会发展需求开展科技合作。陕西与中亚国家在能源开采、精细化工、电子信息、生物医药等领域联合开展技术攻关。依托杨凌农业高新技术优势为中亚国家在旱地作业、设施农业、绿肥种植等方面提供技术支撑。法士特集团联合英国里卡多变速器设计公司共同开发了世界上首款商用汽车自动 9 速变速器并已完成样机装配。加快建设中国西部科技创新港，打造国际合作的科技创新特区。面向未来开展教育合作。陕西高校与国（境）外 60 余所高校加强合作，优化专业、课程和学科设置，每年安排 1200 名中亚学生在西安求学。西安交大发起成立的"丝绸之路大学联盟"已有五大洲 32 个国家和地区的 132 所大学加盟，在校际交流、人才培养、科研合作、智库建设等方面开展形式多样的合作。西安交大、西电、西外分别与波兰相关机构和大学开展了科研与教育合作。推进文明交流互鉴。西北大学王建新教授团队在乌兹别克斯坦"寻找大月氏"考古活动取得阶段性成果，确认了古代月氏西迁后的分布地域和文化特征，为研究古代中亚地区文化交流、文明碰撞等重大国际学术问题提供了新线索和新视野。丝绸之路跨国联合申遗成功，西安新增汉长安城未央宫遗址、唐大明宫遗址、大雁塔、小雁塔、兴教寺塔等 5 处世界文化遗产。与沿线国家共同开展文物保护、举办文化遗产保护交流合作论坛等活动，和波兰等国达成一系列文物保护协议。在俄罗斯举办"中国西部电影展映周"活动，签署中国丝绸之路国际电影节与莫斯科国际电影节战略合作协议。"国风秦韵"海外宣传推广力度不断加大，配合中国大使馆、孔子学院、中国文化中心，先后赴匈牙利、德国、斯洛伐克、捷克、澳大利亚、意大利举办活动，唱响了陕西文化品牌。聚焦民生短板开展医疗卫生合作。推动与澳、韩在应急医学、传统医学等方面开展交流，省内医疗机构先后与俄罗斯、印尼、韩国开展了中医医疗、护理培训等项目，并与俄罗斯医学科学院签订了科技合作协议。援苏丹"光明行"活动受到中国驻苏丹大使馆表扬，哈萨克斯坦"陕西医院"援建项目完成开工前各项准备工作，西安与"一带一路"沿线 9 个城市签署医疗机构合作意向。促进旅游业深度融合，连续三年成功举办中国西安丝绸之路国际旅游博览会，吸引了 30 多个国家和地区参会，开通了 20 多条丝绸之路国际旅游线路及旅游专列，最近五年到陕西观光的中外游客就达 14.14 亿人次。

五是支撑服务能力不断增强。金融服务保障体系逐步筑牢，与中国工商银行、中国建设银行、中国银行、平安银行分别签署战略合作协议，联合国家开发银行、非洲进出口银行设立"陕西非洲产业发展基金"，支持陕西"一带一路"建设；中国进出口银行、中国出口信用保险公司等开发专项金融产品，陕西银监局建立"走出去"企业信息库，在陕第五家外资银行——星展银行开业，全国 12 家股份制商业银行完成在陕布局，秦农银行发起成立丝路农商行联盟，省商务厅、中国进出口银行、省外经贸集团、省外经贸综合服务公司共同推进外贸企业融资解决方案"4+N"项目，融资租赁业进入快速发展轨道，都为陕西"一带一路"建设提供了有效的金融保障。深化"放管服"改革支持"走出去""引进来"。同步实行外资企业"五证合一、一照一码"改革，4 个市县获批外资企业登记管理权，实现自贸区企业登记备案"七证合一、八项联办",整合证照数量居全国各自贸区之首,外商投资登记手续更加简化便利。信息共享不断强化,智库体系逐步建立。推进"一带一路"建设网页上线,重点项目库不断完善。"一带一路"语言服务及大数据平台正式启动,哈萨克斯坦通讯社网站"中国陕西:丝绸之路开始的地方"专栏开办,西北大学丝绸之路研究院、西安外国语大学中亚学院等7家智库先后成立,"一带一路"国家标准协作平台即将落户陕西。

二、陕西推进"一带一路"建设目标

2016年年初,陕西省委、省政府正式印发《陕西省推进建设丝绸之路经济带和21世纪海上丝绸之路实施方案》,明确提出,坚持"抢抓机遇、追赶超越,开放带动、合作共赢,深化改革、创新驱动,生态文明、持续发展,发挥优势、示范引领"的原则,积极打造"一带一路"交通商贸物流、国际产能合作、科技教育、国际旅游、区域金融五大中心的重点任务。今后一个时期,陕西将结合自身发展特点,不断健全合作交流机制,不断完善合作平台,不断提升经济外向度,努力构筑宽领域、多层次、高水平的全面开放格局。

一是发挥区位优势,着力构建交通商贸物流中心。陕西是中国版图的几何中心,天然的交通枢纽。陕西将着力推进"米"字形高铁网建设,统筹建设大西安轨道交通和关中城际铁路。畅通国家高速公路网陕西段,增强等级公路联通能力。推动西安咸阳国际机场三期扩建前期工作和户县机场搬迁工作,加快省内支线机场建设,健全综合立体交通网络并增强辐射能力。进一步完善国际内陆港、国际空港、物流集散中心等设施,加强与沿海、沿边口岸一体化大通关合作,推动物流提质增效,努力为国际商贸流通创造更加便利的条件,实现"买全球、卖全球"的生动局面。

二是强化互补联动,着力构建国际产能合作中心。陕西是中国的能源大省和重要的装备制造业基地。陕西将在同韩国、俄罗斯、意大利、哈萨克斯坦、吉尔吉斯斯坦等多个国家合作建设产业园区的基础上，继续推广"一园两地"模式，不断拓展国际产能合作领域。支持省内建筑、铁路、公路和电力四大领域企业横向合作，积极在海外开展设计、采购、施工、承包和联合体项目，适时设立省级国际产能和装备制造合作基金。在国家发展改革委重点国别对接组合工作安排和委省协同机制框架下，搭建产能合作工作交流机制，共同推进产能合作任务取得实效。

三是发挥科教优势，着力构建科技教育中心。陕西科教资源丰富，在机械制造、电子信息、新材料、旱作农业等领域拥有较强的技术创新实力。陕西将以实施创新型省份、西安全面创新改革试验区、西安高新区自主创新示范区建设三大任务为契机，发挥科技创新引领作用，加快关键核心技术突破。加强在产学研结合、人才培养、科技成果转化等领域国际交流合作，建设"科技创新特区"。通过建立双边、多边国际合作机制，深化国际培训教育合作，加快建设中国西部科技创新港、丝路经济带教育文化研究交流中心和人力资源服务产业园，发挥丝绸之路大学联盟作用，为联合培养创新人才探索路径。积极争取上合组织大学落户陕西。

四是传承历史文化，着力构建国际旅游中心。陕西是中华文明、中国革命、中华地理的精神标识和自然标识。打造旅游"多彩"陕西，做大做强"红色"旅游（延安、照金等革命圣地），打造精品"古色"景区（兵马俑、法门寺等遗址古迹），建设生态"绿色"旅游（秦岭、桥山国家公园），助推特色"黄色"旅游（黄土文化、塞外风光和大漠风情），叫响"山水人文，大美陕西"旅游品牌。吸引社会资本联手开发多元化文化产品，打造旅游精品景区与线路，加快打造丝路起点风情体验旅游走廊、大秦岭人文生态旅游度假圈等新的旅游项目，并不断完善旅游软硬件设施。加快文化旅游融合发展，依托陕西厚重历史，运用影视、演艺、网络等方式，宣传展示陕西旅游的独特魅力。积极搭建国际交流平台，深化多领域合作层次，建成具有较强竞争力和较高知名度的国际旅游目的地。

五是坚持创新合作，着力构建区域金融中心。陕西初步形成了多层次的现代金融体系，下一步将继续扩大金融开放合作，争取金砖国家开发银行、国际复兴银行、亚洲开发银行等国际型开发机构来陕西设立分支机构或代表处。推进各类功能性金融聚集区建设，建立"一带一路"互联网金融产业基地，探索本地法人金融机构跨区域经营。加快建设面向"丝绸之路经济带"的大宗能源商品及战略资源现货交易平台，形成有重要影响力的能源交易中心和定价中心。推动开展离岸金融和跨境双向人民币资金池业务，搭建"一带一路"国际金融网络信息服务平台，进一步提升金融服务国际经贸合作能力。

第五节　借民心相通之东风，实现自治区五大中心建设[①]

一、"丝绸之路经济带"核心区建设人文交流领域的主要成绩

自 2014 年 5 月第二次中央新疆工作座谈会明确提出，要把新疆打造成"丝绸之路经济带"核心区以来，全区上下牢牢把握这一历史新机遇，把核心区建设作为提升全方位开放水平、培育新的经济增长点和扩大有效投资的重要途径，超前谋划、提早布局，以全方位深化新疆与"丝绸之路经济带"沿线各国人民间的"民心相通"为目标，加快编制《丝绸之路经济带核心区文化科教中心建设规划》和《中国·新疆丝绸之路经济带核心区医疗服务中心建设规划》，以文化、教育、科技、旅游、医疗服务等为重点，不断深化与周边及沿线国家的交流合作，密切联系、增

---

① 作者：新疆维吾尔自治区发展和改革委员会。

进友谊。

（一）文化方面

——在与沿线国家的文化交流合作方面，成功举办第四届中国新疆国际民族舞蹈节，积极做好 2017 年第五届中国国际民族舞蹈界筹备工作，带动"丝绸之路经济带"沿线国家广泛参与。成功举办中国第十三届冬季运动会，大幅提升了新疆冰雪运动资源在国内外的知名度。2016年 9 月 20—26 日，第五届中国亚欧博览会—中外文化展示周在乌鲁木齐市举办，新疆艺术剧院木卡姆艺术团大型音舞诗画《木卡姆印象》、俄罗斯青年艺术代表团歌舞表演、哈萨克斯坦阿斯塔纳国家歌剧舞剧院芭蕾舞团代表团演出、自治区博物馆《炫彩丝路——新疆古代和田珍品文物展》等 5 个板块的文化活动精彩亮相，凸显"艺术编织丝路美景"主题，加强了和丝绸之路沿线国家之间的友好往来。2016 年 10 月 8—31 日，以"艺术与科学的对话"为主题的第二届中国新疆国际艺术双年展在乌鲁木齐举办，吸引 1 万多名观众参展。2016 年 10 月下旬，分别在老挝中国文化中心和斯里兰卡中国文化中心举办中国海外文化中心—新疆文化展示周。

——在文化产业项目交流合作方面，2016 年 8 月 18—22 日，在乌鲁木齐成功举办第四届丝绸之路新疆文化创意产业博览会，以"丝路创想，博汇新疆"为主题，开展了博览交易、网上文博会、掌上文博会等活动板块，并首次在主会场外设分会场。主会场设 3 个展馆，15 个展区、878 个展位，总面积 22680 平方米，来自内地省市及港澳台地区的 200 多家企业参展。四个分会场分别设在自治区博物馆、七坊街文化创意产业聚集区、新疆和合玉器产业基地和新疆软件园。文博会期间，还举办了全国"一带一路"动漫产业发展研讨会、第二届大学生创意大赛总决赛、小微文化企业投资路演暨项目推介新疆站活动、博物馆典藏文物衍生产品创意设计大赛暨全区"文博系统文化产业研讨会"、和田玉国家实物标准样品站、"故宫文创"作品展等活动。本次文博会 152 个文化项目达成协议、签约金额达 8 亿元，签约金额是历届文博会最多的一年。本届文博会还首次设立了"一带一路"文化展区与"文化扶贫"展区。

（二）教育方面

充分发挥地缘优势，以中亚等周边国家为重点，依托上海合作组织，在国家教育开放体系内，积极参与双边、多边和区域性教育合作。在新疆已建 7 所孔子学院的基础上，2015 年又在蒙古国科布多大学、巴基斯坦费萨拉巴德农业大学新建了 2 所孔子学院，与塔吉克斯坦达成了邀请塔国 150—200 名学生、50 名塔国汉语教师来疆体验、培训项目合作协议；2016 年，在已建 9 所孔子学院基础上，又在吉尔吉斯斯坦贾拉拉巴德国立大学新建了 1 所孔子学院，并于 2016 年 12 月 26 日正式揭牌。2016 年 7 月 30—31 日，在乌鲁木齐举办孔子学院总部理事座谈会和西部四省区中方院校工作会。2016 年 9 月 26—29 日，成功举办了"中国—中亚国家大学校长论坛，建立了与周边国家高层次、常态化的教育交流合作机制。继续实施新疆籍优秀自费留学生奖学金政策，积极促进与周边国家学生的交流交换、学历学位的互认和教师的互派。

（三）科技方面

——科技交流与合作方面，建立"丝绸之路经济带"信息服务合作平台，与国家科技图书文献中心等 6 家单位共同维护的"丝绸之路经济带"信息服务平台已上线。与哈萨克斯坦信息中心开展"丝绸之路经济带"科技信息资源整合工作，目前已收集、整合、加工"丝绸之路经济带"沿线各国（国内、国外）信息资料 2 万余条；完成信息编辑、互译并通过服务网络系统对外发布信息 3500 多条。2016 年 9 月 20 日，在昌吉举办了第五届中国—亚欧博览会科技合作论坛。2016 年 9 月，新疆科技发展战略研究院与吉尔吉斯斯坦科学院签订了《设立中国—中亚科技合作中心吉尔吉斯斯坦（中吉科技经济）信息中心的协议》。加快推进中亚农业科技合作中心以及新疆农业大学与哈萨克斯坦赛弗林哈萨克农业技术大学农业机械联合实验室建设。支持企业"走出去"建设国际科技示范园，塔吉克斯坦"中塔农业科技园"取得良好进展。一批重大国际科技合作项目进展顺利，其中"中亚地区应对气候变化条件下的生态环境保护与资源管理联合调查与研究"顺利通过验收。2016 年 10 月 18 日，自治区人民政府、科技部、深圳市、中科院四方共同签署了《推进丝绸之路经济带创新驱动发展试验区建设合作备忘录》。

　　——人才培训方面，组织"第十一批新疆科技与经贸人员赴俄罗斯培训班"。举办了"中亚区域地质矿产资源开发技术国际培训班"，来自哈萨克斯坦、吉尔吉斯斯坦、乌兹别克斯坦、塔吉克斯坦、俄罗斯和蒙古国等国家政府部门、科研机构和大学的 22 名学员参加了培训。

　　（四）旅游方面

　　2015 年，新疆全年共接待国内外游客 6097 万人次，比上年增长 23%，其中，境外游客 168.36 万人次，增长 12.1%。2016 年，新疆接待海外游客数达到 200 万人次，同比增长 19%。推出中哈吉"天山廊道"世界遗产跨境自驾游、环阿尔泰山跨境自驾游、中塔走廊帕米尔高原跨境自驾游 3 条国际跨境旅游新线路，连接中国、俄罗斯、哈萨克斯坦、吉尔吉斯斯坦、塔吉克斯坦、蒙古国等丝路沿线国家，涵盖"天山廊道"世界自然遗产、帕米尔高原以及阿尔泰山区域等世界级优势旅游资源，开辟了新疆与中亚各国文化交流、民间旅游商务往来的新通道，切实提升了新疆与"丝绸之路经济带"沿线国家旅游合作交流的层次和水平。喀拉峻景区、巴音布鲁克景区通过国家创建 5A 级景区验收。积极推进特色旅游目的地建设，吐鲁番市进入中国国际特色旅游目的地—中国国际丝路绿洲旅游目的地创建名单，喀什地区进入中国国际特色旅游目的地—中国国际丝路风情旅游目的地创建名单。

（五）医疗服务方面

从 2014 年 11 月起，在自治区人民医院、自治区维吾尔医医院、新疆医科大学第一附属医院、自治区肿瘤医院、自治区中医医院等五家医院先行启动国际医疗服务，可用床位数共计 500 张。2015 年 1 月—2016 年 11 月，五家医院开展国际医疗服务共接待外籍患者就诊 13214 人次，其中住院 1734 人次，门诊 11480 人次。

二、未来设想

下一步，新疆将深入贯彻习近平总书记系列重要讲话精神、落实自治区第九次党代会要求，紧紧围绕新疆社会稳定和长治久安总目标，按照政策沟通、设施联通、贸易畅通、资金融通、民心相通要求，主动融入"一带一路"倡议，积极搭建文化、人才、旅游等平台，加快推进"丝绸之路经济带"核心区"文化科教中心"和"医疗服务中心"等"五大中心"建设，进一步加强与"丝绸之路经济带"沿线各国人民之间的交往交流交融。

——文化方面，继续扩大新疆对外文化交流合作，有针对性地开展与周边国家的文化体育交流活动，积极参与国家海外中国文化中心共建合作计划，建设中亚文化交流合作中心，深入推进与沿线国家政府间的文化交流，拓展民间文化交流途径，举办中国新疆国际民族舞蹈节等活动。

——科技方面，推动新疆与周边国家的创新合作，启动实施上海合作组织科技伙伴计划，加快中国—中亚科技合作中心建设，推进中俄哈蒙阿尔泰区域的科技交流合作，推进昌吉、克拉玛依、伊犁等城市跨国科技交流合作，依托新疆特色产业，建设一批国际联合研究中心等国际科技合作基地，着力打造新疆与中亚各国开展科技合作交流的重要平台，把新疆建设成为中亚区域具有重要影响力和辐射力的科技创新中心。

——教育方面，扩大与"丝绸之路经济带"沿线国家，特别是同周边国家间的交流与合作，努力把新疆建设成为"丝绸之路经济带"上重要的教育中心，"丝绸之路经济带"发展战略研究的智库，周边国家来华留学、研修、交流的重要基地和国际化人才培养的重要目的地。依托中国亚欧博览会和上海合作组织平台，建立由"丝绸之路经济带"沿线国家联合成立的国际教育交流合作机制，定期举办丝路国际教育展和各种教育论坛等活动。加强汉语国际教育工作和孔子学院建设，提升中华文化影响力。打造人才的平台，积极开展新疆与周边及沿线国家留学互访和合作办学，加大对来华留学生奖学金资助力度。

——旅游方面，以丝绸之路世界文化遗产、新疆天山世界自然遗产和国家级风景名胜区为依托，大力发展生态旅游、民俗风情旅游、边境跨国旅游。搭建旅游平台，建立与内地省区和周边国家旅游信息共享机制，联合打造具有丝绸之路特色的国际精品旅游线路和旅游产品，努力把新疆建设成为"丝绸之路经济带"国际旅游集散中心，把南疆建设成为丝绸之路文化和民族风情旅游目的地。加强旅游与康养产业的深度融合。争取到2020年，国家5A级景区达到15家，国家生态旅游示范区达到6个；旅游总消费达到2000亿元，接待国内旅游人数达到1.2亿人次，其中入境旅游人数达到300万人次。

——医疗服务方面，积极开展双边医药科研专家、医药科技人员的交流互访，继续办好"丝绸之路健康论坛"系列活动。进一步加强医药领域的合作，大力开展国际医疗服务、中医民族医特色诊疗、远程医疗、医疗旅游等。

第二部分

"一带一路"民心相通报告
——学术研究篇

第一章

民心相通与人文交流

第一节　民心相通：为"一带一路"
建设筑牢社会根基①

"国之交在于民相亲，民相亲在于心相通"，"惟以心相交，方成其久远"。民心相通是"一带一路"建设的重要内容，也是关键基础。习近平总书记强调，"要坚持经济合作和人文交流共同推进，注重在人文领域精耕细作，尊重各国人民文化历史、风俗习惯，加强同沿线国家人民的友好往来，为'一带一路'建设打下广泛社会基础"，"要切实推进民心相通，弘扬丝路精神，推进文明交流互鉴，重视人文合作"。

推进民心相通建设，需要深刻把握民心相通与"一带一路"建设的关系。一方面，民心相通是"一带一路"五大合作领域之一，与政策沟通、设施联通、贸易畅通、资金融通并驾齐驱，构成"一带一路"建设的全方位、立体化工作格局。另一方面，民心是最大的政治，民心相通则是最基

---

① 作者：金鑫，中联部当代世界研究中心主任、研究员；林永亮，中联部当代世界研究中心副研究员。来源：《求是》2017年第11期。

础、最坚实、最持久的互联互通，是其他"四通"的重要基础。通过增进相关国家和地区的人民对"一带一路"的理解、塑造积极友好的社会氛围，民心相通能够为"一带一路"建设顺利推进夯实民意基础，筑牢社会根基。可以说，民心相通建设既是目标也是手段，没有民心相通作努力方向，"一带一路"建设的目标体系就不够完善均衡；没有民心相通作基础保障，"一带一路"建设也很难行稳致远。

民心相通建设早期成果，为"一带一路"建设初步奠定了良好的民意基础。4年来，中国传承和弘扬丝绸之路精神，同"一带一路"建设参与国广泛开展人文交流与合作，规划实施了一大批品牌项目和活动。中国政府每年向相关国家提供1万个政府奖学金名额，地方政府也设立了丝绸之路专项奖学金，为沿线国家培养了大量行业领军人才和优秀技能人才。中国与沿线国家互办文化年、旅游年、艺术节、电影节、电视周、图书展等，推动各国展现各自民族特色，感受不同文化风采，增进相互了解认知。中国与沿线国家深入推进科技、教育、文化、卫生、旅游、政党、智库、青年、城市、社会组织等各领域合作，不断拓展交流宽度、增强交流深度。中国企业在"走出去"过程中唱响"融"字主旋律，主动融入当地社会，中央企业海外分支机构38万多名员工中85%是当地员工。企业在促进当地经济发展的同时，积极履行社会责任，开展爱心公益活动，帮助解决当地民众的实际困难，如中国交建集团仅在肯尼亚蒙内铁路建设期间，就为当地居民打了100多口深水井，赢得肯尼亚民众交口称赞。"一带一路"既有政府间的"大"项目，也有民众间的"小"活动。这些项目和活动有效提升了沿线国家民众对"一带一路"的认同，为"一带一路"建设顺利开展发挥了不可替代的作用。

以高峰论坛为新起点，把"一带一路"建成文明共同发展之路。习近平总书记在"一带一路"国际合作高峰论坛上正式宣布，在沿线国家实施100个"幸福家园"、100个"爱心助困"、100个"康复助医"等项目。高峰论坛就增强民生投入、深化民心相通达成了一系列成果，包括启动

《中国社会组织推动"一带一路"民心相通行动计划（2017—2020)》、"丝路沿线民间组织合作网络"以及"增进'一带一路'民心相通国际智库合作项目"等。以此次论坛为新起点，我们要按照习近平总书记的要求，继续深入开展人文领域交流合作，让合作更加包容，让合作基础更加坚实，让广大民众成为"一带一路"建设的主力军和受益者。

我们将坚持"共商共建共享"原则，与沿线各国共同做好民心相通的顶层设计和整体规划，建立多层次、宽领域的人文合作机制，搭建更多合作平台，开辟更多合作渠道，促进民心相通建设的常态化、机制化。

我们将秉承开放包容原则，加强国际合作，带动更多国家、更多国际组织、更多社会力量参与进来；积极创造条件，让社会各阶层、各群体都参与到合作中来，营造多元互动、百花齐放的人文交流局面，促进包容发展。

我们将把民心相通建设与经济合作更加紧密地结合起来，着力打造一批经济合作与民心相通相互支撑的旗舰项目，形成民心相通为经济合作提供民意保障、经济合作又为民心相通提供物质基础的良性互动态势。

我们将深入开展文明间对话，以文明交流超越文明隔阂、文明互鉴超越文明冲突、文明共存超越文明优越，推动各国相互理解、相互尊重、相互信任，把"一带一路"建成文明之路。

第二节　中国与"一带一路"沿线国家 民心相通研究报告①

"一带一路"自提出以来得到国际社会广泛关注和积极参与。中国国

<hr>

① 本报告由中联部当代世界研究中心统筹策划和最终定稿，北京大学全球互联互通研究中心主任翟崑负责牵头撰写，课题组成员有：刘静烨、褚浩、韩立群、柯银斌、刘晓伟、王丽娜、李忠林、陈艺元、顾春光、魏丹、王维伟、邓涵、范佳睿等。

家主席习近平近年来多次深入阐述民心相通对"一带一路"建设的重要意义。举办"一带一路"国际合作高峰论坛"增进民心相通"平行主题会议，既是对三年多来民心相通建设的经验总结，也是为未来民心相通建设勾画新愿景，开辟新格局。

一、"五通"建设民心先行

（一）中国国家领导人高度重视民心相通。"一带一路"倡议提出三年多来，习近平主席在多个重要场合对民心相通建设进行过深入阐述。

一是强调民心相通是国家间关系的重要基础。2013 年 10 月，习近平主席在周边外交工作座谈会上指出，"关系亲不亲，关键在民心。要全方位推进人文交流，深入开展旅游、科教、地方合作等友好交往，广交朋友，广结善缘"。11 月，习近平主席在印度尼西亚国会演讲中指出，"'合抱之木，生于毫末；九层之台，起于累土'。保持中国—东盟友谊之树常青，必须夯实双方关系的社会土壤"，"交往多了，感情深了，心与心才能贴得更近"。

二是强调民心相通是"一带一路"建设的重要内容。关于民心相通在"一带一路"建设中的定位，习近平主席指出，"民心相通是'一带一路'建设的重要内容，也是关键基础。""我们要建设的互联互通，不仅是修路架桥，不光是平面化和单线条的联通，而更应该是基础设施、制度规章、人员交流三位一体，应该是政策沟通、设施联通、贸易畅通、资金融通、民心相通五大领域齐头并进"。

三是深入阐述民心相通建设的方法路径。2014 年 11 月，习近平主席在"加强互联互通伙伴关系对话会"上指出，"亚洲各国人民堪称互联互通的开拓者"，"我们要实现亚洲人民幸福梦想。每一条新的交通线路，都承载人民幸福梦想。我们要通过亚洲互联互通建设，开拓人民观察世界、放飞理想的窗口，拓宽人民脱贫致富的道路。在思考和规划互联互通项目时，需要坚持以人为本，听取基层民众意见，增加基层民众收入，着力解决他们用电、饮水、医疗、上学、就业、上网等现实问题。同时，需要保护生态环境，让美丽和发展同行。"

（二）增进民心相通是全球化时代的客观要求，也是建设人类命运共同体的题中之义。民心相通既是全球化的结果，也是全球化的动力。习近平主席在今年达沃斯世界经济论坛演讲中指出，经济全球化为世界经济增长提供了强劲动力，不仅促进了商品和资本流动、科技和文明进步，也大幅提升了各国人民交往水平。在此过程中，大家发现各自面临的问题具有重大共性，各自追求的利益也存在明显交汇点，而解决问题的理念与方案也日渐趋同。这既是全球化进程的重要表现，也是人类命运共同体意识的现实基础。

2008 年金融危机以来，经济全球化遭遇"逆风"，世界经济和国际贸易增长缓慢，各国人民的自发沟通遭遇明显阻力。人们期待早日吹散金融危机的阴霾，复现往昔交流之繁荣。"一带一路"民心相通建设正符合上述要求。历史上，"和平合作、开放包容、互学互鉴、互利共赢"的丝绸之路精神推动了人类文明进步，是促进沿线各国繁荣发展的重要纽带，是东西方交流合作的象征。今天，"一带一路"倡议继承了这一宝贵历史遗产，新时期的民心相通理念不仅以连接欧亚文明、促进人文通路为己任，而且自觉寻求新的更大进展，努力把心灵沟通提升到新的高度。

（三）增进民心相通是沿线各国共同发展的需要。民心相通是融合政治分歧、弥合文化差异、缩小发展差距的有力工具，其主要内容是民间交流和公共外交。民间交流和公共外交是一种普遍的国际现象，历来受到各国高度重视。其形式多样、内容灵活、务实高效，是推动各国间增进了解、增强友谊、沟通思想、共同进步的重要渠道，与政府外交相辅相成、互相促进。更重要的是，民间交流为各国经济技术合作和文化教育等方面的交流发挥了牵线搭桥的作用，有力拉动了后发国家的经济社会发展。

"一带一路"贯穿亚欧非,相互间存在巨大的文化、宗教、经济和社会发展差异。要推进互联互通建设,建立和加强沿线各国互联互通伙伴关系,必须民心先行。民心先行、融冰释疑不仅是建设"一带一路"的需要,更是各国长期的历史诉求,对各个国家都有好处。与此同时,民心相通可广泛激发沿线国家各类主体的积极作用,通过民众对民众、企业对企业、机构对机构的交流,扩大市场的有效性,促进投资和消费,创造需求和就业,进而提升经济和社会发展水平,让各国人民共享和谐、安宁、富裕、文明的生活。

(四)增进民心相通是"一带一路"建设的内在要求。习近平主席曾指出,我们要通过建设"一带一路",实现沿线人民的幸福梦想。事实上,各国人民是"一带一路"的建设者、受益者,也是各国决策的关键影响因素。推动区域和跨区域经济合作,既要有经济上的互惠互利和相互依赖,也要有机制和文化上的及时跟进。一方面,民心相通是"五通"之一,是"一带一路"建设要达到的目标之一,是"一带一路"建设的题中之义。另一方面,民心相通是"一带一路"建设的重要前提,为其他四通建设提供坚实的社会和民意基础。各方在工作实践中,既要主动营造良好的合作氛围来推动"一带一路"建设,也要在"一带一路"建设中有意识地引导和培育合作、友善的文化,从民众层面自下而上地增强相关国家间的亲切感和认同感,从而巩固其他领域的合作成果。

(五)增进民心相通任重道远。民心相通的工作对象是人的情感与内心世界,我们应该在思想理念层面为民心相通制定更高远的目标。一是通过民意沟通,推动沿线各国民众认可"一带一路"理念与目标,塑造政治互信、经济融合、文化包容的命运共同体意识。二是积极运用各种媒体手段,推动不同宗教、不同文化、不同习俗群体间建立良好情感,拉近"丝绸之路"沿线国家民众间的距离,增强沿线各国民众的亲近感。三是推动各国民众以平等、友善、互助、合作的精神开展交往、交流、交心,实现不同文化的和谐共处、文明互鉴。

二、民心相通建设的既有基础

2013 年以前的一段时间里，中国与"一带一路"沿线国家民心相通工作有两个重要特点：一是行为体以政府为主；二是内容以文化符号、国情介绍、政策理念为主。我们可从以下重大民心相通工作中看到这些特点。

（一）主题年。主题年是中国政府与相关国家政府互办、以某个主题为主要内容和形式、时长 1 年的文化交流活动。"主题"主要有国家年、友好年、文化年、交流年、青年年、语言年和旅游年等。主要目的是让举办地人民更好地了解和认识主办国的国情和文化，促进人民友好往来。

从 1999 年"中日文化友好年"到 2013 年俄罗斯"中国旅游年"，中国与相关国家互办 37 次主题年。这些活动有以下特点：一是规格层次高，双方国家领导人决定并出席，政府相关部委、地区共同参加；二是时间节点关键，通常选在庆祝双方建交等关键时间节点举办；三是时间跨度长，以"年"为单位；四是内容包括文化、教育、体育、旅游等，形式上有文艺演出、文化展览、媒体采风、青年交流、民间论坛等；五是影响深远，效果明显，通过以人们喜闻乐见、易于接受的形式开展活动，对双边关系产生积极效果。

（二）中国文化中心。中国文化中心是中国文化部负责的在其他国家建立的文化传播机构。中国文化中心的宗旨包括：优质，追求专业水准，向公众提供高质量服务和文化活动；普及，面向社会各界人士，欢迎不同年龄段、不同职业的公众参与活动；友好，不断增进相互理解，巩固并发展友谊；合作，与当地机构建立伙伴关系，促进两国文化交流。

中国文化中心主要职能包括：文化活动，主要是经常性地举办演出、展览、艺术节、文体比赛等各类交流活动；教学培训，组织语言、文化艺术、体育健身等各类培训项目以及实施各类短期培训计划；思想交流，组织学术讲座、研讨会、汉学家交流等活动；信息服务，内设图书馆，向驻在国公众提供涉华信息，介绍中国历史、文化、发展和当代社会生活。

（三）孔子学院。办学宗旨是"增进世界人民对中国语言和文化的了解，发展中国与外国的友好关系，促进世界多元文化发展，为构建和谐世界贡献力量"。主要职能包括：开展汉语教学；培训汉语教师，提供汉语教学资源；开展汉语考试和汉语教师资格认证；提供中国教育、文化等信息咨询；开展中外语言文化交流活动。孔子学院采取中外大学合作办学的方式，分为孔子学院与孔子课堂两种形式。截至 2013 年，孔子学院与孔子课堂的数量及国家分布情况如表 1 所示：

表 1 孔子学院与孔子课堂的数量及国家分布情况

（单位：个）

	孔子学院		孔子课堂	
	数量	分布国家	数量	分布国家
亚洲	93	32	50	13
非洲	37	27	10	8
欧洲	149	37	153	18
美洲	144	16	384	6
大洋洲	17	4	49	2

（四）卫生医疗。卫生医疗领域对外交流合作的内容丰富、形式多样。此处仅以援外医疗和国际紧急救援为例加以说明。

1. 中国援外医疗工作概况

1963 年，中国开始向发展中国家派遣援外医疗队。截至 2013 年 6 月，中国先后向亚洲、非洲、拉丁美洲、欧洲和大洋洲的 66 个国家和地区派遣过援外医疗队，累计派出 2.3 万人次，诊治患者约 2.7 亿人次。2013 年，中国向 49 个国家派遣医疗队，其中 42 个国家在非洲，1171 名医疗队员分布在 113 个医疗点上。全国有 27 个省（区、市）承担派遣援外医疗队的任务。援外医疗队的专业组成多样，以内、外、妇、儿等临床科室为主，西医与中医共具，普通专科与高端专业同有。随着医疗队的派出，中国每年还向受援国赠送部分药品和医疗器械。中国政府还为非洲一些国家无偿援建了上百所医院。

2. 国际紧急救援

2001 年，中国国际救援队成立，由地震专家、医疗救护人员等组成。到 2011 年，中国国际救援队先后参加了在阿尔及利亚、伊朗、印度洋沿岸国家、巴基斯坦、印度尼西亚、海地、新西兰、日本等国的国际救援。在海地灾区，中国国际救援队先后展开 12 次搜救行动，对 23 个现场进行搜救，是唯一开设医疗援助点的国际救援队，为 2500 余名灾民提供了医疗服务。

（五）体育。体育可以为国家及人民间的相互联系和理解创造条件。20 世纪 70 年代的中美"乒乓外交"拉开了两国建交的帷幕；1990 年北京亚运会是当时参赛国家最多、运动员人数最多、最为成功的一届亚运会。2008 年北京奥运会参与国达到 204 个，运动员超过 1 万名。通过电视转播，北京奥运会的全球观众超过 45 亿人次。参与体育赛事的运动员不仅代表各自国家的体育竞技水平，而且代表国家形象。中国篮球运动员姚明、网球运动员李娜等已经成为重要的"民间大使"。体育逐渐成为不同国家民众沟通交流的重要媒介，在中国与他国公众的交往中发挥了重要的增信释疑作用。

（六）青年。2004 年"中俄青年友谊年"活动向世人展现了中俄世代友好的强烈愿望和坚定决心。2008 年"中日青少年友好交流年"活动为增进中日两国人民了解、推动两国战略互惠关系发展发挥了重要作用。2011 年"中欧青年交流年"活动是中欧建交以来双方联合举办的第一个主题年活动，为中欧人文交流开启成功范例。2008 年北京奥运会、2010

年上海世博会、2011 年广州亚运会和深圳大运会期间，青年志愿者们的专业素质和奉献精神，给中外嘉宾留下了深刻而美好的印象。

（七）政党。中国共产党坚持"独立自主、完全平等、互相尊重、互不干涉内部事务"的党际关系四原则，积极同世界各国各类政党建立友好关系。以下政党外交活动是中国共产党对外交流的一些案例，为"一带一路"民心相通建设奠定了重要基础。

1. 亚洲政党国际会议

2000 年和 2002 年，中国共产党分别参加第一届和第二届亚洲政党国际会议。2004 年，中国共产党主办第三届亚洲政党国际会议，并通过《2004 北京宣言》。之后，中国共产党积极参加亚洲政党国际会议，并以扶贫、发展成果共享等为主题举办专题会议，取得良好效果。与此同时，中国共产党还与越南、老挝、日本等周边国家政党，欧洲一些国家主要政党及部分发展中国家执政党建立了定期交流制度。

2. 大国大党对话机制

目前，中国共产党同世界上 160 个国家和地区的 400 多个政党和政治组织保持着经常性联系，其中包括同美国、俄罗斯、日本、欧盟等国家和地区主要政党的机制化交流。2010 年，第一届中美政党高层对话举行，中国共产党与美国民主、共和两党机制化交往正式开启。2007 年 5 月第一次中俄政党论坛在莫斯科举行，每两年举办一次，至今已举办 5 届。2009 年 6 月，中俄执政党对话机制在中国启动，至今已举办 6 次。2010 年 5 月，首届中欧政党高层论坛在北京举行，至今已举办 5 届。

（八）友好城市。友好城市是指中国省、自治区、直辖市及其所辖城市与外国省（州、县、大区、道等）、城市之间建立的联谊与合作关系。1973 年，中国与日本建立第一对友好城市。到 2012 年，已有 30 个省、自治区、直辖市（不包括港、澳、台）和 402 个城市与五大洲 130 个国家的 438 个省（州、县、大区、道等）和 1330 个城市建立了 1926 对友好城市（省州）关系。

表2 中国在五大洲建立友好城市关系数据

地区	国家	省州	城市	总量
亚洲	33	126	474	600
欧洲	39	204	474	678
非洲	33	41	69	110
美洲	19	99	315	414
澳洲	6	19	105	124

数据来源：中国国际友好城市联合会官网 http://www.cifca.org.cn/Web/YouChengTongJi.aspx。

以上事例表明，中国与"一带一路"沿线国家民心相通已经拥有良好基础。同时，"一带一路"民心相通存在较大空间和潜力，只要各国民众坚持传承和弘扬丝绸之路友好合作精神，必将为深化双多边合作奠定坚实的社会民意基础。

三、民心相通建设成绩斐然

在"一带一路"建设不断取得标志性成果和重要早期收获过程中，民心相通工作也由点到面，扎实推进。以人文、教育、体育、旅游、援助、惠民工程等为标志的民心相通建设蓬勃开展，有力配合了"一带一路"建设的推进。

（一）重大项目建设助推民心相通工作扎实开展。"一带一路"建设在沿线国家和地区取得了令人瞩目的成绩，每个重大项目落地的背后都离不开双方民众的支持和期待。其建设和运行过程就是民心相通不断深化的印证。

在中亚，2014年5月，中哈（连云港）物流合作基地项目一期工程正式启动，标志着丝绸之路经济带首个实体平台正式投入运营；6月，中国—中亚天然气管道C线建成；2016年2月，"中亚第一长隧"——19.26公里的乌兹别克斯坦卡姆奇克隧道贯通；2016年8月，在"高山之国"塔吉克斯坦，由中方参建的瓦亚铁路在 3000 多名当地群众的欢呼声中通车。大山深处的人们还收到了"来自中国朋友的最好礼物"——中国承建的数条公路打通南北、贯穿东西，塔吉克斯坦总统拉赫蒙对建在海拔 3000 米以上的沙赫里斯坦隧道和乔尔马克扎克隧道赞不绝口。

在东南亚，中缅天然气管道、中缅石油管道全线贯通；中越永河水电站竣工。在东亚，中方加快"一带一路"倡议与"草原之路"倡议等的战略对接，积极推动中蒙俄经贸利益互惠、人文交往融通和人民相知相亲。蒙古国首条高速公路——乌兰巴托至贺西格新国际机场高速公路，是"一带一路"建设在蒙实施的标志性工程。2016 年 5 月，时任蒙古国总理赛汗比勒格出席工程开工仪式时表示，这条高速公路建成后将揭开蒙古国交通发展新篇章。

在南亚，2015 年习近平主席访问巴基斯坦，中巴经济走廊加快建设，瓜达尔港也进入快速建设阶段。2016 年 11 月，中巴首次海陆联运活动完成。瓜达尔港逐渐成为中巴经济走廊乃至"一带一路"建设上的耀眼明珠。在港口建设过程中，中国和平发展基金会与港控公司共同援建了中巴瓜达尔地区法曲尔小学，巴基斯坦总理谢里夫出席了相关活动。2016 年 8 月，中企承建重塑斯里兰卡汉班托塔港，以南亚国际枢纽港的标准打造 8 个 10 万吨级码头。目前已完成两期建设，并部分投入使用。在中东，沙特延布炼厂项目正式投产启动，埃及最大规模、电压等级最高的输电线路工程——埃及 EETC500 千伏输电线路动工。

在非洲，2015 年 1 月，从东非最大港口蒙巴萨到肯尼亚首都内罗毕的蒙内铁路动工，全长 480 公里，系肯尼亚百年来建设的首条新铁路；2016 年 7 月，全长 1315 公里、从首都阿布贾至卡杜纳的尼日利亚阿卡铁路开通运营。这是中国标准现代化铁路首次落地非洲；10 月 5 日，埃塞俄比亚亚的斯亚贝巴至吉布提铁路（亚吉铁路）正式通车，成为国际上第一条全部采用中国标准和中国装备建造的现代电气化铁路。"路通心通"，"一带一路"建设不仅为非洲带去了支持其经济发展的动脉，而且也将中国"真实亲诚"的理念融入了一条条道路中。

在欧洲，2015 年 6 月，莫斯科—喀山段高铁项目签订，中俄东线天然气管道中国境内段动工；2015 年 12 月，中国在欧洲合作建设的第一条铁路——匈塞铁路塞尔维亚段启动；2016 年 9 月，由兰州直达中国—白俄罗斯工业园的首条点对点国际货运专列开通，中白巨石工业园一期起步区"七通一平"及配套基础设施基本建成；中欧班列以"三条通道""五个口岸"为基，已累计开行近 4000 列，其中 2017 年第一季度开行 593 列，同比增长 175%，回程班列 198 列，同比增长 187%，受到沿线各国的欢迎和支持。"是谁架起彩虹，跨越亚欧苍穹"，中欧班列不仅令千年古道活力重现，更使中国与欧亚人民心心相连。

（二）学术交流增进专家学者相互了解。中国与"一带一路"沿线国家的高校、智库交流合作是民心相通建设的重要内容。此类活动主要有"研讨会""教育培训"等。如中国当代世界研究中心与中国社会科学院、国务院发展研究中心、中国国际经济交流中心、复旦大学等共同发起成立"一带一路"国际智库合作联盟，目前智库联盟成员网络已涵盖"一带一路"沿线大部分重要国家，不但在深圳、厦门召开有"一带一路"沿线国家政党政要、智库学者、媒体人士参加国际研讨会，而且多次组团赴"一带一路"沿线国家开展深入交流。厦门大学马来西亚分校正式开始办学。外交学院亚洲研究所以"中国与东盟：深化战略合作关系——纪念中国—东盟对话伙伴关系 25 周年"为主题举办中国—东盟思想库网络工作组第一次会议。中国人民外交学会、华侨大学、泰中经济文化协会和泰国国家研究院共同主办第五届"中泰战略研讨会"。云南大学与国内多家高校联合主办第二届全国缅语教学与缅甸研究人才培养研讨会，并承办了为期三个月的云南大学—缅甸"贝达研究院"培训班。云南大学与新加坡国立大学东亚研究所等单位联合主办第七届西南论坛暨澜湄智库论坛。这些活动均有效推动了中国与东南亚智库学者、媒体人士、民间精英的交流与合作。

此外，"中国—中东欧国家高级别智库研讨会"逐渐实现机制化。双方支持组建中国—中东欧国家智库交流与合作中心，支持开展文学作品互译出版合作项目。中国积极开展与伊斯兰国家的学术交流，"中阿关系暨中阿文明对话研讨会"先后在中国和阿拉伯国家成功举办六届。北京外国语大学阿拉伯学院与埃及《共和国报》合作开辟中国学者专栏，邀请中国知名学者就"一带一路"、中阿关系等热点问题撰写文章，专栏文章受到广泛关注和好评。

（三）文化交流促进民众相互认知。中国和东南亚国家在体育领域有很大的交流合作空间。"一带一路"马拉松系列赛是由中国田径协会和智美体育集团共同推出的中国首个国际级 IP 赛事，旨在深化中国与"一带一路"沿线国家的体育合作，搭建中国与沿线国家各层级交流的桥梁和纽带，扩大中国体育赛事的国际影响力，将"一带一路"马拉松系列赛打造成中国向国际社会展示体育产业发展的标杆项目。2016 年 11 月，马来西亚总理纳吉布访华期间，中国第一个马拉松国际 IP"一带一路"马拉松系列赛马来西亚站合作备忘录在北京签署，进一步带动中国与东南亚各国开展全方位合作。同时，该赛事的举办增加了相关国家对"一带一路"的认同感，使这些国家的民众深切感受到自己是"一带一路"建设的一员，与他国民众的亲近感油然而生。

其他文化交流多以"文化论坛""文化年""走出去"和"请进来"等形式呈现。如广西民族大学、广西社科联和广西国际文化交流中心三方以"民族文化多样性与'一带一路'建设"为主题举办首届"中国东盟民族文化论坛"。南宁市人民政府、广西文化厅联合主办"2016 中国—东盟（南宁）戏剧周"。山西省交响乐团先后在泰国青莱王太后大学、兰实大学、曼谷中国文化中心举办 3 场演出。安徽杂技新春演出既是"安徽文化年"活动的延续，也是泰国春节文化系列活动之一。曼谷中国文化中心还结合泰国民众实际需求，在春节期间相继举办"泰国艺术家眼中的海上丝路"艺术展、"中泰新春音悦汇"、中原文化泰国行厨艺表演等活动，通过文化纽带拉近了两国民众间的距离，为红火中国年注入了亮丽的国际元素。

此外，中国和孟加拉国在孟首都达卡举办中国主题精品图书巡展开幕式和媒体交流活动。此举旨在帮助更多孟加拉国读者增进对中国的认识和了解，进一步促进两国民心相通。中国—中东欧国家文化合作论坛、中国—中东欧国家文化季、中国—中东欧国家舞蹈夏令营、在中国举办的罗马尼亚电影展和中方组织的中东欧国家广播电视高级研究班等都促进了中国与中东欧的文化交流。"中阿友好年"框架的确定，为双方文化交流活动提供了便利，民间力量成为其中的主体和主角。近两年来，中国对阿各类民间文化活动主体日益多元，形式和内容也不断丰富和创新，带动阿拉伯世界出现中国文化热。

（四）教育合作与青年交流相互促进。"一带一路"沿线国家多为发展中国家，青年是社会的主要力量，教育是绝大多数国家的强烈需求。为纪念中国—东盟建立对话关系 25 周年，中国—东盟中心举办了"中国—东盟周"系列活动，凸显对双方青少年学生交流的重视。如"异彩同辉：中国—东盟美术院校绘画艺术联展""中国—东盟青年人文论坛""第一届中国—东盟青年夏令营"。中国香港特别行政区政府教育局在曼谷推出"一带一路奖学金"，吸引泰国优秀学子赴港攻读学士学位，为"一带一路"倡议实施培养人才。江苏高职院校通过扩大招收东南亚、非洲等地留学生，探索海外办学，为"一带一路"建设输出本土化技能型人才。2016 年，该省高职院校招收留学生 2655 人，同比增加近两倍，其中约 90% 来自"一带一路"沿线国家。同时，江苏一些职业院校陆续赴境外建立海外学院或培训中心，为具有跨境生产经营业务的中国企业"订单式"培养人才。

香港特区政府民政事务局和公民教育委员会推出"一带一路"交流资助计划，以配对方式资助注册非盈利机构、法定团体或慈善团体举办供香港青年参加的"一带一路"沿线国家交流活动。活动以 15 至 29 岁的本地青年为服务对象，包括单向、双向或多边交流，目的在于提升香港青年对

"一带一路"的认识，增进"一带一路"沿线国家"民心相通"。

中国与中东欧国家每两年举行一次中国与中东欧青年政治家论坛，双方不断加强教育沟通，每年举办中国—中东欧国家教育政策对话。中国每年向中东欧国家提供 5000 个交换生奖学金名额，双方互派进修学生。

中国与阿拉伯各国友好协会定期进行一般性交流互访，2014 年 8 月举办的"阿联酋青年大使中国行"和 2014 年 9 月举办的"中阿青年友好周学术对话"等，为进一步巩固中阿友好的民间根基做出了重要贡献。

在中国文化"走出去"过程中，"孔子学院"是教育合作的靓丽名片。例如，泰国已成立 15 所孔子学院和 11 个孔子课堂。已具规模的泰国孔子学院，正整体推进中泰双方合作，开展汉语教学，培训汉语师资，为社会提供汉语教学服务。

青年是国家的希望，国家间的教育交流就是促进双方青年交往，这必将成为未来国家间关系不断深化的基础。中国面向"一带一路"沿线国家青年推出的交流项目，推动了双方青年的相互了解，增加了他国青年对中国的了解，青年之间的"心相通"也将成为中国和沿线国家关系最好的稳定器。

（五）医疗援建切实惠及民众生活。医疗卫生和教育援助是中国对外援助的重要领域之一。2016 年以来，中国商务部与卫生计生委大力推动医疗援助项目，与山西、陕西等 10 多个省区市医疗机构、社会组织和企业，在苏丹、喀麦隆、刚果（布）、科摩罗、摩洛哥、毛里塔尼亚、塞拉利昂、布隆迪、斯里兰卡、缅甸、老挝、柬埔寨、尼泊尔等 10 多个亚非发展中国家实施了 5000 例"光明行"白内障复明手术。"小手术"带来"大感动"，为中国与受援国的深厚友谊增添了新活力。

云南边境的西双版纳州人民医院实施"国家卫生计生委东盟'10+1'中老边境 5 省医疗卫生服务合作体建设"项目，通过医疗领域互访交流和医术培训，不断拓展中国和老挝医疗合作深度和广度，探索边境医疗合作新机制。中国国际文化交流中心和印尼雅加达吉祥山基金会联合主办的

"中华文化东南亚行—中医中药行"活动也在印尼雅加达顺利开展。中国和平发展基金会与缅甸仰光省政府签署惠民项目合作备忘录，决定在未来三年内筹集 50 万美元，专门用于仰光省杜庆芝医院维修、改造、设备升级和医护人员培训等项目，以及仰光省莫比镇瑞德贡村小学改建项目。基金会与老挝签署协议，在老挝万象省、琅南塔省和乌多姆塞省 4 个地区援建 4 所乡村学校。由中国大学生和中国海外留学生发起成立的"造梦"公益组织在肯尼亚首都内罗毕的马萨雷贫民窟建立长荣希望小学和长青造梦小学，为当地 500 多名小学生提供教育服务。该组织每年招募大学生志愿者前往肯尼亚支教，开展贫民窟援助项目。

（六）企业积极履行社会责任。中国政府积极鼓励企业参与"一带一路"建设。中国企业也在加快"走出去"步伐，在沿线国家的合作项目不断增多。

南方电网公司积极参与"一带一路"建设，与越南、柬埔寨和老挝开展电力合作。公司尊重当地法律、宗教文化和风俗习惯，积极聘用当地员工参与项目建设和移民工程管理，努力实现经营管理本土化。同时，公司走入当地村庄开展"心系山区儿童、携手爱心捐助"等一系列爱心公益活动：为老挝南塔河项目移民建设通路、通水和通电的移民安置点，并配套建设了学校、医院、祠庙等设施，组织安置受风灾袭击的老挝博乔省帕乌多县受灾村民，组织购买木材和屋顶瓦片等材料，并及时向当地政府报告灾情；向越南当地教育部门和贫困学生捐赠学习用品，向当地民众捐建文化活动室；支持缅甸洪水和滑坡灾区的电力和民众生活的恢复。2016 年 4 月 22 日，南方电网公司还制定了 2016—2025 年留学生培养计划，为老挝、缅甸、柬埔寨、越南、泰国等国每年培养 5 名电力专业留学生。

华为公司 eLTE 宽带集群与 ECC 应急指挥中心融合解决方案使老挝警务迈进可视化新时代。华为肯尼亚公司在员工聘用、采购、投资方面高度重视当地化，甚至有当地员工被派到深圳总部工作，企业也获得肯尼亚政府颁发的最佳纳税人奖。华为埃及分公司关注当地通信技术人才培养，持续与当地高校和培训机构开展通信人才培训合作，多年来为当地培养了5000多名专业技术人才，直接雇佣近700名本地员工，间接创造就业岗位超过2000个。从2015年起，华为还在埃及启动了"未来种子"人才培养计划，资助埃及优秀青年学生和工程师到华为埃及分公司以及深圳总部培训。中国公司积极履行社会责任的行为赢得所在国民众的高度评价。

（七）社会组织交流增进民间深厚友谊。在民心相通建设过程中，社会组织以其非官方、非营利的性质发挥着重要作用。中国和印度尼西亚举行了以"加强民间交流、共建'一带一路'"为主题的第二届"中国—东南亚民间高端对话会"，通过《中国—东南亚民间交流合作倡议书》，呼吁建设中国—东南亚命运共同体。宋庆龄基金会携手中华女子学院、中国—东盟中心共同主办"澜沧江—湄公河流域妇女论坛"，推动加强各国妇女之间的相互联系。中国和平发展基金会与柬埔寨战略研究所在金边共同举办主题为"促进共同发展，共享建设成果"的中柬民间圆桌会，邀请两国民间组织、媒体、智库及企业代表围绕柬埔寨社会组织视角下的中国投资、中柬民间合作等问题进行深入交流。基金会还积极邀请并接待东盟国家高级研修团访华，如"泰国可持续发展高级研修团""柬埔寨可持续发展高级研修团"等。社会组织的交流与合作以更加深入细致的方式助力"民心相通"。

（八）旅游和媒体合作推动各方共赢发展。加强旅游合作，扩大旅游规模，联合打造"丝路"精品旅游路线和旅游产品，提高沿线各国游客签证便利化水平是"民心相通"建设的题中应有之义。中国和印度尼西亚合作举办旅行家峰会，邀请中国资深旅游爱好者前往印尼旅游并推出旅游攻略，以吸引更多中国游客到印尼旅游。中国国旅集团和柬埔寨旅游部共同主办"柬埔寨旅游推介暨中文官方网站、宣传册发布仪式"，助力柬埔寨旅游形象宣传，实现柬独具特色的国家旅游形象与中国国旅品牌的高度结合。中国国家旅游局在全美规模最大的旅游展——洛杉矶旅游展（第12届）中推出的"美丽中国——2017丝绸之路旅游年"活动，成为展会最大亮点之一。

在数字化时代，媒体合作对增信释疑、提升形象意义重大。中国国家新闻出版广电总局主办"中国—东盟广播影视合作圆桌会议"，邀请柬埔寨国家电视台、泰国政府民联厅、缅甸国家广播电视台、老挝国家电视台、老挝国家广播电台、越南国家数字电视台、文莱国家广播电视台、新加坡新传媒集团等嘉宾代表出席，会议通过《中国—东盟广播影视深度合作行动倡议》，会议期间签署五项合作协议，内容涉及广播、电视、动漫等。

（九）政党交往增进相互认知和理解。自"一带一路"倡议提出以来，政党外交通过举办一系列国际和地区论坛、研讨会、政党交流、对外宣讲等活动，引导国际社会正确认识"一带一路"的核心内涵，取得积极成效。中国共产党通过"中国共产党与世界对话会""中国—中东欧政党对话会"、与美俄英德等大国大党机制化交流、与周边国家执政党交往、与社会主义国家党际交往、与发展中国家执政党交流合作等，不断增进沿线国家和相关国家各界人士对"一带一路"倡议的了解和理解。同时，还通过成立"一带一路"国际智库合作联盟、与非政府组织开展对话活动、帮助重大项目周边民众改善民生等举措，凝聚沿线国家共识，夯实民意基础。

此外，中国继续通过友好城市、地方合作等方式助推"民心相通"建设。截至2016年底，中国（除港、澳、台地区）同东盟十国共建立友好城市166对。中方也鼓励同中东欧国家开展地方合作，发展省市友好关系，推动建立了中国—中东欧国家地方省州长联合会等机制。

综上，中国与"一带一路"沿线国家广泛开展政党、文化、学术、人才、媒体、青年、妇女、社会组织等各领域、各类行为体的交流合作，民心相通取得重要进展。从地域方面讲，不同地区的民心相通因地区实际情况而各有特色：东南亚是中国"天然之邻"，双方陆水相连，唇齿相依，双方在人文、学术、青年、援助、经贸等各个领域都有较为深入的交流活动。阿拉伯国家地处"一带一路"西端交汇地带，是"一带一路"建设的天然和重要合作伙伴。中国与阿拉伯国家的"民心相通"有着巨大的现实动力。在经贸合作迅猛发展的背景下，双方在学术、文化、青年方面的交流也日渐机制化。中东欧16国地处"一带一路"沿线，中国与中东欧国家的"16+1"合作机制恰可促进各国与"一带一路"对接，中国与中东欧国家在人文、学术、青年人员等方面的交流更加深入。

民心相通是"一带一路"建设的社会根基，在"一带一路"建设过程中，中国面向沿线国家开展的民心相通工作取得明显效果。坚实的民意基础是双多边合作的前提，也是"一带一路"建设的重要保障。

四、固本夯基，携手推进民心相通建设

三年多来，中国和"一带一路"沿线国家共同推动的民心相通建设已取得丰硕成果。下一步，中国与"一带一路"沿线国家有必要共同规划民心相通建设的整体布局，共同创新"一带一路"传播方式、内容和渠道，共同培育有利于中国和"一带一路"沿线国家民心相通建设的总体环境。

（一）共同规划"一带一路"沿线国家民心相通建设的整体布局。第一，"一带一路"沿线国家可共同加强对民心相通建设的顶层设计。民心相通建设涉及范围广、领域多，沿线国家应更积极地参与到民心相通建设的顶层设计中。中国与"一带一路"沿线国家有必要成立"民心相通"工作协调机制，指定专门机构负责民心相通项目协调管理，制定长短期目标，统筹官商产学媒，形成可持续的民心相通建设策略，使民心相通建设长期化、常态化、机制化。

第二，"一带一路"沿线国家可扩大民生、环保等领域的民心相通建

设，推动各领域均衡发展。目前"一带一路"沿线国家民心相通建设主要集中于文化、教育等领域，未来应共同开展针对普通民众的民间外交，着力推进能够真正惠及民众、产生良好社会效益的项目，例如扶贫、支教、免费医疗、乡村建设等。除了"硬件设施"建设，也要注重"软件援助"，如为民众提供技能培训，"教书育人"等。

第三，"一带一路"沿线国家可扩大民心相通参与主体的范围，提升参与主体的能力。民心相通的主客体多元、多层，组织和人员分散。中国和"一带一路"沿线国家可充分发挥民间资本的作用，通过项目合作等方式整合多方资源，共同促进民间资本、高校、科研机构、企业以及社会组织等社会资源协调联动，通过官民共进、官民共建等方式优化资源配置，提高民心相通建设效率。此外，我们还可提高民心相通建设的机制化水平，对主要参与主体的工作进行跟踪评估，并不断优化提升。

（二）共同创新"一带一路"倡议的传播模式。第一，"一带一路"沿线国家应共同打造群众喜闻乐见的"一带一路"倡议。各国有必要在《推动共建丝绸之路经济带和21世纪海上丝绸之路的愿景与行动》基础上，以群众爱听且听得懂的语言细化具体内容，推进理念传播。例如，针对沿线国家的青年、企业、普通民众可分别制定"青年版""企业版"以及"平民版"倡议。针对青年，可更多采用青年喜闻乐见的"流行语"；针对普通民众，可更多使用其更易接受的表达方式。

第二，"一带一路"沿线国家应共同创新"一带一路"倡议的传播渠道。"一带一流"应根据不同受众制定具体传播方案。例如，"一带一路"沿线有8.4亿青年群体，接收信息效率高，传播信息速度快，且在人口结构中处于承上启下的位置。因此，制定针对青年的传播模式至关重要。例如，"一带一路"沿线国家可共同制作一些以丝绸之路为主题的动漫、游戏、电视剧和电影等创意文化产品，开发网络直播等新型传播方式，进行美食直播、茶艺直播、陶瓷工艺直播等与丝路文化相关的内容，更加直观地向"一带一路"沿线国家展现彼此文化，吸引青年关注。

第三，"一带一路"沿线国家可共同丰富民心相通相关报道。中国在"一带一路"沿线国家开展了许多民生工程，无论是基础设施建设还是扶贫援助，都对当地发展以及民生改善起到了重要作用。"一带一路"沿线国家间同样可以开展此类活动。我们应发挥传统媒体和新媒体的作用，对这类民心相通项目进行追踪报道，让"一带一路"建设过程中涌现出的好事、善事为更多民众所知、所信、所赞。

（三）共同培育"一带一路"的朋友圈。第一，借助"一带一路"倡议开创第三方合作新模式，共同优化地缘环境。"一带一路"倡议倡导共商、共建、共享原则，旨在建设利益共同体、责任共同体和命运共同体，这是一项开放、包容、惠及全人类的大业。"一带一路"沿线国家可与其他国家开展第三方合作，实现共赢。

第二，继续推动"一带一路"旅游交往，培育社会民意基础。旅游与民心相通息息相关，是促进人员交流、增进彼此了解的最直接方式。为此，可采取以下措施：一是"一带一路"沿线国家间互办旅游年。借助旅游年举办各式各样的旅游宣传节目，邀请旅游业者、旅游媒体以及旅游院校等就双多边旅游合作建言献策；二是推动"一带一路"沿线国家间旅游免签，提高旅游便利化水平；三是进一步开发"一带一路"沿线国家间的旅游线路，尤其是鼓励"一带一路"沿线国家间的民众旅游，增进对彼此的了解。

第三，"一带一路"沿线国家可共同构建多边交流框架，共建青年朋友圈，为未来关系发展提供新动力。一是可推动建立多边青年领袖峰会机制，促进沿线国家青年政治精英的交流。同时，可建立青年学者圆桌会议，推动各国青年学者定期举行专题论坛，加强沟通交流。二是可借助"一带一路"建设为各国青年企业家提供互动平台。可在"一带一路"框架下开展青年企业家交流活动。可举办由沿线国家青年企业家以及创新团队参加的创新大赛，既可增进友谊，又可相互献计献策。三是可加快实施多种多样的国家间青年学生交流项目，发扬传承青年交流经验。通过建立多国校际联盟共同为青年学生提供国际交流平台，拉长沿线国家青年交流的长度，拓展人文交流的宽度。

第三节 "一带一路"人文交流的现状、问题与建议①

2013 年 9—10 月间，习近平主席在出访哈萨克斯坦和印度尼西亚期间，先后提出中国要与周边邻国共建"丝绸之路经济带"和"21 世纪海上丝绸之路"（即"一带一路"），并提出了"政策沟通、设施联通、贸易畅通、资金融通、民心相通"的"五通"具体内容。在"五通"中，习主席多次强调"民心相通"的重要性，指出："国之交在于民相亲，搞好'一带一路'建设，必须得到各国人民的支持，必须加强人民的友好往来，增进相互了解和传统友谊，为开展区域合作奠定坚实的民意基础和社会基础。"2014 年 6 月，习近平主席在中阿合作论坛第六届部长级会议开幕式上的讲话中指出："民心相通是'一带一路'建设的重要内容，也是关键基础。"②2015 年 3 月，国家发展改革委、外交部、商务部联合颁布的《推动共建丝绸之路经济带和 21 世纪海上丝绸之路的愿景与行动》中指出，"民心相通是'一带一路'建设的社会根基"。"民心相通"指的是"一带一路"沿线国家和地区的人民为了实现共同的发展，在发展目标、理念、战略、途径等方面达到相同的认知和理解。实现"民心相通"的关键在于不同文化之间的相互理解、相互尊重和相互交流，即要推动"人文交流"。

---

① 作者：杨恕（1947—　），男，河北清河人，兰州大学中亚研究所所长，教授，博士生导师。

② 习近平：《弘扬丝路精神 深化中阿合作——在中阿合作论坛第六届部长级会议开幕式上的讲话》，《人民日报》2014 年 6 月 6 日。

一、"一带一路"人文交流的意义

"人文"一词，在我国源远流长，宋代程颐《伊川易传》卷二释作："人文，人理之伦序，观人文以教化天下，天下成其礼俗，乃圣人用贲之道也。"[①] 这里的"人文"，就是人类创造的文化，它是人类实践能力、方式及成果的总称，是人类文化中的核心部分。广义的人文就是人类自己创造出来的文化，是指人类社会的各种文化现象，包括科技、教育、文化、卫生、旅游、新闻出版等。"人文交流"指的是"人与人之间的交流""文化与文化之间的交流"，是通过人文领域相关内容的传播和沟通，从而实现交流主体之间的相互理解和尊重，人文交流是促进国家间友好合作的重要载体和工具。

在现代国际关系中，人文交流与政治交流、经贸交流共同构成推动国家间关系发展的三大动力，与政治交流和经贸交流相比，人文交流具有独特优势，"人文交流是人与人之间沟通情感和心灵的桥梁，是国与国加深理解与信任的纽带，它比政治交流更久远，比经贸交流更深刻，它同其他外交交流手段相比更具有基础性、先导性、广泛性和持久性。"[②]

党的十八大报告提出要扎实推进公共外交和人文交流，习主席在2014年主持召开加强互联互通伙伴关系对话会时指出："以人文交流为纽带，加强'一带一路'"务实合作……共建发展和命运共同体。"[③]2016年8月17日，习主席在推进"一带一路"建设工作座谈会上再次强调，"要切实推进民心相通，弘扬丝路精神，推进文明交流互鉴，重视人文合作"。人文交流在推进"一带一路"建设中具有重要地位，有利于夯实沿线国家

---

① 程颐、程颢：《二程集》，中华书局 1981 年版，第 89 页。

② 刘延东：《深化高等教育合作，开创亚洲人文交流新局面》，《世界教育信息》2010 年第 12 期。

③ 《倡导深化互联互通伙伴关系 加强"一带一路"务实合作》，《光明日报》2014 年 11 月 9 日。

的民意基础，促进沿线国家的经济发展，还有利于提升中国的国际话语权和影响力。

人文交流有利于夯实"一带一路"沿线国家的民意基础。国之交在于民相亲，民相亲在于心相通。"一带一路"沿线有 60 多个国家，总人口 40 多亿，涵盖人类文明的几大重要区域，由于长期以来交流规模不大、水平不高，沿线国家和人民彼此间既存在友谊和谅解，也存在着对对方的误解、猜疑、不信任和"错误印象"，存在着对对方发展理念的怀疑。人文交流的目的就是要拉近"一带一路"沿线国家人民的心理距离，化解彼此之间的分歧，密切同沿线各国人民的友好感情。中国政府提出的"和平合作、开放包容、互学互鉴、互利共赢"的丝路精神不仅是中国开展对外人文交流的基本方针，也是新时期不同国家相互交流的基本精神，只有通过文化交流与合作，才能让各国人民产生共同语言、增强相互信任、加深彼此感情，才能理解中国"一带一路"倡议的深层机遇，进而夯实沿线国家合作的民意基础和社会基础。

人文交流有利于促进"一带一路"沿线国家的经济发展。"一带一路"沿线大多是新兴经济体和发展中国家，这些国家大多处于经济结构调整和产业升级的关键时期，该地区有着丰富的资源和广阔的市场，是拉动世界经济增长的新引擎，由于受历史和地理因素的影响，这一地区长期以来道路不畅、贸易有限，严重阻碍了经济社会发展，通过人文交流可以增强彼此之间的相互了解，加强各国之间的友好往来，促进各国之间人才、技术、资金、贸易等的优势互补，使得各国之间在经济发展的理念、战略、思路、等方面相互交流，加速其参与"一带一路"建设进程，共同促进这一地区的经济增长。

人文交流有利于提升中国的国际话语权和影响力。话语权是国际政治"软权力"的重要体现，反映了一国在国际社会权力结构中的地位和影响力。在西方话语权的垄断下，中国疲于应付西方话语对中国的攻讦，一些西方国家恶意散布"中国威胁论""中国新殖民主义论"，制造中国的负面形象。"一带一路"背景下的人文交流能够通过适当的方式将"中国故事""中国声音"等讲述给沿线国家和人民，变中国的发展优势为结构性话语权力，"把'中国梦'同周边各国人民过上美好生活的愿望、同地区发展的前景对接起来，促进中华文化走出去"①，提升中国的国际话语权和影响力。

二、2016年"一带一路"人文交流情况

"一带一路"倡议提出三年多以来，国家外交、文化、教育等主管部门积极响应、大力推动，在人文交流领域取得了一系列重要成果。在文化部等部委的组织和引导下，我国同沿线国家先后19次举办"文化节""文化年"，以"欢乐春节"、丝绸之路国际文化博览会、国际汉学家项目等为平台的文化建设工作均取得显著成绩。截至2016年10月，我国已与"一带一路"沿线59个国家签署文化交流合作协定，签订了282个执行计划。②2016年1—11月，我国与"一带一路"沿线国家贸易额达8489亿美元，占同期我国外贸总额的25.7%，其中出口5234亿美元，进口3255亿美元。③从2004年开始，我国采用中外合作的形式开办孔子学院，选择孔子作为汉语教学品牌，推介汉语文化，2004年11月21日，全球第一所孔子学院在韩国首尔挂牌，截至2016年12月，中国已在全球140个国家建立了511所孔子学院和1073个孔子课堂，各类学员达210万人，成为中外文明交流互鉴的重要窗口。④习近平主席在推进"一带一路"建设工作

① 蔡武：《坚持文化先行　建设"一带一路"》，《求是》2014年第9期。
② 侯毅：《发挥文化优势促进"一带一路"建设》，新华丝路网，http://silkroad.news.cn/Views/8693.shtml。
③ 《【2016年商务工作年终综述之四】"一带一路"经贸合作取得积极进展》，中华人民共和国商务部 http://www.mofcom.gov.cn/article/ae/ai/201612/20161202379998.shtml。
④ 《多国孔子学院校长：交流是世界发展的前提》，新华网，http://news.xinhuanet.com/politics/2016-12/10/c_129399074.htm。

座谈会中指出："目前，已经有100多个国家和国际组织参与其中，我们同30多个沿线国家签署了共建'一带一路'合作协议、同20多个国家开展国际产能合作，联合国等国际组织也态度积极，以亚投行、丝路基金为代表的金融合作不断深入，一批有影响力的标志性项目逐步落地。'一带一路'建设从无到有、由点及面，进度和成果超出预期。"①2016年"一带一路"沿线国家举办了多次人文交流活动（见表1-1）。

表1-1　2016年"一带一路"人文交流活动（不完全统计）

时间	地点	主办单位	活动内容
3月17日	墨西哥	中国驻墨西哥大使馆、墨西哥中国文化中心与墨众议院、墨国家艺术局	"丝路有约"中国文化周
4月24日至5月10日	开罗	开罗中国文化中心、甘肃省文化厅	甘肃丝绸之路·穆斯林风情影像展
4月21—22日	银川	中共中央对外联络部	"中国—阿拉伯国家政党对话会"
5月15日	深圳	中国文化传媒集团、中共深圳市委宣传部、中国（深圳）国际文化产业博览交易会组委会办公室	2016"一带一路"文化发展论坛
7月26日	北京	人民日报社	2016"一带一路"媒体合作论坛
8月5日至8月10日	北京	世界华人书画杂志社、徐悲鸿艺术馆	2016"一带一路"中韩文化交流展
8月26日至28日	西安	陕西省旅游局	2016中国西安丝绸之路国际旅游博览会
9月7日至21日	西安	文化部、陕西省人民政府	第三届丝绸之路国际艺术节
9月10日至11日	南宁	文化部、广西壮族自治区人民政府	2016第11届中国—东盟文化论坛

① 《习近平出席推进"一带一路"建设工作座谈会并发表重要讲话》，《人民日报》2016年8月18日第1版。

续表

时间	地点	主办单位	活动内容
9月19日至23日	西安	国家新闻出版广电总局、陕西省人民政府、福建省人民政府	第三届丝绸之路国际电影节
9月20日至21日	敦煌	文化部、新闻出版广电总局、旅游局、中国国际贸易促进委员会、甘肃省人民政府	首届丝绸之路（敦煌）国际文化博览会
9月20日	明斯克	白俄罗斯文化部	中国电影周
9月20日至25日	乌鲁木齐	新疆维吾尔自治区人民政府、新疆生产建设兵团等	中国—亚欧博览会
12月3日	新加坡中国文化中心	新华网新加坡	"一带一路"下的中新人文交流论坛暨"我的留学时光——新加坡赴华留学毕业生访谈录"视频发布会

资料来源：根据新华网、人民网、光明网、外交部网、中国文化中心等网站整理得出。

近年来，中国与阿拉伯国家人文交流取得了丰硕成果，除举办中阿友好年活动，还签署了第一个共建联合大学协议，启动了百家文化机构对口合作。目前，在华阿拉伯留学生突破1.4万人，在阿拉伯国家孔子学院增至11所，中阿每周往来航班增至183架次。①2016年1月，习近平主席成功访问沙特、埃及并在阿盟总部发表重要讲话，在讲话中提出了"百千万工程"，包括落实"丝路书香"设想，开展100部中阿典籍互译；加强智库对接，邀请100名专家学者互访；提供1000个阿拉伯青年领袖培训名额，邀请1500名阿拉伯政党领导人来华考察，培育中阿友好的青年使者和政治领军人物；提供1万个奖学金名额和1万个培训名额，落实1万名中阿艺术家互访。②按照教育部的计划，中方将设立"丝绸之路"

---

① 《"一带一路"建设三大成果》，中国日报网，http://china.chinadaily.com.cn/2016-09/13/content_26784692.htm。

② 习近平：《共同开创中阿关系的美好未来——在阿拉伯国家联盟总部的演讲》，人民网，http://politics.people.com.cn/n1/2016/0122/c1024-28074930.html。

中国政府奖学金，未来 5 年，每年资助 1 万名沿线国家新生来华学习或研修，为沿线各国培养行业领军人才和优秀技能人才。而中方将以国家公派留学为引领，未来 3 年，每年面向沿线国家公派留学生 2500 人。[①] 根据文化部《"一带一路"文化发展行动计划（2016—2020 年）》的要求，到 2020 年，实现与"一带一路"沿线国家和地区文化交流规模达 3 万人次、1000 家中外文化机构、200 名专家和 100 项大型文化年（节、季、周、日）活动。[②]

为鼓励和支持我国文化企业参与国际竞争，扩大文化产品和服务出口，推动中华文化"走出去"，商务部、中央宣传部、财政部、文化部、新闻出版广电总局共同认定了 2015—2016 年度国家文化出口重点企业和重点项目目录（见图 1-1），前者共有 352 个企业入围，后者有 139 个项目入围。

2016 年 10 月 28 日，《"一带一路"大数据报告（2016）》新书发布会在京举行。该报告由国家推进"一带一路"建设工作领导小组办公室指导，国家信息中心"一带一路"大数据中心编撰完成、商务印书馆出版发行。"一带一路"发展成效综合指数测评结果显示，"一带一路"国别合作度指数平均得分为 43.55 分（满分 100 分），其中，俄罗斯、哈萨克斯坦、泰国、巴基斯坦、印度尼西亚位列前五名。在参评的 64 个沿线国家中，2 个国家属于"深度合作型"，13 个国家属于"快速推进型"，17 个国家属于"逐步拓展型"，32 个国家属于"有待加强型"。"一带一路"省区市参与度指数平均得分为 59.6 分（满分 100 分）。其中，广东、浙江、上海、天津、福建、江苏、山东、河南、云南、北京位列前十名。从参评的 31 个省份得分来看，5 个省份参与度处于"高"水平，12 个省份处于"较高"水平，

---

① 《"一带一路"全球行·中亚篇 丝路经济带掀起人文交流热潮》，新华网，http://news.xin-huanet.com/world/2016-08/17/c_129235894.htm。

② 《文化部"一带一路"文化发展行动计划（2016—2020 年）》，新华网，http://news.xin-huanet.com/shuhua/2017-01/06/c_1120256880.htm。

9 个省份处于"中等"水平，5 个省份处于"低"水平。①

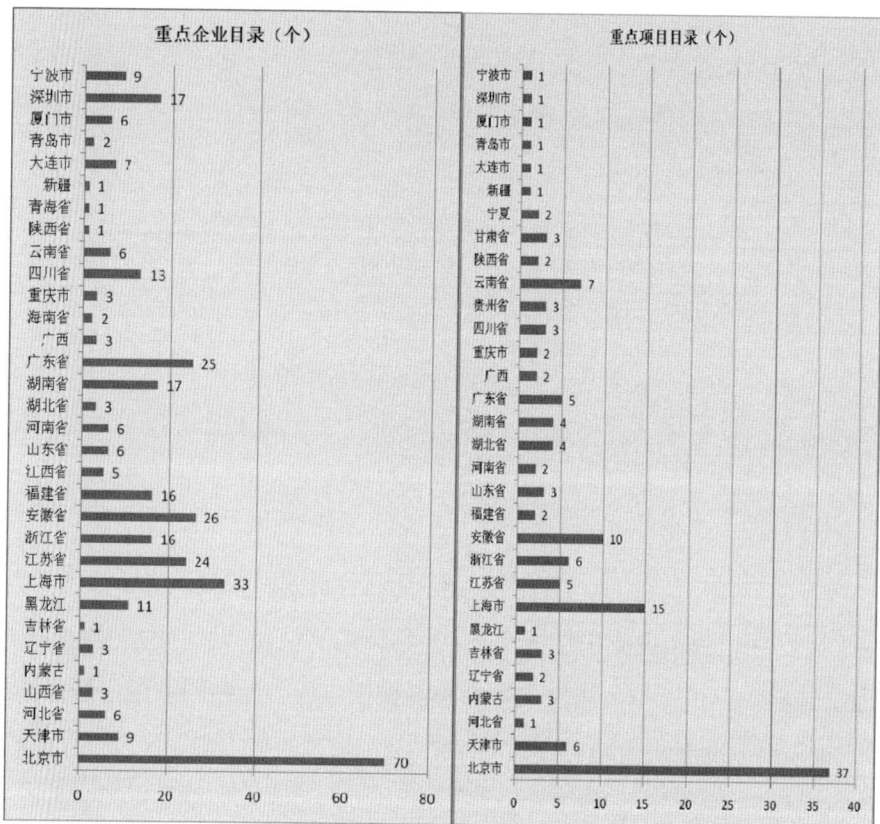

图 1-1 2015—2016 年度国家文化出口重点企业和重点项目目录

注：根据文化部网站 2015—2016 年度国家文化出口重点企业和重点项目目录整理得出。
资料来源：《2015—2016 年度国家文化出口重点企业和重点项目目录》，中华人民共和国文化部，http：//www.mcprc.gov.cn/whzx/bnsjdt/whcys/201605/t20160518_461873.html。

此外，北京大学海洋研究院、国务院发展研究中心、国家信息中心等单位为量化"一带一路"沿线国家"互联互通"的水平与进展，联合建立了五通指数课题组。经过联合研究，课题组推出了"五通指数"。该指数结合了各国的基本现状与发展趋势，从客观数据出发，对"一带一路"沿线国家与中国的政策沟通、设施联通、贸易畅通、资金融通和民心相通情况进行了具体深入的评估，根据评估结果（见表 1-2），东南亚民心相通的平均得分最高。在民心相通排名的前 20 名中，有 6 个国家都是东盟国家，其中 4 个是前 10 名。①

表 1-2 "一带一路"沿线五个区域民心相通的平均水平（满分为 10 分）

区域	中亚及蒙古国	东南亚 / 东盟	南亚	中东欧	西亚北非
平均得分	6.22	6.55/7.04	6.32	5.925	5.11

资料来源：五通指数课题组按照离散系数公式计算所得。

三、首届丝绸之路（敦煌）国际文化博览会

中央党校国际战略研究所国际关系研究室赵磊教授表示："'一带一路'每一年的核心亮点是不同的。如果说 2013 年是其提出之年，2014 年是规划之年，2015 年是顶层设计和理论支撑之年。2016 年，关键是要有精品案例。"②2016 年 9 月，首届丝绸之路（敦煌）国际文化博览会的成功举办成为"一带一路"人文交流的经典案例。

丝绸之路（敦煌）国际文化博览会由文化部、新闻出版广电总局、国家旅游局、中国国际贸易促进委员会和甘肃省人民政府共同主办，是面向"一带一路"沿线国家的开放性、包容性、国际化、多元化、立体式的文化交流合作平台，不仅是中国的盛会，更是沿线各国、各地区共同的盛会。③2015 年 11 月，丝绸之路（敦煌）国际文化博览会获得党中央、国

---

① 翟崑，王丽娜：《"一带一路"背景下的中国—东盟民心相通现状实证研究》，《云南师范大学学报（哲学社会科学版）》2016 年第 6 期。

② 《〈"一带一路"年度报告 2016〉发布暨百人论坛专家峰会举行》，河北新闻网，http://theory.hebnews.cn/2016-03/30/content_5425136.htm。

③ 《首届丝绸之路（敦煌）国际文化博览会》，甘肃省人民政府外事侨务港澳事务办公室，http://www.gsfao.gov.cn/yhgc/yhzhbd/2016/37/3KFJ.htm。

务院批准，敦煌作为永久性的会址，是目前全国唯一的以国际文化交流为主题的国家级平台。

首届丝绸之路（敦煌）国际文化博览会于 2016 年 9 月 20 日至 21 日在国家历史文化名城敦煌举办，本届博览会以"推动文化交流　共谋合作发展"为主题，来自 85 个国家、5 个国际及地区组织的 95 个外国代表团，共 569 人应邀出席，66 个国外机构、434 位国外宾客参加论坛、年展和演出，还有 6 位外国政要、前政要出席会议并发表演讲。与此同时，国内丝路沿线 16 个省区市和港澳台地区，共有 23 个代表团 1330 名嘉宾参会。在开幕式高峰会议上，主宾国法国参议院外事、防务和武装力量委员会主席、法国政府代表让-皮埃尔·拉法兰，尼泊尔议会议长昂萨丽·加尔蒂·马嘎，阿富汗第二副首席执行官哈吉·穆罕默德·穆哈齐克，柬埔寨副首相尹财利，摩洛哥国王皇家顾问安德烈·阿祖莱，世界旅游组织副秘书长兼执行主任祝善忠分别发表演讲。

习近平主席在给博览会的贺信中指出："历史表明，世界各民族文化互鉴共进是人类文明的基本特征，也是人类文明发展的重要动力……要坚持多样共存、互鉴共进、合作共享，加强文化交流，倡导文化平等，保护文化遗产，推动文化创新，加强文化合作，让人类创造的丰富多彩的文化造福更多民众，让世界更加美好。"① 国务院副总理刘延东在演讲中也指出，"我们应积极构建国家间文化合作新机制，深化人文交流，尊重不同文明，加强文化遗产保护，推动文化传承创新，让现代文明成果更多惠及各国人民……要通过敦煌文博会，为丝绸之路沿线各国深化文化合作、人文交流搭建平台，使'一带一路'建设造福沿线各国人民"。②

---

① 《推动文化交流　共谋合作发展》，光明网，http://tech.gmw.cn/newspaper/2016-09/21/content_116332518.htm。

② 刘延东:《推动文化合作互鉴　为共建"一带一路"夯实人文基础》，中华人民共和国中央人民政府网站，http://www.gov.cn/guowuyuan/2016-09/20/content_5110056.htm。

此次敦煌文博会采取"2+X"的活动构架，分别举办了以"探索丝绸之路沿线国家文化交流合作的新途径"为主题的高峰会议，以"彰显丝路精神，推进融合发展"为主题的文化年展和多场次文艺展演活动，集中展示了 60 多个国家和我国 15 个省区市的 8000 余件展品，代表了人类文明的结晶。以《丝路花雨》为代表的文艺展演，荟萃 25 个国家的 13 台优秀文艺节目，内容丰富、阵容强大，为各方宾客奉献了一道道文化盛宴。各种展览展演的举办，直观呈现出世界文明的交汇交融，极大促进了中西文化互学互鉴、共享共进。

敦煌文博会也取得了丰硕的成果。文博会期间，共有 89 个文化产业项目成功签约，签约金额达 1078 亿元，项目合作对象涉及北京、上海、浙江等 21 个省区市，也有来自俄罗斯、新加坡、马来西亚等国的相关企业和组织，文博会拓展了沿线各国各地的合作空间，放大了共谋发展、互利合作的整体效益，提升了敦煌在国际社会上的知名度和影响力。[1] 文博会期间，各参会国家政要、前政要还在联合国《经济、社会及文化权利国际公约》《世界文化多样性宣言》精神实质的基础上，本着"推动文化交流　共谋合作发展"的宗旨，讨论通过了《敦煌宣言》，《敦煌宣言》达成了"坚持文化多样性平等性包容性；保护传承各国历史文化遗产；加强各层次文化对话与合作；促进文化贸易与文化产业合作"等共识，成为首届敦煌国际文化博览会最重要、最有深远影响的成果。[2]

敦煌文博会展示了合作共赢的发展前景。参会各方以敦煌文博会为创新合作平台，本着充分沟通、携手合作、互利共赢的原则，建立起多种形式的互利共赢长效机制，为"一带一路"沿线国家和地区深化合作、加快发展增添了动力、提供了机遇。敦煌文博会也赢得了社会各界的广泛赞誉。

---

① 《首届丝绸之路（敦煌）国际文化博览会工作综述》，肃州区人民政府网站，http://www.jqsz.gov.cn/other/2016/1011/3242.html。

② 《敦煌宣言》，《人民日报》2016 年 9 月 23 日。

四、"一带一路"人文交流中存在的问题

2016 年"一带一路"人文交流虽然取得了丰硕的成果,但还存在语言人才匮乏、民间交流不足、中国软实力较弱、文化交流中的不平衡、文化产品的数量和质量不足、人文交流的方式和内容的差异等问题,这些问题很大部分是我国对外交往中长期积累的,影响了"一带一路"人文交流的效果。

(一)语言人才匮乏

语言交流是人文交流的先决条件。"一带一路"覆盖的中亚、东南亚、南亚、西亚和东非 5 个地区的官方或通用语言多达 50 多种,其中英语、俄语和阿拉伯语是沿线国家 3 大语种——有 20 多个国家通用英语,10 多个国家通用俄语,10 多个国家通用阿拉伯语。[①] 我国目前面临的严重问题是语言人才匮乏,尽管国内一些高校开设了俄语、阿拉伯语等课程,但一些小语种人才严重匮乏,如波斯语、土耳其语、斯瓦希里语等。全国政协委员周明伟认为,目前"一带一路"人文交流的困难之一,是小语种高端人才的匮乏,这与"一带一路"的要求是不相适应的,"例如与一些独联体国家的交往,我们都还是依靠俄语教育基础来进行,而这与他们的官方语言和文化传统往往是不一样的,甚至是格格不入的。"[②] 我们还要看到,尽管近年来孔子学院的数量和规模不断扩大,在中外交流中起到了一定作用,但孔子学院是非学历教育,很多孔子学院在汉语教学的重点还在基础方面,这不能适应"一带一路"人文交流的需求,加之孔子学院在资金来

---

① 《"一带一路"一席谈:聚焦人文交流》,中国网,http://fangtan.china.com.cn/2016-05/06/content_38398346.htm。

② 《周明伟:"一带一路"人文交流亟待强化》,中国网,http://news.china.com.cn/2015-04/17/content_35350161.htm。

源、教师选派、教材选定等方面的政府背景，使部分欧美学院与之合作的积极性不高。

（二）民间交流不足的局限性

"一带一路"文化交流中过于注重官方活动而民间交流不足，我们与沿线国家文化交流过程中往往通过"签署政府间文化交流合作协定"、举办"文化年""艺术节""电影周""旅游节"等方式进行，虽然取得了一定的成绩，但影响尚待扩大。人文交流是"人与人之间的交流互动"，是一个多层次、多客体、多元性的复杂交流过程，"一带一路"人文交流面对的对象更是不同国家不同社会的不同人群，应该是由个人、志愿者团体、非政府组织等不同主体来深度参与的"多元对多元"的交流，另外，在现代市场经济条件下，人文交流应该遵循市场规律，应该由市场来决定人文交流在资源、市场等方面的合理配置，政府可以在此基础上顺势而为，鼓励"多方唱戏"。

（三）软实力优势不突出

美国学者约瑟夫·奈认为，国际关系中的软实力大都来自一个国家、组织和个人体现出的价值观、国内管理和政策所提供的范例，以及其处理外部关系的方式。① 软实力在国际交往中主要表现为一种吸引力，软实力是综合国力的一部分，在对外交往过程中发挥着重要的作用。中国虽然有深厚的历史文化底蕴，但却并没能将这些历史文化资源转化为国际上具有普遍吸引力的文化产品，美国人为全世界提供了好莱坞大片，印度人提供了宝莱坞，韩国人提供了韩剧，日本人提供了动漫，而中国人却很少提供体现中国特色的文化产品，特别是在与"一带一路"沿线国家人文交流的过程中，中国制作的吸引沿线国家的文化产品较少。

---

① ［美］约瑟夫·奈:《软实力》，马娟娟译，中信出版社 2013 年版，第 12 页。

（四）文化交流的不平衡

文化交流是人文交流的核心，也是人文交流的动力与源泉。文化交流源于两种或多种文化之间的"异质性"，这种"异质性"为文化交流提供了必要和可能，不同文化交流过程中往往会存在"势差"，存在强势文化向弱势文化单方向输出的现象。中国文化强调融合、吸收、兼容并包，西方文化则强调渗透、扩张，中外文化交流中的中国文化还处于较为弱势的一方，文化交流中的不平衡现象还很明显，存在着"输入大于输出"的现象。"一带一路"文化交流的过程中既要防止单向的文化引入，又要避免将中国文化搭载于经济贸易对沿线国家进行文化"输出"，避免被误解为文化殖民主义，在传播自身文化的同时，要广泛了解和吸收沿线及周边国家的文化价值观，对于一些存在异议和观念差异悬殊的价值观应该通过不断讨论，让民众在了解双方差异观念的同时寻找共识与妥协。只有相互尊重、平等相待，"一带一路"沿线国家才能产生"同呼吸、共命运"的文化认同感，才能建立起长久的人文交流友好关系。

（五）文化产品的数量和质量不足

人文交流的成功与否关键取决于文化产品的竞争力和吸引力，我国在"一带一路"人文交流过程中文化产品的数量和质量存在供给不足的现状，尽管我们公布了2015—2016年度国家文化出口重点企业和重点项目目录，但这些企业和项目的影响力还很有限。我国在对外人文交流的过程中，过多追求硬件设施（剧院、博物馆、文化馆、图书馆）建设的速度和规模，对沿线国家的文化需求还了解不够。以中国出版业"走出去"为例，我们在沿线国家还主要停留在免费发放我国传统文化书籍阶段，对沿线国家民众喜欢什么文化内容并没有太深了解，效果不尽如人意。此外，中国向世界传递自己文化的平台和渠道还很少，真正展现中国文化和价值观的媒介数量也很有限。

（六）人文交流的方式和内容的差异

"一带一路"沿线国家文化多样，既有社会主义国家，又有西方政党体制的资本主义国家和民族主义国家，包括中华文明、印度文明、埃及文明、两河文明、波斯文明、阿拉伯文明、希腊古罗马文明等几大文明系统，是众多民族混居之地，也是佛教、伊斯兰教、东正教、天主教、犹太教等众多宗教交汇之地，存在着语言、民族、宗教、历史恩怨、经济摩擦等盘根错节的复杂矛盾。在人文交流的过程中要淡化政治宣示性表述，多使用倡议、合作、共享等词汇，善于运用恰当的国际通行话语体系，增强传播内容对海外受众的亲和力。在"一带一路"研究和对外宣传话语中慎用"西南战略大通道""桥头堡""西进"等概念，切勿用战略甚至是军事战略的概念来描述中国的对外经贸策略。

五、结论和建议

2016 年 3 月，联合国安理会通过包括推进"一带一路"倡议内容的第 S/2274 号决议，11 月 17 日，联合国大会第 A/71/9 号决议首次写入"一带一路"倡议，得到 193 个会员国的一致赞同，体现了国际社会对推进"一带一路"倡议的普遍支持。① 针对我国"一带一路"人文交流中存在的问题，建议在今后重点做好以下几个方面。

（一）加强"一带一路"人文研究

目前"一带一路"人文交流的专题理论研究与政策研究严重不足，缺乏系统性、战略性和前瞻性，为"一带一路"建设提供有效智力支持和理

---

① 《联合国大会一致通过决议呼吁各国推进"一带一路"倡议》，中华人民共和国常驻联合国代表团，http://www.fmprc.gov.cn/ce/ceun/chn/gdxw/t1416496.htm。

论支撑的潜力尚未充分挖掘出来。以国家社科基金立项项目为例，2016 年立项的 3917 项研究课题中，涉及"一带一路"文化问题的立项项目不足 20 个，与"一带一路"文化建设研究直接相关的项目更是屈指可数。[1] 今后对于"一带一路"人文研究，应该：（1）加强沿线国家人文研究，要加强对沿线国家政治、经济、文化、社会、宗教等的研究，弄清沿线国家人文现状和真实需求，为国家进行人文合作提供理论和政策支持。在这个过程中要进行政治学、民族学、历史学、宗教学、传播学等多学科交叉的跨学科研究，构建具有中国特色的研究体系，努力提升中国相关研究的国际影响力；（2）加强沿线国家语言研究，我国现在人文交流面临的突出问题就是外语人才匮乏，要加强沿线国家语言研究，培养熟悉对方国家语言、习俗、宗教、法律的综合性人才，要"摸清底数、列出清单、组织调研、建立语言数据库。在此基础上，编辑各国语言志，编纂单语词典、多语词典及各种专业词典，编写教科书及普及用书等"[2]；（3）加强沿线国家风险研究，"一带一路"沿线面临着"三股势力""颜色革命"、移民难民危机、海盗毒品等安全威胁，不同国家面临的问题又各不相同，要加强这些问题的专题研究，为我国与沿线国家的各项合作提供一个安全的国际环境。

（二）加强"一带一路"国际合作

"一带一路"在人文交流领域虽然取得了一定的成绩，但与"政策沟通""设施联通""贸易畅通""资金融通"相比还存在很大的差距，"民心沟通"是"五通"的基础，在今后还要继续加强"一带一路"国际人文合作：（1）充分利用现有的机制和平台推广人文交流，如中阿合作论坛、中国—东盟（10+1）、中日韩—东盟（10+3）上海合作组织、大湄公河次区域合

---

① 侯毅：《发挥文化优势 促进"一带一路"建设》，新华丝路网，http://silkroad.news.cn/Views/8693.shtml。

② 《"一带一路"需要语言铺路》，光明网，http://theory.gmw.cn/2015-09/22/content_17122424.htm。

作（GMS）、大图们江流域经济合作（GTI）和中亚区域经济合作（CAREC）等双多边机制和论坛等，在这些机制和论坛中增加人文合作的板块和内容；（2）加强与沿线国家发展战略的对接，如与俄罗斯国家复兴战略、印度"东向行动"政策、欧洲"投资计划"、印尼"全球海洋支点战略"、蒙古"草原丝绸之路"、沙特阿拉伯的"2030 愿景"等，充分发掘这些发展规划中的人文因素，从国家层面为经贸合作和人文交流奠定坚实的基础；（3）充分利用民间企业、团体、非政府组织的力量，民间力量在文化交流中扮演着不可替代的角色。充分发挥宋庆龄基金会、中国电影集团公司、中国国际电视总公司、中国对外文化集团公司、中国东方歌舞团等机构在"一带一路"人文交流中的作用；（4）加强人文领域的深度合作，三年多来"一带一路"人文合作举办的"中国年""文化节""博览会"等还处在相互接触和相互了解阶段，未来的人文交流要在交流方式、交流内容、交流工具等方面实现深度合作，真正达到"民心相通"。

（三）提高文化产品的数量和质量

我国目前在"一带一路"人文交流的过程中最突出的问题是文化产品的数量和质量不足，在今后的人文交流过程中要不断改进：（1）增加文化产品的数量。目前我国优秀文化、艺术、影视作品的数量还较少，符合"一带一路"沿线国家需求的文化产品的数量就更少，在今后的人文交流过程中一定要增加我国优秀文化产品的数量；（2）提高文化产品质量。文化品牌是一种极具鲜明特征的文化标识，具有强大的影响力和突出代表性，要在尊重和接受沿线国家文化产品的过程中着力打造具有品牌意识的文化艺术精品，依托"一带一路"深厚的历史文化积淀，充分发掘"一带一路"的历史文化资源，着力打造《丝路花雨》《大梦敦煌》一类的"丝绸之路文化品牌"，将中国自身的传统文化，如戏剧、刺绣、剪纸、服装等，通过现代化方式展示给沿线国家；（3）增加对外传播的平台和渠道，我国国内文化产品对外传播的平台和渠道还不是很多，国内各大媒体新闻网站也极少译成相应各国语言文字传递中国文化信息，在今后的交流过程中要不断增加文化传播的媒介和渠道，将我国的文化艺术精品更多地传播给"一带一路"沿线国家。

总之，在"一带一路"人文交流中，首先要"知己"，即认真研究中华文化中有哪些普适性高、适宜交流的好东西，它们在进入某国、某些地区时需要做哪些修改；其次要"知彼"，即了解对象国和地区在文化上有哪些我们应该借鉴、改进的内容；同时了解它们在人文方面有哪些需求。在此基础上，研究何种方式与哪些对象进行什么样的交流。

要看到，在"五通"之中，"民心相通"是最难的，因为它的对象是各种各样的人，这也就决定了人文交流必须是稳定的、长期的。人类各种文化都是交流过程中形成的，世界上没有不可交流的文化，也没有隔绝于世的文明。"一带一路"正在搭起各种文明交流的大舞台，我们应该在这个舞台上展示灿烂多样的文化。

第四节 "一带一路"民心相通工作的总体态势、主要特点及挑战[①]

作为"一带一路"倡议的"五通"之一，民心相通与政策沟通、设施联通、贸易畅通和资金融通相辅相成，使得"一带一路"以鲜活具体的形式呈现在世界面前。民心相通既是"一带一路"的一个不可或缺的维度，也是"一带一路"得以顺利进展的基础。更重要的，民心相通也是"一带一路"的健康指针。

民心相通是一个可以大有可为同时也必须下大力气的领域，既需要科学的顶层设计，也需要可行的中层安排，更需要务实的基层运作。在日常

① 作者：高连甲，中联部当代世界研究中心研究员。

生活中，在同一文化语境下，人与人的交往需要不断的接触和沟通，才能做到从面对面的认识到心与心的相通。在跨文化语境的"一带一路"框架下，民心相通不仅需要时间和精力投入，而且注定还要把握好语言、国情、习俗、信仰、民族心理、宗族、种族等诸多领域的细节。

在"一带一路"框架下，民心相通既是人与人之间的沟通，也是文明之间的砥砺与互鉴。"一带一路"相关地区的文明多姿多彩，作为诸多文明当中的一支，在与其他文明的互动中，中华文明既不能妄自尊大，也不能妄自菲薄，既要潜心挖掘自身深厚的历史积淀，也要秉承开放包容的心态，拥抱其他文明，借鉴这些文明当中的合理成分，吸纳其健康因素。这既能积极展示中华文明的文化自信，也有助于为社会进步和人文发展贡献健康丰富的公共产品，也为民心相通提供久远而又坚韧的文明底蕴。

国之交贵在民相亲，民心相通是"一带一路"建设的社会根基。正如一句民谚所言："山和山走不到一起，人和人或许会相遇。"在"一带一路"框架下，经贸活动、业务往来和人员交往为民心相通提供了渠道和可能，而民心相通则会有力地促进项目落地和业务拓展，从民意上确保"一带一路"可持续和健康发展。必须深刻认识到，民心相通从微观上讲是国民个体树立个人形象的过程，从宏观上讲是国民群体塑造国家形象的过程。在"一带一路"展开的进程中，只有国民个体主动用心去同其他国家的国民沟通，中国的国家形象才能为相关国家的国民所认可。所以，民心相通也是国家形象从微观到宏观、从静态到动态、从平面到立体的展示和塑造过程。民心相通有着深厚的文化内涵、深邃的文明底蕴和深远的政治意义，这正是所有"一带一路"的参与者和践行者都必须认真思考的。

一、总体态势

(一) 多方齐努力，声势如火如荼

自从"一带一路"倡议发出，国内跟"一带一路"相关的各类行为主

体都主动投入到民心相通工作中。从各级政府部门、事业机构、各型企业到国民个体，都投身到了这场心与心的沟通中。

各级文化主管部门吃透政策、发挥自身职能，协调统筹各种文化资源，通过举办内容丰富多彩、形式灵活多样的文化活动，向"一带一路"相关国家的国民全方位展示中华文化，并与"一带一路"相关国家的民众开展文化互动，为"一带一路"建设打好社会和民心基础做了大量鲜活细致的工作。在各级文化主管部门的鼓励和支持下，民间文化交流的交往规模、频率和项目质量正逐步提高。项目形式有：杂技、舞蹈、武术、书法、中医中药、民族医药、民族乐器、影视及纪录片播放，等等。这些活动增进了相关国家人民对中华文化的了解，活跃和繁荣了中国和"一带一路"相关国家的文化市场，取得了良好的社会效益和经济效益。

国内教育机构特别是高等教育机构发挥资源和能力优势，瞄准"一带一路"相关国家的对等机构，开展了高起点、面向未来、注重深层沟通的项目设计和运作。项目形式主要包括：国内知名大学在海外开办分校或专业学校、开办专业培训班或专项技术培训班、与海外多个国家和地区的教育机构签署合作办学协议或建立合作办学机制；建立国际合作实验室、专题联合研究中心、特色音乐学院、语言水平测试中心等，深化教育合作。

内陆相关省份不拘一格，找准方向，创新方式，开展人文交往。设立政府外国留学生和出国留学奖学金、鼓励海外青年学生来华留学和开展研学旅行、支持本省教师及学生出国留学；开展友好省州城市建设；为发展中国家培训政府官员和技术人员，密切与"一带一路"沿线国家的科技人才交流、建立合作培养专业人才的培训基地，推动当地可持续发展；开办传统医药发展论坛、成立文化交流中心，共同举办旅游交易会、旅游论坛、体育赛事、举办民俗风情旅游、精品旅游线路推介会、医疗旅游、瑜伽培训班；等等。

沿海沿边省份发挥地理上相互靠近的优势、发挥语言和习俗相近的优势、利用边境贸易和人员往来频繁的优势、挖掘共同的文化记忆，同"一带一路"相关国家的民众开展了全面细致的接触和沟通。有关省份对妈祖文化进行深度挖掘，以妈祖文化为纽带，联络多个国家和地区的政府机构、学术单位和社会组织，约定共同整理文献资料、建设妈祖信俗非遗传承教育区、开展旅游文化节等。有关省份在促进经贸投资合作、完善跨境基础设施建设的基础上，着手启动开通跨境自驾游、恢复开通区间国际邮路、扩大旅游领域合作；举办边贸洽谈会、旅游投资洽谈会、投资博览展、商品采购大会，举办国际文化艺术品、摄影书画、油画、国画、手工艺品、刺绣精品、珠宝等多项展览展销活动；打造界江游轮旅游等特色的界江旅游、跨境自驾游、跨境短期组团旅游等项目。

国家对外汉语教学主管机构和实施单位、国家法学法律界、宗教界等行为主体也都根据自身业务特点，通过人员互访、设立奖学金、设立师资培训基地、举办培训班和研讨会、签署协议等多种形式，搭建交流平台和业务平台，向"一带一路"相关国家的学界和对等领域传递中国声音、讲好中国故事，同对等机构进行交往与合作，结合本专业开展民心相通工作。秉着开放、包容、互学、互鉴的理念，上述机构和业内人士全面开展与"一带一路"相关国家之间的人员往来、专业人才培养、专业信息交流，从语言文化、法律和精神生活领域促进民心相通。

（二）各国反响程度不同，民众总体较为热切

"一带一路"相关国家语言文化差异很大，社情民意情况复杂。这些国家的政府和民众对"一带一路"的态度、对民心相通的态度冷热不一。有的国家受地缘政治和外交关系影响，从政府官员到普通民众对"一带一路"存有疑虑。在这样的情绪和判断下，有些国家对"一带一路"和民心相通不够积极，但对研究"一带一路"很感兴趣；有的国家存在"政府冷、民间热"的情况，如周边有些国家汉语学习需求旺盛，但政府层面在师资人员的签证等问题上没有采取便利化举措。上述情形对于密切与"一带一

路"沿线国家和地区间的民心相通、保障"一带一路"建设的健康发展构成一定的负面影响。

尽管有上述障碍，但从总体来看，民心相通工作所处的环境仍称得上利好。周边传统友好国家在民心相通方面配合默契。吉尔吉斯斯坦、哈萨克斯坦、中国三国联合申报丝绸之路"长安—天山廊道路网"，经过多年共同努力，该项目已成功申报世界文化遗产，成为首例跨国合作、成功申遗的项目。此举不仅让丝绸之路焕发新的生机，掀起了中哈吉三国民众重走丝绸之路的旅游热情，也让这三个国家的民心贴得更近。柬埔寨欢迎更多的中国企业到柬投资，兴建公路、交通等基础设施，并鼓励中国游客到柬旅游，让旅游业为柬创造更多就业岗位。这些措施促进了柬中两国在经贸、旅游领域的合作与发展，进一步加深了两国人民之间的交流和理解。连接欧亚大陆东西两端的中东欧国家对"一带一路"倡议反应积极主动，中国—中东欧国家"16+1"领导人会晤确定主题年活动，如中国—中东欧国家媒体年等，旨在搭建民心相通的桥梁，深化中欧文明伙伴关系。东盟国家与中国山水相连、文化交融。多姿多彩的人文交流，增进了双方友好互信，发挥着深化互利合作的纽带作用。中国与东盟的留学生交流"双十万计划"、中国—东盟文化交流年、中国—东盟博览会、中国—东盟文化展、中国—东盟友好城市建设、中国—东盟技术转移中心建设、中国—东盟遥感卫星数据共享与服务平台建设、中国与东盟10国旅游合作、中国—东盟音乐周和戏剧周等多种形式的人文交流活动，不断扩大中国与东盟国家在教育、卫生、文化、体育、扶贫、生态、旅游、智库、出版、教育、法律、创新、汽车拉力赛等领域的交流合作，为双方关系发展提供了丰富的文化营养，注入了强大的精神动力，助力"21世纪海上丝绸之路"，在人文交流方面打造更多中国与东盟民心相通的交汇点。

在"一带一路"涉及的其他地区和各个领域，民心相通都有不同程度的进展。分析以上态势，可以发现民心相通具有如下特点。

二、主要特点

（一）顶层设计和政府部门对民心相通起着主导作用

从项目设计、机构间的沟通到人员往来，政府部门都发挥着举足轻重的作用。这一方面是因为政府机构掌握着充分的权力和大量的资源，占据决策和行动的主动权，可以召集各方参与者，有意识地开展民心相通工作。另一方面，囿于有限的人力资源、政策信息和活动能力，民众往往是从动地、无意识地、小范围乃至是一对一地置身于民心相通之中。自上而下、覆盖面宽、有项目依托、有资金支撑、在理念上引领，这些是政府主导的民心相通工作的突出特点。

（二）学界、思想库、媒体对民心相通起着引导作用

在民心相通工作中，非常有活力、出思想、出声势的分别是学界、思想库和媒体，它们之间的有效合作对民心相通有着激发思想、催生新活动、扩大受众群体、潜移默化促进民心相通的作用。国内各个思想库之间在"一带一路"框架下开展了形式多样、主题鲜明、内容丰富的研讨会，对民心相通有很多深刻的思考和有益的建议。国内外思想库之间也有不拘一格的沟通，为民心相通澄清思想、汇聚智慧、凝聚共识、建言献策。"一带一路"智库合作联盟汇集国内外在"一带一路"研究领域有影响力的各型智库，并保持对"一带一路"沿线国家和域外国家所有智库开放的博大胸襟，在"和平合作、开放包容、互学互鉴、互利共赢"的丝路精神引领下，为推动多领域的互利合作和全面深入的民心相通不遗余力地鼓与呼。

（三）各方对于民心相通的认识越来越深入

人心向善、人心向通，人同此心，心同此理。这是古丝绸之路所蕴含

的人文精神，在今天的"一带一路"中依然适用。"一带一路"的各个行为主体——政府部门、企事业单位、智库、教育机构、民间组织、国民个体——在各种形式和情境的互动中都体现出了对民心相通的热情、信心和诚意。无论是发达经济体、欠发达经济体，还是发展中经济体，无论是富有阶层、贫困阶层，还是中产阶层，各个国家各界人士都在民心相通中找到了共鸣。"一带一路"让各方找到了合作渠道和对话的平台，民心相通是确保合作顺利的基础，而对话和互动又会进一步促进民心相通。

（四）国家形象与民心相通密切相关

民心相通要依托具体的项目、实干的企业、实打实的产品，让实实在在的人去和有血有肉、有情感、有思想的人交流和沟通。上述细节看似是一个企业或个人的形象，但从大的视角看，又都是国家整体形象的有机组成部分和细节之处的塑造者。换言之，这些"微形象"一方面关乎民心相通，另一方面关乎国家的整体形象。工程质量、产品品质与公民素质在中外互动过程中的每一个具体细节都会被各方感知。在"一带一路"的交往中，人们对彼此国家的印象都是在日常的接触中积累、修正和重塑的。每一个"走出去"或"走进来"的商人、游客、留学生，都是自己国家形象的具象代表，他们的一言一行、气质修养、道德品质、文化水平，不仅对民心相通有直接作用，也对塑造国家形象有具体作用。一个国家在另一个国家民众心目中的国家形象好，会在一定程度上有助于民心相通，而两个国家之间的民心相通了，这两个国家在彼此互视时自然也会有好的国家形象。

三、挑战与方略

（一）实现民心相通要从耽于单向发功走向敢于互动"过招"

互动性是民心相通的题中应有之义。无论一方如何努力，如果另一方无积极回应、漠然以对或者心理上抵触乃至行动上抵制，都根本谈不上做到了民心相通。目前的民心相通工作在有些国家、有些地方、有些人身上效果不太明显。这里边的原因很多很复杂，既有对方在民族心理、国家利益、宗教习俗、文化传统等方面的客观因素，也有我们在具体工作中对情况掌握不够、对形势分析不透、对工作对象的关切没有充分认识、对心理工作的复杂性和反复性没有充分准备等因素。有一点是必须认识到的，只要我们是出于善心、发出善意，即便一次两次做不通，我们也不能气馁，而是要坚持做工作，更不能怕跟对方"过招"，因为互动"过招"是加深了解、排除误解、达成理解的必由途径。

（二）民心相通在很大程度上面临语言文化瓶颈

"一带一路"相关地区是当今世界文化多样性和差异性十分突出的地区，相关国家总计使用 60 多种官方语言和民族语言。"一带一路"建设虽然可以用英语等作为通用语，但是使用当地的母语与使用英语相比更容易交心。正如大家所周知的："如果你用一个人听得懂的语言和他交谈，你的话能进入他的大脑；如果你用他自己的语言和他交谈，你的话能进入他的心灵"。"一带一路"的直接参与者若是能使用当地民众的语言，民心相通就相对容易做到。

有鉴于此，要实现民心相通，必须本着既着眼当前，也兼顾未来的原则，在保质保量的前提下有序推进国家语言能力建设。我们不仅需要通过语言去呈现和传递信息，还需要通过语言交流思想和感情，塑造"一带一路"相关国家的民众对中国的认知，提升中国的国家形象。在"一带一路"沿线国家用当地语言有效发声，使各国理解"一带一路"共商、共建、共享的内涵，减少它们对中国的误解，真正提高中国的话语影响力，促进民心相通。国家必须立足长远，培养既熟悉中国国情、主张和政策，又精通当地语言、文化、政治、历史等的高层次外语人才。培养大量不但懂当地语言，而且了解当地文化，能进行跨文化交际和传播的人才，力求做到让国内民众以及国际受众都满意。

(三) 民心相通的可持续性源于深耕各国的草根

民众是民心相通的主体，没有民众的参与，民心相通就是空想妄谈。草根是民众的主体，如果不同草根深度接触，民心相通就是空中楼阁。发达国家在对外援助、海外开发、防灾减贫等行动中深入村庄和社区、深入做基层关键人群工作的做法值得借鉴。如果做工作时犯懒，就很容易作风飘浮而不是走到草根中去，面对面、一对一地了解民众的想法和诉求，从中发现有助于民心相通的新情况和有效着力点。

(四) 社会组织在民心相通中的作用有待提升

政府部门已经为民心相通做出了政策规范和制度建设，接下来的许许多多具体细致的工作需要广大社会组织去做。一方面，社会组织的民间属性有利于减少相关国家对民心相通的疑惑。另一方面，社会组织的灵活性有助于在工作方式、人员派驻、话语体系等方面使民心相通工作深入到民众中去。鉴于上述情况，未来民心相通的工作方式必须走出现在由政府主导的模式，转入由社会组织发挥主力作用。

(五) 民心相通最终要让民众自己主动去跟对方沟通

"一带一路"是中国提出的合作发展的伟大倡议，但并不是中国的独奏音乐会，而是所有相关国家都参与的一场场合奏。民心相通不是——也不可能是——中国自己一厢情愿的独白，而是所有相关国家及其民众都来参与的心与心的沟通。所以，参与主体多元化、形式多样化、主题多重化是这种沟通与对话的特点。发展到一定阶段，民众自己主动去跟对方沟通，才是民心相通的新境界。

(六) 民心相通有赖于深度挖掘丝绸之路的文化内涵和人文精神

民心相通说到根上是民众对他者的文化传统、思维方式、行为方式能否理解和是否愿意接纳。"一带一路"相关国家涉及多样的文明文化、宗教信仰和风土人情。在这一点上，"一带一路"和古丝绸之路有相似之处。这也顺理成章地需要今天的人们对古丝绸之路的人文精神和文化底蕴进行深度挖掘和发扬光大。古代丝绸之路凝结了沿线沿岸国家共同的历史记忆和文化符号。弘扬丝路精神、开展不同文化的交流互鉴、增进沿线国家的人文交往与合作，对增进民心相通有着至关重要的作用。文化交流在服务国家公共外交、提升国家软实力中的积极作用和巨大潜力需要纳入国家对外方略的顶层设计和整体考量。坚持开放包容、互学互鉴的理念，开展文明对话和沟通互鉴，让沿线各国人民共同沐浴文明的光辉是民心相通的圭臬。

如果说"一带一路"不会一蹴而就，需要精耕细作，那么民心相通工作就更需要凭着"面壁十年图破壁"的执着，用"润物细无声"的功夫，秉持"精诚所至，金石为开"的信念，去做"百年树人、千年交心"的事业。

第五节　民心相通：夯实"一带一路"民心基础[①]

"国之交在于民相亲""惟以心相交，方成其久远"[②]。"一带一路"不仅是经济发展倡议，更是民心相通倡议。民心相通是"一带一路"的基础性工程，既承担着增进友谊、加深了解的重任，又发挥着助推经济、政治合作的作用。因此，民心相通既是手段，也是目的。既要把民心相通当作"一带一路"顺利推进的重要保证，也要将其视为"一带一路"建设的努力方向。只有实现以人文交流为桥、以民心相通做脉，才能铺就理解之

[①] 作者：王文，中国人民大学重阳金融研究院执行院长、教授；贾晋京，中国人民大学重阳金融研究院院委兼宏观研究部主任；展腾，中国人民大学重阳金融研究院助理研究员。

[②] 习近平：《弘扬人民友谊 共创美好未来———在纳扎尔巴耶夫大学的演讲》，新华网，http://news.xinhuanet.com/politics/2013-09/08/c_117273079_2.htm。

路、架起友谊之桥，从而打造利益共同体、责任共同体、命运共同体，将区域合作发展关系提升到更高层次。

一、新时代的人文交流

"一带一路"源自古代丝绸之路，见证了中国与沿线国家间源远流长的民间交往。改革开放后，中国十分重视与丝路沿线国家之间的友好交往，积极的政府外交活动为民间的友好往来奠定了坚实基础。几十年来，中国与"一带一路"相关国家的文明对话日渐深化、人文交流日益广泛，多层次的双边和多边交往合作机制和平台不断发展完善、运行日渐顺畅。

以千百年的友好交流为历史，以几十年新时期的民间友谊为背景，2013 年提出的"一带一路"倡议揭开了中外民心相通的新篇章，对丝路沿线国家间的互利互惠具有十分重要的意义，为各国民间互动带来前所未有的发展契机。得益于"一带一路"三年多的发展成就，中国与相关国家在互动形式上不断创新、交流领域上不断拓宽、范围和规模不断扩大，中国在相关国家的认同感和软实力也显著提升，取得了一系列丰硕的成果。

首先，中国同沿线国家的民间交流内容不断丰富，形式不断多样化。三年多来，中国与"一带一路"相关各国举办了丰富多彩的民间交流活动，包括文化年、艺术节、电影节、电视周、图书展等，其丰富的内容和多元的文化内涵吸引了各地民众的积极参与。例如在 2016 年举办的首届丝绸之路国际文化博览会①，可谓集各国文化之大成，陈列了来自多个沿线国家的展品，展现了不同民族独具的文化特色。各国民众在多样的文化

---

① 《习近平向首届丝绸之路国际文化博览会致贺信》，2016 年 9 月 20 日，新华网，http://news.xinhuanet.com/world/2016-09/20/c_1119591853.htm。

交流活动中感受民族差异，欣赏亚欧大陆文化的多样性，增进了对彼此的了解认识。高速发展的文化产业也丰富了民间交流内容，创新了文化互动的形式。中国在"一带一路"沿线大力发展文化产业，通过建设文化产业基地、文化创意园区，举办文化演出等方式，将历史深厚的丝路文化深入挖掘并向公众展出，为不同民族的历史底蕴赋予更多的时代内涵。与此同时，"一带一路"鼓励文化企业赴境外开展商业演出和发展文化贸易，促进文化产品走向海外，打造文化展示交流平台。这些项目为民间文化交流拓宽了方式，拓展了沿线国家增进了解、发展友谊的渠道。

其次，依托"一带一路"倡议，沿线国家发起的民间交流领域不断增加，合作内容深入社会各个方面，惠及普通民众。"一带一路"民间交流已涉及科技、教育、文化、旅游、智库合作等各个领域，实现了优势互补、互利互惠，中国在其中发挥了关键作用。一方面，交流领域的拓展使沿线国家切身受益、享受技术知识合作带来的社会发展。例如，中国农业科技在"一带一路"中走出去的步伐明显提速，惠及周边国家农业的发展：中巴农业产业化项目①、中吉科技园区等示范项目如今运行顺畅，将中国自主研发的作物高产栽培技术分享给沿线国家，补足了当地的农业劣势，共享科技成果；在文化教育方面，"一带一路"引导的青年人才教育培养计划和各项教育对外援助活动辐射至沿线各国，人才学者交流沟通的同时，基层教育也得以在民间互助中普及，造福了教育事业的发展。另一方面，拓宽的民间交流领域增强了人文互动的深度，培养了沿线国家群众间的深厚友谊。在"一带一路"背景下，民间开展的基层活动繁荣兴起，涉及文化、艺术、旅游等密切贴合民生的领域，使中外民众在基层活动中手牵手、心连心，尤其在旅游方面，中国通过各省承办的旅游合作项目与主动与海外游客对接，多次举办"旅游年"活动，鼓励沿线国家居民出境

---

①《中巴已签订 50 多个项目协议 巴经济将获巨大动力》，2015 年 4 月 22 日，中国网，http://news.china.com.cn/world/2015-04/22/content_35388905.htm。

至中国旅游体验中国的民间特色，促进友好往来，也带动了相关产业的大发展。

再次，民间交流覆盖的规模与广度不断增加，由"一带一路"沿线广泛辐射到更广泛区域。三年多来，中国同沿线国家民间交流的规模增大，在多个城市设立的交流平台数量不断上升，当地居民的参与程度也逐年提高。中国已在 100 余个国家设立 500 多所孔子学院，面向丝路范围乃至整个世界展现中华文化。从地域广度来看，"一带一路"的民间影响力已远至丝路西端的非洲、西欧：非洲遭受埃博拉、寨卡病毒疫情困扰之际，中国主动伸出援手，提供实用的医疗服务和应急救助；在西欧法国，"中法文化之春"已成功持续举办十年①，共同欣赏两国历久弥坚的文化内涵。多年间持续不断的精彩活动激发了中西艺术家间的合作灵感，推进了中西艺术文化的交流。

最后，"一带一路"以中外友好交流为基础，提升了各国人民对中国认同程度，增强了中国的软实力。"一带一路"以民间交流形式为中国文化"走出去"提供了良好契机。中国在新时期以文化产品和文化服务作为载体，诸多制作精良的电视、电影节目走出中国，走入他国。例如，源自中国历史电视剧《三国演义》在柬埔寨热播，优秀的制作和剧情深受当地观众的喜爱的同时，展现了中国丰富的历史内容和思想内涵。"一带一路"推进期间，大量的民间交流增强了海外各国对中国的认同感，中国在海外民众心中的地位日益提升，彰显了中国的文化影响力和软实力。怀着对中国的关注和好奇，包括卡塔尔半岛电视台在内的众多海外电视媒体对中国的关注与报道日益增多，中央电视台外语频道的节目在海外国家的受众也越来越多。同时，基于外国民众对中国文化好奇和关注，"汉语热"也在中国与沿线国家悄然兴起，越来越多的人开始青睐中国教育。

---

① 《"中法文化之春"10 年吸引 800 万观众感受"浪漫法兰西"》，2015 年 5 月 21 日，新华网，http://news.xinhuanet.com/world/2015-05/21/c_1115364459.htm。

二、开展多领域的人文交流

民心相通是"一带一路"建设的社会根基。中国积极传承和弘扬丝绸之路友好合作精神，同"一带一路"沿线国家和地区广泛开展文教合作、旅游合作、卫生医疗合作、科技合作、青年合作、党政合作和民间合作，为"一带一路"建设奠定了坚实的民意基础。

1. 文教合作

随着"一带一路"倡议的推进，中国与"一带一路"相关国家在文化教育领域合作空间广泛，发展潜力巨大。中国每年向沿线国家提供 1 万个政府奖学金名额，并向发展中国家提供 12 万个来华培训和 15 万个奖学金名额，为发展中国家培养 50 万名职业技术人员[①]。地方政府采取了诸如增设"丝绸之路专项奖学金"等措施来鼓励国际文教交流，为"一带一路"相关国家和地区的教育互通提供了交流合作平台。截至 2016 年 12 月 31 日，中国已经在 140 个国家和地区建立 511 所孔子学院和 1073 个中小学孔子课堂（在"一带一路"沿线国家建立了 134 个孔子学院和 130 个孔子课堂）[②]，先后举办包括中国印度友好交流年、中国—东盟文化交流年、中俄青年友好交流年、中国"南非年"等在内的"国家年"活动二十余次，并先后在乌鲁木齐、泉州举行了两届高规格的"'一带一路'国际研讨会"。以"一带一路"倡议为契机，中外文化交往达到了空前的高度，在全球遍地开花，成绩斐然。

2. 旅游合作

"一带一路"倡议是推动沿线各国合作发展的新构想，同样也是旅游

---

① 国家发展改革委、外交部、商务部：《推动共建丝绸之路经济带和 21 世纪海上丝绸之路的愿景与行动》，2015 年 3 月。

② 国家汉办官网，《孔子学院 做中外文明的架桥人（中国品牌在海外）》，2016 年 12 月 26 日，http://www.hanban.edu.cn/article/2016-12/26/content_669734.htm。

业发展的新视角和新思路。中国积极与相关国家提高签证便利水平。截至 2016 年 12 月 31 日，中国已与 127 个国家和地区缔结各类互免签证协定①，极大便利了不同国家的民间交往，出境游也可以"说走就走"。中国同相关国家互办各类"旅游年"近十次，举办旅游周、旅游推广周、旅游月等各类推广宣传活动达百余次；几乎所有的大陆省级行政单位都与"一带一路"相关国家建立了旅游合作项目。国家旅游局预计，"十三五"时期，中国将为"一带一路"相关国家输送 1.5 亿人次游客、2000 亿美元旅游消费；中国还将吸引沿线国家 8500 万人次游客来华旅游，拉动旅游消费约 1100 亿美元②。

3. 卫生健康合作

卫生健康合作以改善人民的健康福祉为宗旨，是各国民心相通的重要纽带之一。三年多以来，中国积极传承和弘扬丝绸之路友好合作精神，同相关国家和地区广泛开展卫生健康、国际援助等合作。"一带一路"卫生健康合作主要为两大走向：一是重点加强同东亚、中亚、南亚、俄罗斯及欧洲国家间的交流合作，拓宽与西亚、波斯湾及地中海国家的合作领域和范围；二是重点加强与南亚、东南亚及大洋洲国家间的交流合作。传染病防控、卫生体制和政策、能力建设与人才培养等被列为合作重点领域。中国积极开展了多项医疗卫生合作，例如《中国—中东欧国家卫生合作与发展布拉格宣言》、中非减贫惠民合作计划、中非公共卫生合作计划、"中国—东盟公共卫生人才培养百人计划"、中俄灾害医学合作项目、中国—老挝医疗服务共同体项目、中国—印尼公共卫生人才合作培训计划等项目，对于提升"一带一路"相关国家的医疗卫生状况、构筑"一带一路"民心基础具有深远意义。"丝绸之路经济带"医疗服务中心已经在中国新疆落地，为中亚五国和俄罗斯、蒙古国等国群众提供高质量的医疗服务，

① 公安部官网，http://www.mps.gov.cn/n2255079/n4876594/n4974590/n4974593/c5626196/content.html。

② 国家旅游局官网，http://www.cnta.gov.cn/xxfb/jdxwnew2/201510/t20151026_750053.shtml。

并加强医疗卫生经验和技术的地区性交流。2017 年 1 月，中国与世界卫生组织签署了涉及难民健康和叙利亚危机的人道主义卫生应对等合作领域的谅解备忘录①，以支持世界卫生组织的全球卫生目标。中国已与中东欧、东盟、阿盟、大洋洲等国家和地区的卫生部、医学院等展开了医疗人才培养、公共卫生服务和传统医药等方面的合作，签订数十项国家级协议，包括中非减贫惠民合作计划、中非公共卫生合作计划等合作项目等，全方位打造"健康丝绸之路"。中国国家救援队还是第一支参与尼泊尔地震救援的、经过联合国认证的国际重型救援队；在密克罗尼西亚联邦、瓦努阿图、斐济等国遭受灾害后，中国也是最迅速、最积极提供紧急救灾援助的国家。中国始终履行与自身发展阶段和发展水平相适应的国际义务，通过对外援助、项目合作、技术扩散等多种形式，加强与发展中国家和国际机构在国际医疗、卫生、健康领域的交流合作，共享先进理念和经验，推动世界健康发展。

4. 科技合作

从"互联网+"战略在亚欧大陆上成功扩展，到"中亚第一长隧"启动通车这一高铁合作项目顺利完成，再到《"一带一路"空间观测国际合作北京宣言》的发表，中国将自己的科技、人才、技术与"一带一路"沿线国家共享，使沿线国家享受技术知识合作带来的发展福祉，真正实现了优势互补、互利互惠。例如将中国自主研发的作物高产栽培技术分享给沿线国家，补足了当地的农业劣势；举办了包括世界防治沙漠化"一带一路"共同行动高级别对话、中国—东盟社会发展与减贫论坛等在内的数十项活动。中国与"一带一路"相关国家签署的关于科技方面的合作谅解备忘录涵盖航天、能源、生态等多领域。在"十三五"规划下建立的"一带一路"智慧园区、联合实验室、国际技术转移中心、产业合作中心、新产品孵化

---

① 习近平：《历史是勇敢者创造的》，2017 年 1 月 22 日，新华网，http://news.xinhuanet.com/politics/2017-01/22/c_129457138.htm。

中心等一系列科技中心，涵盖农业、航天、能源等各个方面，覆盖亚欧非拉众多国家，实现了全面覆盖，为相关国家的农业、科技、交通、工业的发展提供了资金、技术、人才的支持，成功实现了科技成果转化，为"一带一路"相关国家的可持续发展提供了强有力的科技支撑，有力拉动了相关国家的经济、社会进步。新中国成立60多年来，中国共向166个国家和国际组织提供了近4000亿元人民币援助，派遣60多万援助人员，为120多个发展中国家落实千年发展目标提供帮助①。

5. 青年合作

青年肩负前所未有的历史使命，是国家建设的生力军，是"一带一路"建设的主力军。随着青年人在国家发展、国际交流中的参与度越来越高，青年逐渐成为一个国家外交活动中十分活跃的群体。中国同相关国家已多次互办青年交流年活动，包括中俄青年友好交流年、中德青少年交流年等，推出以非洲人才计划、"亚非杰出青年科学家来华工作计划"为代表的青年人才培养计划，为相关国家培养青年人才。举办了例如"一带一路"创新创业国际高峰论坛这样的以创新创业为主题的论坛、会议，积极开拓和推进中国与沿线国家在青年教育、就业等领域的合作，充分调动青年群体在推动"一带一路"中的积极性。各国青年也要抓紧历史机遇，努力拓展国际视野，深刻理解"一带一路"的重要内涵和时代意义，增进对"一带一路"相关国家文明多样性的理解和认同，积极树立合作意识，培养合作能力，在国际交往中展现中国青年的良好形象。

6. 党政合作

加强沿线国家政党、议会等政治组织的友好往来对于增进友谊、巩固发展成果具有重要意义。中国共产党历来重视与国外政党的友好交往，建立了包括亚洲政党丝绸之路专题会议、中欧政党高层论坛经贸对话会、中国—阿拉伯国家政党对话会等在内的政党交流机制，通过密切政党交往，推

---

① 《中国的减贫行动与人权进步》白皮书。

进沿线国家政党互信和政治互信。议会交往方面，中国全国人大已先后与超过 40 余个国家的议会就"一带一路"议题展开交流，这对于推进国家关系、增进地区间人民相互了解、推动"一带一路"向长远发展具有重要意义。

7. 智库合作

在"一带一路"进程中，智库承担着政策沟通、资政建言、形成智慧合力的作用。"一带一路"倡议提出后，一大批聚焦于"一带一路"研究的智库涌现，既有政府智库、企业或高校智库，也有民间独立智库，各具优势。为整合不同领域资源，搭建跨学科、多领域的研究平台，"一带一路"智库合作联盟、国际智库合作联盟、"一带一路"百人论坛、高校智库联盟等联盟性组织、机制先后成立。中国智库积极加强与"一带一路"相关国家的智库间交流，先后组织了中国伊朗智库对话、中国土耳其智库对话、中国哈萨克斯坦智库对话、中美智库南海问题对话等活动；建立了中国与阿拉伯国家智库论坛（举办一届）、中国—东盟智库战略对话论坛（举办九届）、中非智库论坛（举办五届）等智库交流机制，获得重要国际影响，中国智库作为中国智慧的代表开始走上国际舞台。智库不仅具有专业的研究能力和良好的社会影响力等优势，还是政府与公众、政策沟通与学术研究之间的重要桥梁。智库不仅通过专业研究为政府制定政策提供咨询建议，还可以通过媒体介绍研究成果，帮助企业、社会组织以及公众了解政府政策，在扩大共识的同时缩小国家间认知方面的差距。因此，在建设"一带一路"建设过程中，智库将大有可为。

三、走向更高水平的民心相通

"一带一路"倡议提出以来，始终将务实合作、共同促进沿线国家发展及世界和平作为宗旨和愿景，将建设区域互利共赢、风险责任共担的命运共同体视为最长远的目标。在和平发展总目标下，民心相通将为增进沿线国家政治互信、经济融合、互联互通、文化包容等具体目标创造社会基础，通过加深了解、增进友谊，使各方对"一带一路"形成共识，消除质疑和误判，形成合力，接受共同体意识，通过全方位的务实合作，打造利益共同体、责任共同体、命运共同体，使各国"心往一处想"，推动"一带一路"倡议各项具体目标的实现。

2016年6月22日，习近平主席在塔什干乌兹别克斯坦最高会议立法院发表题为《携手共创丝绸之路新辉煌》的重要演讲时表示，"我们要着力深化环保合作，践行绿色发展理念，加大生态环境保护力度，携手打造'绿色丝绸之路'；着力深化医疗卫生合作，加强在传染病疫情通报、疾病防控、医疗救援、传统医药领域互利合作，携手打造'健康丝绸之路'；着力深化人才培养合作，携手打造'智力丝绸之路'；着力深化安保合作，践行共同、综合、合作、可持续的亚洲安全观，推动构建具有亚洲特色的安全治理模式，携手打造'和平丝绸之路'"[①]。习近平主席的讲话为"一带一路"的今后发展指明了方向，提出了具体要求。

1. 绿色丝绸之路

提起丝绸之路，浮现在人们脑海中的往往是驼队顶着风沙行走在茫茫大漠的情景。而中国在提出的"一带一路"倡议中，对生态文明、绿色发展给予了高度重视，力图为"一带一路"披上"绿装"，打造绿色丝绸之路。"一带一路"相关国家大多处于自然环境较恶劣地区，且大多为发展中国家，在面临经济发展压力的同时面临着环境保护、产能转型升级的挑战。中国提出绿色丝绸之路的目标，就是要与全球经济发展的趋势相呼应，与各国经济发展和绿色转型的需求想契合。各国首先要提高对绿色发展的认识，关切彼此的绿色发展需求，坚持绿色发展的大方向。其次，要推动产能合作和基础设施建设的绿色化。要加快国内富余产能的绿色升级，在实现"中国制造2025"的战略框架下，推动中国的绿色产能、优质产能"走

出去"。在基建过程中要强化工程建设与环境保护的衔接。绿色丝绸之路的本质，就是要将生态文明的理念融入"一带一路"，倡导各国走绿色发展之路，改善相关国家的生态环境，这与中国提出的"既要绿水青山，也要金山银山；宁要绿水青山，不要金山银山；绿水青山就是金山银山"的发展理念相吻合。

2. 健康丝绸之路

卫生健康问题是全球性挑战。推进全球卫生健康事业，是落实联合国2030年可持续发展议程的重要组成部分。"一带一路"相关国家大多为发展中国家，经济、社会发展水平低，医疗卫生保障能力不足，很难有效应对传染病、常见病和多发病，这就为经济、社会的可持续发展增加了障碍。加强"一带一路"相关国家的卫生合作，改善各国居民健康状况，是促进中国与相关国家民心相通的重要内容和纽带，也是各国发展利益的契合点和交汇点。近年来，中国努力承担国际责任，积极参加国际公共卫生事业发展和紧急医疗救助。在参与国际医疗援助54年来，中国共派出援外医生23000多名，医疗队的足迹遍布70余个国家和地区。随着"一带一路"的深入推进，中国将同各国一道加强医疗卫生领域的合作，提升发展中国家医疗卫生水平，为民心相通打造更坚实的民心基础。

3. 智力丝绸之路

推进"一带一路"倡议，人才是关键。打造智力丝绸之路，就是要"一带一路"相关国家加强人才培养合作，推动不同国家和地区的科技共享和智力交换，推动思想文化的互学互鉴，推动不同文明间的多维交融。首先，要加强国际化、专业化人才培养。既要在国内培养具有全球视野和国际化水平的人才队伍，又要加强对相关国家在教育、科技、人才队伍建设等方面的支持，有效提升相关发展中国家的发展潜力。其次，要充分发挥智库的作用，建立国家间智库合作机制，增信释疑、凝聚共识，合作研究政策、机制，为双边、多边合作提供决策咨询服务，实现政府、高校、智库的联动，助力国家政策的民间传播、国际传播。再次，要通过共同举办国际性、区域性会议，共同研究课题，互访互派等机制来加强不同国家间政府、高校、智库的交往，减少误解，营造良好的政策环境、舆论环境和社会环境。此外，文化影响力具有潜移默化、润物无声的特点，加强文化交流不但会促进不同文明的共同发展，还有助于夯实中国与"一带一路"相关国家的民意基础。作为一个国家核心竞争力的重要组成部分，我们要重视文化的影响，讲好中国故事，传播好中国声音，把中国梦同其他国家的发展愿望结合起来，增强中国的国际话语权和软实力。

4. 和平丝绸之路

"一带一路"沿线民族、宗教状况复杂，既是战略枢纽地带，又是民族重叠、宗教重叠的地带，长久以来更是战火频仍。而"一带一路"的开拓和发展恰是和平合作精神的体现。中华传统文化崇尚和平与包容，倡导和平合作、互利共赢，和平的传统可谓是中华文明的内在基因。一些西方国家将"新殖民主义"的帽子扣到中国头上，将"一带一路"渲染成进行"资源掠夺"的工具。而通观历史便知，"一带一路"相关国家同中国一样，都曾饱受侵略，同为殖民主义的受害国，中国绝不会走老牌帝国主义国家曾走过的殖民主义道路。和平与发展是"一带一路"的"内核"。中国已经多次明确提出，"一带一路"建设采取的是平等、开放的态度，将自身发展与地区发展战略，以及他国发展战略进行对接，实现各国的共同发展。"一带一路"准确抓住了相关国家发展政策的最大公约数，即把发展本国经济作为制定政策的首要目标。通过经济的共同繁荣来提升各国有效应对恶势力、维护本国安全的能力，增进互信，促进政治问题、安全分歧的解决，促进周边国家政府在密切沟通方面达成重要共识，共建高效畅通的战略合作机制，通过政府间的协调运作，如上海合作组织、亚太经合组织等平台的协商对接，达成协调的政策布局，在宏观层面推进更深层次的周边合作，共建和谐友好的外交关系。"一带一路"倡议依托欧亚各国间双边、多边的民心交往，着力促进以"上海精神"为代表性的互信、互利、平等、协商外交原则，倡导国家之间尊重多样文明、谋求共同发展，以民心相通促进政治互信，以政治互信推动民心交往。通过共同、综合、合作和可持续的亚洲新安全观来探索与相关国家建立安全和合作关系，合力打造和平丝绸之路。

第六节　加强"一带一路"人文交流基础建设的建议[①]

一群背景阶层不同、思想多样化、认知深度迥异的人，如果不以人文交流引导和推动民心相通，自然不会有统一的目标和追求，也就不奢望他们能够真心响应"一带一路"。同时，"一带一路"秉持的是共商、共建、共享原则，这三个原则表明无论是在国际还是在国内，要让世人真正接纳"一带一路"倡议，建立"共生"秩序，"共"最为关键，就是要做到民心相通才能"共"，齐心协力才能"生"，核心渠道就是加强人文交流以沟通民心。因此，"一带一路"倡议要想真正实现，必须打破沿线国家民众之间的隔阂，通过不同民族、宗教、阶层文化之间的交流，不同文明之间的碰撞，让各国民众在交流中互相学习和共同成长，才能达到"一带一路""目标通、理念通、情感通、文明通"，真正形成"一带一路"朋友圈。

但从现状来看，尽管中国初步形成了有诺必践的良好信誉、沿线国家有着强烈的丝路情结、中国与多数国家建立了良好的政治和人文交流基础等，为推动"一带一路"人文交流不断累积着有利因素，但也存在着中国的国际话语权欠缺、欧亚地区的文化多样性和复杂性、"国强必霸"等陈旧逻辑等不利因素。因此，要真正做好"一带一路"民心相通，将是一个充满挑战的渐进和长期过程。习近平总书记 2016 年关于"一带一路"的

---

① 作者：广西大学副校长、中国—东盟区域发展协同创新中心执行主任范祚军，研究助理胡李裔。

"8·17"讲话，明确要"切实推进民心相通"。从长远看，加强人文交流基础建设已是当务之急。

一、"一带一路"框架下中外人文交流现状

"一带一路"是世界上跨度最长的经济大走廊和文化大走廊，具有传播人类文化领域交流的责任和义务。随着"一带一路"政治互信、经济合作和文化交流等措施的推动，以及交流渠道的便利化与设施的现代化，"一带一路"国家之间的民族与宗教互动、旅游与文化交流、高校留学与学者互访、文化传媒合作与融合等人文领域的交流程度得到了很大的提升。

文化交流方面，三年多来取得了引人注目的进展。海外中国文化中心、孔子学院等长期机制及"中阿丝绸之路文化之旅""丝绸之路旅游年""中卡文化年""重走茶叶之路""万里茶道协作体"等短期措施均发挥了重要作用，多国相继成立中国文化中心，建立了类似"三国五地旅游联席会议机制"等多个文化互动推动机制，促进"一带一路"国家旅游和文化交流的发展。

教育交流方面，中国每年向沿线国家提供 1 万个政府奖学金名额，大大提高了沿线国家学生来华留学的积极性。中国接收留学生前 10 大生源国依次为韩国、美国、泰国、印度、俄罗斯、巴基斯坦、日本、哈萨克斯坦、印度尼西亚和法国。其中沿线国家生源数均有所增长。"一带一路"重大倡议提出后，至少有 60 多家研究机构开始专项研究"一带一路"，并就此开展智库学者交流。

媒介合作方面，围绕"民心相通"建设，沿线国家文化传媒积极开展国际交流合作。通过合作平台，采用报纸、广播、网络、会议、论坛、艺术节、电影节等传媒形式，加强合作交流，举办 13 场主题论坛、6 场主题会议、多个主题博览会和综合传播节目，努力塑造出和谐友好的"一带一路"文化生态和舆论环境。

二、"一带一路"框架下中外人文交流存在的问题

国人对中国"一带一路"倡议认知和接受的程度参差不齐。由于中国各地区发展程度和信息传播程度不同，每个民族都有自己独具特色的物质文化和精神文化，因此民众对"一带一路"的理解程度差异较大。甚至一些国家利用民族、宗教、教派冲突干扰"一带一路"建设的推行。

平台建设和语言沟通成为主要障碍。宣传"一带一路"时，多数论坛、研讨会在中国举办，国外类似宣传和推广机制较少。对外文化交流时，多以中国的传统文化为宣传点，依旧致力于宣传传统中国而不是现代中国。"一带一路"宣传推进中，政府宣传得多，企业参与的案例少，特别是中小企业缺乏参与。外国民众对中国没有与时俱进的了解，自然不容易达到民心相通。"一带一路"沿线 60 多个国家有 50 多种通用语和 200 多种民族语言。由于语言便利化设施建设落后、民众交流互动少等原因，中国与沿线国家之间并没有设置太多的小语种专门语言学校。自"一带一路"倡议提出以来，各方急需相关语言人才用于双方经济和人文交流。

三、"一带一路"框架下推动中外人文交流的基础建设

推动人文交流是实现沿线国家民心相通的重要途径，也是达到深化"一带一路"倡议的必要措施。在中外人文交流的探索进程中，我们不可避免地会遇到各方面的问题与挑战。需要我们从国内和国外两个视角来加强人文交流的基础建设。

（一）国内视角

1. 内在基础：做好国内民心相通，宣讲"好中国"活故事

"一带一路"应该是中国未来对外宣传的重点和亮点，也是各大商业

集团拓展海外市场的立足点。每一个中国民众,甚至每一个地区或者企业,未来都会从"一带一路"的建设中获得实实在在的利益,因此,每个涉外主体都有责任和义务要了解自己国家的倡议,不仅在宣传上出一份力,还应以实际行动践行倡议,成为中国"一带一路"倡议热情的宣传员和积极参与者。

要想在整个沿带沿路国家中实现民心相通,在国内民众中宣传"一带一路"以及"民心相通"是第一步,然后中国民众在沿线国家中起先导作用,跨出国门积极主动地引导他国民众互相了解,互通民心。政府需要有针对性地采取规范的措施来提高受众的人文交流基础素养,可以使他们都真正了解了"一带一路"所倡议的互利共赢、共商、共建、共享,发自内心地予以认同。他们自身的故事,就是中国"一带一路"好故事、活教材,必然推动他们在对外人文交流中主动宣传、积极参与,成为人文交流友好大使。

2. 外引基础: 全方位吸引访华,推介"好中国"真形象

要做到民心相通,使中国被了解,既是政府的事,也是中国民众的事。我国要想快速加深"一带一路"相关国家对当代中国的认识,"看"比"讲"的效果要好。最直接的办法就是,放宽对沿线国家或者是重点国家的签证政策,吸引沿线国家居民和学者主动来中国进行考察访问、旅游观光、学术交流,与中国民众进行各方面的面对面交流,让他们重新认识腾飞后的当代中国,体会中国传统文化与现代文明。在实施这些措施的进程中,需要建立完善的制度框架来推动并保障沿线国家民众对中国的考察、访问、交流、旅游、学习,通过切身感受,来向沿线国家民众传达"一带一路"倡议的新思维、新形象、新发展、新能力、新技术,并切身认识到中国建立"一带一路"朋友圈的愿望,了解中国开放多赢的新思维。因此,要全方位吸引沿线国家居民走进中国居民的生活,通过民众与民众之间访问、交流、旅游、学习,可以让中国的良好形象走进沿线国家民众的生活中去,可以有效地降低外界对中国的不信任感,

减轻中国和平发展过程中来自外部世界的阻力，为中国的和平发展创造良好的国际氛围。

在旅游方面，建议加强对外旅游合作机制，通过扩大旅游的规模，开展"旅游互换"，联合打造出具有丝绸之路特色的国际精品旅游线路和个性化旅游服务，规范旅游接待标准，在签证、逗留时间等方便给予便利化和人性化，能够更加充分的体验中国的本土风情、文化遗产、民族性格和风俗习惯。

在教育方面，沿线国家留学生接受新事物的能力比较强，有自己的判断选择能力，可以在中国的大环境下深入了解"一带一路"的愿景，感受中国科技实力、教育水平、价值观念。建议增加沿线国家留学生政府奖学金名额到提供 5 万个，并给予留学生毕业后在中国工作的"一年实习签"，并通过开展合作办学实现"留学互换"，让他们回国后都成为中外民心相通、传播中国真实好形象的"民间大使"。

（二）国际视角

1. 语言基础建设：加强中国与沿线国家语言便利化沟通设施建设

"民心相通"中的"通"是指沟通、了解、理解、尊重另一个国家的政治、经济、文化、文明、民族、风俗习惯等等，语言是"通"最大的障碍。"一带一路"沿线国家有 50 多种通用语和 200 多种民族语言[①]，成为民心沟通的第一个障碍。一方面，建议中国政府鼓励社会及团体在沿线国家开设"汉语"学校，在中国开设"小语种"专门语言学校，为我国民众走出国门与沿线国家民众交流、投资、引资搭建"语言"沟通的桥梁。另一方面，政府出台优惠政策，鼓励中国民众和团体，走出国门，建立以中国普通话、藏语、维吾尔语、壮语等为主的专门语言翻译平台(如各种"翻译通"、语言翻译"手机化"、语言互动"机器化")供沿线国家免费使用。

---

① 李宇明：《"一带一路"需要语言铺路》，《人民日报》2015 年 9 月 22 日。

2. 传播平台建设：加强媒介合作，建立主题文化产品传播联盟

要建成"一带一路"开放格局，必须利用各种传播媒介在沿线国家民众中营造一个相互理解、相互欣赏、相互尊重的人文格局。传播基础设施水平普遍较差的国家，需要重视集会、布道等传统方式。相反，在新媒体发达的国家或地区，需要加强信息流量更大的新媒体如网络平台、社交软件、各种新闻客户端等对中国形象的宣传力度。因此，我们要留意当地的文化传播方式，一方面顺应当地的传播方式，另一方面适当为当地引进新的传播方式、技术，将当地的传统媒介与世界上的新媒介结合起来，充分发挥新旧媒介在当地的综合宣传力量。发起"一带一路"媒体网络联盟，在节目互换、媒体合作、资源共享上加强互动，以抱团取暖的方式深化媒体合作，支持媒体人员交流。要推进共同媒体平台的建设，在现有各国媒体基础上，组建"一带一路"媒体协会和媒体从业人员协会，支持建设覆盖"一带一路"沿线国家的共同媒体委员会。建议成立"一带一路"文化与媒体产品传播联盟，倡议打造"一带一路"内涵文化精品并实现多语言翻译，致力国际传播，共同弘扬丝路文化和精神，促进人文交流和文明互鉴。

3. 传播元素建设：多元素传播是打破误解沟通民心的基础

"中国威胁论"和"中国崩溃论"两种论调使沿线国家对中国形象产生了误解，要做到民心相通，必须要做的是及时打破一些国家对中国"一带一路"倡议的一些误解。一些国际舆论甚至认为，中国提出"一带一路"倡议，是要主导"一带一路"沿线国家的经济。这是最大的误解。中国的"一带一路"是"关系治理"，不是"规则治理"，以目标协调、政策沟通为主，是一个高度灵活、富有弹性和务实的多元开放过程。还有一些国际舆论认为，中国提出"一带一路"倡议的最终目的是，借机对外输出本国的过剩产能。这种舆论是一种不顾现实结果的谬传，事实是通过双方经济合作，这些国家获得的利益是有目共睹的。面对这些误解，只有通过完善的人文交流，多渠道、多元素互动，实现民心相通，塑造中国坚实可靠，信

誉良好，综合实力雄厚的形象。

文化元素：中国与沿线国家之间可以定期互办电影节、艺术节、文化年、电视周和图书展等活动，设立专门基金合作开展广播影视剧精品创作及翻译，免费向有关国家提供。联合申请世界文化遗产，共同进行世界遗产的联合保护工作，推动大学、文艺团体、科研机构相互访问交流。

产业元素：在产业合作过程中增加中国文化元素，并要根据马斯洛需求层次理论规划不同层次的产业项目与中国文化元素的融合，在低收入国家重点围绕公用事业和基本生活消费，注重生理需求产业项目的中国文化渗透；在中等收入国家注重环保、能源、交通等安全需求类产业项目的中国文化包装；在发达国家注重文化娱乐、高端制造、金融保险等产业项目的中国文化塑造。推广轻资产项目率先进入"一带一路"项目库，如餐饮、民俗、文化产业、教育、中医药等，特别是中国餐饮文化走向世界，需求旺盛，稍加规划，就能够很快形成一定的规模，让这些产品或服务走到沿线百姓的生活中去，通过对这些产品的接触，中国既获得经济利益，同时又可以使沿线民众对中国有切身的接触，最终达到民心相通的目标。

第七节　中国与伊斯兰国家间民心相通的历史基础与现实动力[①]

国之交在于民相亲，"民心相通"是"一带一路"建设中要着力实现的"五通"之一，旨在通过民间交往与文化交流，加强中国与沿线各国人民间的友好往来，深化相互了解，增进传统友谊，促进不同文明之间的对话、交流与互鉴，进而夯实"一带一路"建设的社会基础和民意基础。

① 本文系教育部人文社会科学重点研究基地重大项目"中国与中东国家的人交流研究"（16JJDGJW013）的研究成果之一。作者丁俊，上海外国语大学中东研究所教授。

伊斯兰国家是与中国共建"一带一路"的重要合作对象，包括 22 个阿拉伯国家在内的伊斯兰合作组织现有 57 个成员国，不少伊斯兰国家都是"一带一路"的沿线国家。习近平主席首次提出"一带一路"建设倡议也是在伊斯兰国家①。中国与伊斯兰国家的总人口几乎占世界总人口的三分之一，彼此间的"民心相通"对于人类未来命运共同体的建设无疑具有重大影响。2016 年 1 月 19 日至 23 日，中国国家主席习近平成功出访沙特阿拉伯王国、阿拉伯埃及共和国和伊朗伊斯兰共和国。这三国都是伊斯兰世界颇具影响的大国，也是"一带一路"沿线重要国家。访问期间，习主席还在沙特阿拉伯和埃及分别访问了伊斯兰合作组织总部和阿拉伯国家联盟总部，并在阿盟总部发表演讲。习近平主席在利雅得会见伊斯兰合作组织秘书长伊亚德时指出："中国和伊斯兰国家有着天然、传统的友好关系，中国永远是伊斯兰国家的好朋友、好伙伴、好兄弟。伊斯兰合作组织是伊斯兰国家团结的象征，在国际和地区事务中作用独特，为促进伊斯兰国家合作作出了重要贡献。中方和伊斯兰合作组织开展友好交往 40 多年来，确立了不同文明、不同宗教、不同社会制度的相处之道。中方欢迎伊斯兰合作组织发挥桥梁作用，为中国同伊斯兰国家关系发展注入更多正能量。"②

习主席 2016 年新年伊始的中东三国之行，是"十三五"开局之年中国外交的开局大篇，战略意蕴深厚，现实意义重大，不仅进一步提升和强化了中国与伊斯兰国家间的政治互信，而且开启了中华文明与伊斯兰文明对话交流、交往互鉴的新旅程，为中国与伊斯兰国家间的"民心相通"发挥了显著的战略引领作用。应习近平主席邀请，沙特阿拉伯国王萨勒曼于

---

① 2013 年 9 月和 10 月，中国国家主席习近平在出访中亚和东南亚国家期间，先后在哈萨克斯坦和印度尼西亚提出了共建"丝绸之路经济带"和"21 世纪海上丝绸之路"的重大倡议，哈萨克斯坦和印度尼西亚都是伊斯兰国家。

② 《习近平会见伊斯兰合作组织秘书长伊亚德》，新华网，http://news.xinhuanet.com/world/2016-01/20/c_1117828223.htm。

2017年3月15日至18日对中国进行了国事访问，习近平主席同萨勒曼国王举行会谈，两国元首一致同意保持双边关系发展势头，促进各领域务实合作，推动中沙全面战略伙伴关系不断取得新成果。在会谈中，习近平主席强调，长期以来，中国同广大伊斯兰国家相互尊重、合作共赢，创立了不同文明和谐共处的典范。① 习近平主席在中阿合作论坛第六届部长级会议开幕式上的讲话中指出："中国同阿拉伯国家因为丝绸之路相知相交，我们是共建'一带一路'的天然合作伙伴。""中阿共建'一带一路'，应该依托并增进中阿传统友谊。民心相通是'一带一路'建设的重要内容，也是关键基础。"②

一、中国与伊斯兰国家间的"民心相通"具有坚实的历史基础

"求知吧，即使远在中国！"千百年来，这句据传是伊斯兰教先知穆罕默德的"圣训"，在伊斯兰世界可谓家喻户晓，就连奥斯曼帝国首座都城——土耳其布尔萨皇家清真寺内的穹顶上也以优美的阿拉伯文书法书着这句古训。长期以来，这句阿拉伯古训，使中国在伊斯兰世界广大民众心目中一直成为知识之源和礼仪之邦的代名词，令他们对中国满怀敬慕，心向往之。在漫长的历史岁月中，这句古训激励伊斯兰世界的无数人梯山航海，沿着陆、海丝绸之路，络绎不绝地远游中国，许多人甚至在中国流连忘返，久居不归。这句古训真实而生动地反映了中国与伊斯兰国家文明交往的历史进程，堪称世界文明交往史上的佳话。

中国与阿拉伯的交往可以追溯到两千多年前。西汉张骞及东汉班固、甘英数度出使西域，曾到过今天中亚、西亚的某些地区。自张骞"凿空西

---

① 《习近平同沙特国王萨勒曼举行会谈 一致同意推动中沙全面战略伙伴关系不断取得新成果》，新华网，http://news.xinhuanet.com/politics/2017-03/16/c_1120641501.htm。
② 习近平：《弘扬丝路精神 深化中阿合作——在中阿合作论坛第六届部长级会议开幕式上的讲话》，《人民日报》2014年6月6日。

域"后，丝绸之路渐趋畅通繁荣，中国史籍曾这样记述当时丝绸之路上人员往来、贸易流通的盛景："驰命走驿，不绝于时日；商胡贩客，日款于塞下。"① 唐朝时，中国与阿拉伯地区的相互交往日趋密切，官方、民间往来持续不断，伊斯兰教也随之传入中国。唐与大食（阿拉伯）是当时世界范围内文明高度发达的两大帝国。"大食在西域为强，自葱岭尽西海，地几半天下。"② 双方交流十分频繁，据中国史籍记载，自唐永徽二年（651 年）至贞元十四年（798 年）的百余年间，大食向唐遣使多达 40 次③。唐朝中后期，大量阿拉伯和波斯商人、使节、士卒、工匠等不断来华，许多人以"蕃客"身份定居中国，在广州、泉州等都市形成"蕃坊"，进而开始学习中国文化，逐渐融入中国社会。唐宣宗大中二年（848 年），"大食国人"李彦昇还考取了进士，成为当时轰动一时的新闻。唐时来华的阿拉伯旅行家苏莱曼在其《中国印度见闻录》中记述，当时仅在广州的阿拉伯等外籍人就多达十余万人。④

宋、元时期，中外文化交流和人员流动空前频繁和密集。包括商人、士兵、工匠、学者等各类人员在内的大批中亚、西亚穆斯林纷纷来华，或经商，或从军，或定居。宋人周去非《岭外代答》中专列《大食诸国》一卷，介绍了阿拉伯地区的情况。元代航海家汪大渊两度远涉重洋（1330—1334年；1337—1339 年），穿行阿拉伯海和红海，远至今日索马里、摩洛哥等地，并撰有《岛夷志略》一书，记述了当时阿拉伯地区的风物形胜，称"天堂"国（麦加）地多旷漠，"气候暖，风俗好善"。稍晚于汪大渊，阿拉伯著名旅行家伊本·白图泰也到访中国（1347—1348 年），并游历多地，还在其《伊本·白图泰游记》中对中国的民情风物作了详细记述，盛赞中国

---

① 《后汉书·西域传》。

② 《资治通鉴·唐纪四十九》。

③ 江淳、郭应德：《中阿关系史》，经济日报出版社 2000 年版，第 30 页。

④ [阿拉伯]苏莱曼：《中国印度见闻录》，穆根来、汶江、黄倬汉译，中华书局 2001 年版，第 96 页。

人的慷慨、勤劳与智慧。明、清以降，汉、唐、宋、元历代王朝长期奉行的对外开放政策渐趋萎缩，中国与中亚、西亚地区的交往日趋衰微，只是明初郑和七下西洋的壮举颇堪称道。明永乐三年（1405 年）至宣德八年（1433 年）间，著名航海家郑和率领庞大船队七次远渡重洋，遍访海上丝绸之路沿线 30 多个国家和地区，其中包括今天的马来西亚、印度尼西亚、阿曼、伊朗、沙特阿拉伯、也门、索马里、埃及等诸多伊斯兰国家。明朝中后期直至清朝时期，封建王朝推行"不务远略"的海禁政策，闭关自守，加之欧洲殖民主义列强大举入侵东方，致使中国与伊斯兰国家的交往日颓，以致到"16 世纪中叶后，中国商船几乎绝迹于马六甲海峡以西，中阿之间的友好交往受到严重阻碍"[①]。然而，中华文明与伊斯兰文明间的交往并未驻足，明末清初，王岱舆、刘智、马注等一批中国穆斯林学者著书立说，致力于推动两大文明的沟通与交融，将儒家学说与伊斯兰哲学融会贯通，构建出"回儒一体"的思想体系，认为"圣人之道，东西同，古今一"[②]，"天方之经，大同孔孟之旨"[③]，强调"回儒两教，道本同源，初无二理"[④]，皆为"至中至正，不偏不倚"的中正和平之道，从而将中华文明与伊斯兰文明的交往互鉴引向哲学思想的深层。

民国时期，中国社会发生巨变，中外文化交流蔚然成风，中国与伊斯兰国家间的人文交往也日渐复苏。不少中国穆斯林学者多次深入伊斯兰国家考察、访学，并向伊斯兰世界介绍中国文化，宣传中国的抗战事业。例如，1937 年上海沦陷后，达浦生先生毅然自费前赴埃及、沙特阿拉伯等伊斯兰国家宣传抗战，揭露日本侵华罪行，历时 8 个月，重庆《新华日报》曾刊出专文报道了达先生的爱国之举。中国穆斯林学者还曾组团，于 1938 年 1 月远赴东南亚及中东多个伊斯兰国家宣传抗日，取得显

[①]　彭树智主编：《阿拉伯国家史》，高等教育出版社 2002 年版，第 438 页。

[②]　刘智：《天方典礼》自序。

[③]　刘智：《天方性理》自序。

[④]　刘智：《天方性理》自序。

著成效。同一时期,马坚等一批青年学子赴埃及留学,其间积极向阿拉伯国家介绍中国文化,宣传中国抗战。马坚先生还将《论语》译为阿拉伯语在埃及出版,使这部中华文化名著第一次为阿拉伯读者所了解。对于中国留学生沟通中阿文化的努力,知名学者孙绳武先生评价说:"我国赴近东的学生,在出国以前,学术上都已有相当的根底,所以到了埃及等地,一方面努力吸收新的阿拉伯文化,另一方面也尽量把我国的文化介绍给当地人。他们时常作关于中国文化的讲演和著述,各报竞相登录转载,因此流传很广。"①

历史昭示,和平交往是中华文明与伊斯兰文明交往的历史主轴与交往常态,堪称人类文明交往的典范。以和为贵、和而不同的文化理念使两大文明始终保持交而互通、包容多样、共生互鉴的良性交往。中华民族与伊斯兰世界各国人民不仅有着悠久的传统友谊,而且有着相似和共同的历史遭遇,特别是近代以来,中国人民与伊斯兰世界广大人民在反对殖民主义列强的欺凌和压迫、争取民族解放与国家独立的历史进程中,同呼吸、共命运,在捍卫民族尊严和国家主权的奋斗历程中携手互助,谱写出波澜壮阔的历史篇章。

二、中国与伊斯兰国家间的"民心相通"具有强大的现实动力

如果说中国与伊斯兰国家间友好交往的悠久传统为今日的"民心相通"奠定了深厚的历史基础,那么,中国倡议共建"一带一路"的宏图伟业,则将中国人民与伊斯兰世界各国人民追求民族复兴的共同梦想紧密联系在一起,为相互间的交往带来了新的机遇,开辟出新的路径,赋予了新的内涵,注入了强大的现实动力。

---

① 李兴华等编:《中国伊斯兰教史参考资料选编》(下册),宁夏人民出版社1985年版,第1774页。

习近平主席在会见伊斯兰合作组织秘书长伊亚德时强调："中方愿在'一带一路'框架内，同伊斯兰国家深化利益融合，拉紧利益纽带，相互借力，共同发展。要扩大中华文明和伊斯兰文明两大文明对话，扬正抑邪，正本清源。要加强国际合作，维护公平正义，推动巴勒斯坦问题尽早得到全面、公正解决。中方愿就国际和地区问题加强同伊斯兰国家的合作，共同维护发展中国家合法权益，推进全球治理变革，促进世界和平与发展。"[①] 显然，中国与伊斯兰国家的"民心相通"不仅有古代丝绸之路上友好交往的历史传统，更有今日"一带一路"上的共同梦想，相互间进一步的交往、交流和交心有着巨大的现实动力。

首先，中国与伊斯兰国家间的政治互信与友好关系是相互间"民心相通"的政治基础。从中国外交层面看，自中华人民共和国成立以来，中国陆续与各个伊斯兰国家建立了外交关系。长期以来，中国奉行独立自主的和平外交政策，坚持和平共处五项原则，反对霸权主义和强权政治。在国际事务特别是中东事务中，一贯秉持客观公正的立场，支持巴勒斯坦人民独立建国的合法权利，主张通过政治对话途径解决各种争端，积极劝和促谈。在中东事务中，"中国作用彰显正义力量。"[②] 中国政府长期支援伊斯兰国家发展经济建设事业，积极开展人道主义救援。因此，在伊斯兰世界广大人民心目中，中国是可信赖的朋友。今天，中国政府与伊斯兰国家政府间的多层次交往日益频繁，互信不断加深，各方都在积极倡导和推动双边、多边交往，建立起多种双边和多边交流机制和平台，如"中阿合作论坛""中国—海合会战略对话""中阿博览会"等。中国已同 8 个阿拉伯国家建立了全面战略伙伴关系、战略伙伴关系或战略合作关系。中国倡导共建"一带一路"的宏伟大业，与沿线国家共同构筑"利益共同体"和"命

---

① 《习近平会见伊斯兰合作组织秘书长伊亚德》，新华网，http://news.xinhuanet.com/world/2016-01/20/c_1117828223.htm。

② 吴思科：《巴勒斯坦问题与中国中东外交》，载刘中民、朱威烈主编：《中东地区发展报告：聚焦中东热点问题（2014 年卷）》，时事出版社 2015 年版，第 388 页。

运共同体",强调弘扬"促进文明互鉴""尊重道路选择""坚持合作共赢""倡导对话和平"的"丝路精神",① 这种讲对话、重和平、谋发展、求共赢的文明交往新理念,不仅符合伊斯兰世界广大人民的现实期盼和愿望,而且符合当今世界和平发展的时代潮流,必将成为推动中国与伊斯兰世界各国人民深化交往的强大引擎。

从伊斯兰国家外交看,长期以来,各国普遍奉行对华友好政策,在恢复中国在联合国合法席位以及台湾等问题上给予中方有力支持。近年来,许多伊斯兰国家更有集体"向东看"的外交取向,看好中国的发展以及中国在国际事务特别是中东事务中发挥的积极作用,许多伊斯兰国家对进一步发展对华友好关系、拓展与中国合作充满期待。有阿拉伯学者认为,中国在与阿拉伯国家的交往中拥有独特的道义优势与外交优势,中国与阿拉伯国家共建"一带一路"为"重塑中东和平提供契机",因为"中国几乎可以说是唯一和中东各国均保持良好关系的安理会常任理事国,其外交中立立场得到中东各国的认可","'一带一路'作为一个开放的自由经济贸易合作和多边人文交流大战略,不但与西方大国一个多世纪以来在中东执行的殖民、控制和干涉政策在本质上完全相反,而且'一带一路'还可通过其开放性本质和古代丝绸之路多元文化共生共荣的精神遗产,增强中东地区社会凝聚力,让不同文化背景的民族与国家之间和平相处,为'一带一路'打下和平发展的基础。"② 显然,中国与伊斯兰国家政府间日益频繁的高层外交互动和不断增强的政治互信,正在进一步扩大对"一带一路"建设的共识,这种互信与共识,不仅为相互间的"民心相通"奠定了坚实的政治基础,而且发挥出显著的战略引领作用。

其次,中国与伊斯兰国家间日益密切的经贸往来为相互间的"民心相

---

① 习近平:《弘扬丝路精神 深化中阿合作——在中阿合作论坛第六届部长级会议开幕式上的讲话》。

② [突尼斯]瓦利德:《"一带一路"为重塑中东和平提供契机》,人民网,http://world.people.com.cn/n/2015/0403/c1002-26796411.html。

通"注入了强劲动力。据中国商务部信息，2014 年中国与阿拉伯国家间的贸易额达 2512 亿美元，而 2004 年，中阿贸易额仅为 367 亿美元。①"未来 5 年，中国将进口超过 10 万亿美元的商品，对外直接投资将超过 5000 亿美元。2013 年，中国从阿拉伯国家进口商品 1400 亿美元，只占今后每年 2 万亿美元进口商品总额的 7%，对阿拉伯国家直接投资 22 亿美元，只占今后每年 1000 亿美元对外直接投资总额的 2.2%。"② 习近平主席在中阿合作论坛第六届部长级会议开幕式上的讲话中提出，同阿拉伯国家构建"1+2+3"的合作格局，即以能源合作为主轴，以基础设施建设、贸易和投资便利化为两翼，以核能、航天卫星、新能源三大高新领域为突破口。③ 2016 年 1 月 21 日，习近平主席在阿盟总部发表演讲时表示，中国将与阿拉伯国家共同开展创新合作行动，促进中东工业化，开展产能对接行动，为此，"将设立 150 亿美元的中东工业化专项贷款，用于同地区国家开展的产能合作、基础设施建设项目，同时向中东国家提供 100 亿美元商业性贷款，支持开展产能合作；提供 100 亿美元优惠性质贷款，并提高优惠贷款优惠度；同阿联酋、卡塔尔设立共计 200 亿美元共同投资基金，主要投资中东传统能源、基础设施建设、高端制造业等。"④ 毫无疑问，"一带一路"建设已为中国与包括阿拉伯国家在内的伊斯兰国家间的经贸交往、人员往来和"民心相通"带来前所未有的历史机遇，注入强大的发展动力，开拓出广阔的发展前景。

求稳定、谋发展，是诸多伊斯兰国家人民最根本、最迫切的愿望，在

---

① 《商务部：2014 年中阿贸易额 2512 亿美元 同比增长 5.2 %》，中国网，http://www.china.com.cn/cppcc/2015-08/17/content_36330062.htm。

② 习近平：《弘扬丝路精神 深化中阿合作——在中阿合作论坛第六届部长级会议开幕式上的讲话》。

③ 习近平：《弘扬丝路精神 深化中阿合作——在中阿合作论坛第六届部长级会议开幕式上的讲话》。

④ 习近平：《共同开创中阿关系的美好未来——在阿拉伯国家联盟总部的演讲》，《人民日报》2016 年 1 月 22 日。

他们心目中，中国业已成为成功处理稳定与发展问题的范例，进一步了解中国、向中国学习的愿望异常强烈。许多伊斯兰国家积极将其经济发展的顶层设计和诸多项目规划与"一带一路"相对接，期待与中国合作，共同推进"一带一路"建设。伊斯兰合作组织 57 个成员国中，有 21 个国家成为亚洲基础设施投资银行创始成员国。① 伊斯兰国家中金融实力最强的海合会国家除巴林外均集体加入了亚投行。2015 年 4 月，中国在卡塔尔成立中东首个人民币结算中心；同年 12 月，中国与阿联酋达成创建人民币结算中心的协议。"一带一路"建设中，中国与伊斯兰国家的金融合作正快速发展，人民币在伊斯兰世界的认可度越来越高。

中国与伊斯兰国家间日益密切的经济交往正在将双方人民的命运联系在一起，数以万计的中国人和阿拉伯人正在"一带一路"上并肩创业，演绎着各自精彩的人生，从中国的义乌，到阿联酋的迪拜，新丝路上的无限商机催生出无数"丝路创客"的故事，正如习近平主席讲述的故事那样，"中阿关系的快速发展，也把双方普通人的命运更加紧密地联结在一起。在我曾经工作过的浙江，就有这样一个故事。在阿拉伯商人云集的义乌市，一位名叫穆罕奈德的约旦商人开了一家地道的阿拉伯餐馆。他把原汁原味的阿拉伯饮食文化带到了义乌，也在义乌的繁荣兴旺中收获了事业成功，最终同中国姑娘喜结连理，把根扎在了中国。一个普通阿拉伯青年人，把自己的人生梦想融入中国百姓追求幸福的中国梦中，执着奋斗，演绎了出彩人生，也诠释了中国梦和阿拉伯梦的完美结合"②。"一带一路"正在将中国与伊斯兰国家紧紧联系在一起，共同续写着丝绸之路和平交往的新篇章。

---

① 这 21 个国家包括：阿塞拜疆、孟加拉国、文莱、埃及、印度尼西亚、伊朗、约旦、哈萨克斯坦、科威特、吉尔吉斯斯坦、马来西亚、马尔代夫、阿曼、巴基斯坦、卡塔尔、沙特阿拉伯、斯里兰卡、塔吉克斯坦、土耳其、阿联酋、乌兹别克斯坦。

② 习近平：《弘扬丝路精神 深化中阿合作——在中阿合作论坛第六届部长级会议开幕式上的讲话》。

再次，中华文明与伊斯兰文明同为东方文明，拥有诸多相似、相通的价值理念，为相互间的"民心相通"提供了价值观基础。"中华文明和伊斯兰文明都是人类文明的瑰宝，不但具有强大的兼容性和吸纳性，还在形成和发展的过程中同样具有博大的文化吸纳胸怀、积极的文化互动态度和出色的文化融合能力，曾为人类历史的发展和进步作出了伟大贡献。"① 历史上，伊斯兰文明"既向当时的国际社会提供了数量可观的公共产品，又在东西方文化的互动、传播方面居功至伟"②。阿拉伯学者也认为，"伊斯兰文明与中华文明是两大对话的文明和智慧的文明，是互鉴、共生的文明，而不是相互冲突和对抗的文明。两大文明拥有许多共同的价值理念，都曾为人类社会贡献了丰富的公共产品，旨在济世益人，促进人类的和谐、均衡与互助，推动发展与创新，而非出于自私自利的功利主义之上的野心，图谋霸权，将单极文化强加于人"③。中国和伊斯兰国家众多学者均不认同"文明冲突论"，主张并积极倡导文明对话，认为中华文明与伊斯兰文明的交流互鉴，能够为世界和平事业作出重要贡献。

近年来，中国与伊斯兰国家间的文明对话日渐深化，人文交流日益广泛，在学术、文化、教育、传媒等诸多领域中的多层次双边与多边交往合作机制和平台的建设不断发展和完善，运行日渐顺畅。2005 年以来，中阿合作论坛框架下的"中阿关系暨中阿文明对话研讨会"已先后在中国和阿拉伯国家成功举办了六届，第七届研讨会于 2017 年在中国举办。中国不少高校、科研院所和智库近年来积极开展与伊斯兰国家的学术交流，多次与有关国家相关机构合作举办相关学术研讨会，全力助推"民心相通"。

---

① 杨福昌：《传承中阿传统友谊 推进全面战略合作》，载《中阿合作论坛第五届中阿关系暨中阿文明对话研讨会发言汇编》，世界知识出版社 2014 年版，第 7 页。

② 朱威烈：《伊斯兰文明与世界》，《世界经济与政治》2007 年第 7 期。

③ ［沙特］哈穆德·本·穆罕默德·阿里·纳吉迪：《伊斯兰文明与中华文明的交流互鉴》（阿拉伯文），（利雅得）费萨尔国王伊斯兰研究中心 2007 年版，第 85 页。

例如，在 2015 年举办的重要学术会议有："第二届中国与伊斯兰文明对话国际学术研讨会""首届中阿智库论坛""中阿传播创新与发展国际研讨会""'一带一路'与中阿关系研讨会""伊斯兰教与中国社会国际学术研讨会""'一带一路'与伊斯兰国家发展国际研讨会""丝绸之路的两端：摩洛哥与中国"国际学术研讨会、"'一带一路'中国伊朗合作发展国际研讨会"等。

随着中国与伊斯兰国家交往的日益密切，"汉语热"在不少伊斯兰国家悄然兴起，伊斯兰国家越来越多的青年学子青睐汉语学习，至 2016 年 1 月，仅在中国留学的阿拉伯学生就已有 14000 人；[1] 中国在黎巴嫩、埃及、摩洛哥、阿联酋、约旦、土耳其、伊朗、哈萨克斯坦、巴基斯坦、马来西亚、印度尼西亚等众多伊斯兰国家建立了孔子学院或孔子课堂，仅在阿拉伯国家的孔子学院就有 11 所，[2] 为汉语及中国文化走向伊斯兰国家开山铺路。在伊斯兰国家，有越来越多的人对中国文化产生浓厚的兴趣。中央电视台外语频道的节目在伊斯兰国家的受众越来越多，包括卡塔尔半岛电视台在内的伊斯兰国家电视媒体对中国的关注与报道也日渐增强和增多。中国电视剧也开始不断进入伊斯兰国家千家万户普通百姓的视野，自 2013 年 12 月中国电视剧《金太狼的幸福生活》（译名为《幸福生活》）在埃及国家电视台开播后，陆续有《媳妇的美好时代》《咱们结婚吧》《嘿，老头！》《王昭君》等多部中国电视剧在埃及、沙特、也门、阿曼等国家播出，这些电视剧受到当地观众的普遍欢迎和喜爱，他们从中看到了中国人的真实生活，改变了过去由李小龙、成龙等功夫片所传达的中国人单一的银幕形象，了解到中国人不仅会功夫，而且爱生活，富有温情与善心。显然，中国与伊斯兰国家间日益广泛的人文交流，已成为助推相互间"民心相通"的一股强劲动力。

---

① 习近平主席 2016 年 1 月在阿拉伯国家联盟总部的演讲中提到的数据。

② 习近平：《共同开创中阿关系的美好未来——在阿拉伯国家联盟总部的演讲》，《人民日报》2016 年 1 月 22 日。

三、中国与伊斯兰国家间"民心相通"面临的问题与挑战

中国是一个疆域辽阔、人口众多的大国；伊斯兰世界同样地域辽阔，国家、民族、部落、宗教众多，国情、民情纷繁复杂。中国与伊斯兰国家间"民心相通"的现状不仅与"一带一路"建设所期待的程度有很大差距，而且还存在不少问题，面临诸多挑战。

首先，中国与伊斯兰国家普通民众间的相互认知还非常有限。不少中国人对伊斯兰国家的印象比较模糊，而伊斯兰国家的不少人对中国也相当陌生。对伊斯兰国家的民众而言，中国的大名耳熟能详，中国的国情却鲜为人知，不少人对今日中国的发展变革仍然存有不少偏见和误解，对中国现行内政外交政策以及"一带一路"倡议的了解则更为有限。总之，在中国与伊斯兰国家民众的相互间认知中，都不同程度地存在着不少传说中的模糊印象，各自心目中的对方形象，被许多过时的、负面的、虚假的信息所扭曲，与真实的情形相去甚远。

其次，中国与伊斯兰国家间的相互研究，无论宏观层面，还是微观层面，仍显不足，难以为相互间的"民心相通"提供足够知识供给。双方的研究队伍都比较薄弱，成果较少，尤其缺乏对对方文化的系统认知和深层研究。中国与伊斯兰国家同属东方，但各自对对方的研究却往往借道西方。就中国的研究而言，数十年来，不少学者筚路蓝缕，辛勤耕耘，克服重重困难，在相关领域取得了显著成就。然而就研究对象的浩繁宏大、斑驳复杂而言，已有的成果无论广度还是深度都远远不足以展现研究对象的全貌，还存在不少盲点和盲区，特别是在资料来源及研究的理论、方法甚至观点、立场方面呈现出依赖和仿效西方的倾向，缺少中国人自己的实际调研与一手资料，中国视角与中国立场彰显不够。这种现状，与中国快速发展的大国地位颇不相称。中国的阿拉伯研究和伊斯兰研究领域依然存在诸多空白领域，构建具有中国特色、中国气派和中国话语方式的研究体系

任重而道远。至于伊斯兰国家对于中国的研究则更为薄弱和欠缺,成果寥寥,已有的研究中,同样不同程度地存在过度依赖西方文献、追随西方立场的倾向。

再次,中国与伊斯兰国家各自媒体对对方的报道不仅有限,而且缺乏系统性、连贯性和独立性。我国一些媒体在报道伊斯兰国家的新闻中缺乏均衡性与全面性,正面新闻报道不多,关注表层热点,忽视深层背景,甚至缺少能够充分彰显中国立场的独立话语体系,对于"民心相通"带来不利影响。例如,2014 年自称"伊斯兰国"的极端组织兴起后,不少国际媒体均未直接使用"伊斯兰国",而是以"Daesh"("达伊什")或缩写"ISIS"代替,中国媒体则直接照搬并频繁使用"伊斯兰国"这一称谓(尽管主流媒体中加了引号),并未充分认识到如此称谓在受众中可能导致错误引导民意的负面效应,因为不少既不了解恐怖组织真相也对伊斯兰教一无所知的中国媒体受众,容易将恐怖主义和伊斯兰教相联系,这对中国与伊斯兰国家间的"民心相通"乃至对中国国内的民族关系均会带来不利影响。[①]而伊斯兰国家的媒体在报道中国的新闻中也不同程度地存在信息不实、以偏概全、附和西方立场、照搬西方报道等问题,不能很好引领民意、展示真实的中国形象。

最后,中国与伊斯兰国家间的"民心相通"受到诸多因素的阻碍和干扰,使相互间的交往、交流存在不少困难和挑战。首先,中东地区的战乱、动荡以及恐怖主义活动,直接影响到中国与不少伊斯兰国家间的正常交往,对"一带一路"建设及"民心相通"带来直接危害。近年来,一些在阿拉伯国家投资兴业的中国企业和公司面临不少日益严峻的安全风险,中国民众与叙利亚、伊拉克、利比亚、也门等陷于战乱和动荡中的国家间的民间交往几乎处于停顿状态。其次,西方话语霸权的舆论误导对中国与伊斯兰国家间的"民心相通"投下巨大阴影。长期以来,西方世界凭

---

① 刘中民:《中东政治专题研究》,时事出版社 2013 年版,第 602 页。

借其强大的舆论宣传工具，带着偏见与傲慢，对中国及伊斯兰国家作了不计其数充满不实之词的负面宣传，近年来更是竭力鼓噪和渲染"中国威胁论""伊斯兰威胁论""文明冲突论"，广泛散布"伊斯兰恐惧症"，将中国的发展与崛起视为威胁，将中国在海外的投资兴业视为"东方新殖民主义"，将"一带一路"解读为"新马歇尔计划"，将伊斯兰文明视为恐怖主义的根源等，这些舆论误导往往使中国与伊斯兰国家人民陷入相互理解的误区。再次，伊斯兰世界国家在政治制度和民族上存在较大差异，部落、宗派、教派更是不计其数，各种政治、经济、民族、宗教等层面的矛盾错综复杂且交互交织，某些国与国之间、民族与民族之间、教派与教派之间，积怨很深，不仅难以实现"民心相通"，甚至相互对立，充满敌意，这种复杂情势也为中国与相关国家间的"民心相通"带来了一定挑战和难度。最后，少数进入伊斯兰国家的中国公司和企业，特别是一些中小企业，在产品质量、运营方式、商业信誉以及对所在国民情风俗的了解和尊重等方面尚存在诸多不足，某些唯利是图的短视行为既不利于长远发展，也对中国形象和"民心相通"带来一些负面影响。

四、对促进中国与伊斯兰国家间"民心相通"的相关建议

促进中国与伊斯兰国家间的"民心相通"是一项宏大而系统的文明交往工程，需要继承传统，总结经验，集思广益，开拓创新，确立长期可持续发展的人文交往方略，全方位讲好中国故事，宣传好共建"一带一路"的真精神。只有真正实现了"民心相通"，"一带一路"建设才会有坚实稳固的社会基础。

第一，进一步开拓人文外交空间，多层次全方位讲好中国故事，多渠道多方面倾听伊斯兰世界声音。(1)密切高层交往互动，以高层交往带动民间交往，增信释疑，引领民意，提振民间交往信心，促进"民心相通"。(2)运用好各类传媒，特别是充分发挥互联网新媒体的强大传播功能，通

过"互联网＋"方式创新传播模式，助力"民心相通"。（3）积极向伊斯兰国家推介更多真实反映中国现状、展现中国形象的文化、艺术精品，加强对中国文化典籍的翻译工作。（4）强化教育合作，办好在伊斯兰国家的孔子学院，助力伊斯兰国家的汉语教学及中国的有关小语种教学工作，吸引更多伊斯兰国家青年学子来华学习。（5）引导和推动中国与伊斯兰国家民间团体和组织、工商界人士、妇女及青少年之间的交往、交流。（6）多渠道、多层次倾听伊斯兰国家人民心声，关注其现实关切与诉求，了解其对"一带一路"的期待和想法，并给予真诚而恰当的回应。例如，阿曼提出要建一个"郑和纪念园区"，"这种文化符号确实要重视。阿曼提出的这个想法就是五通里的民心相通，值得我们关注。"①

第二，进一步加强对伊斯兰国家的全面研究。"一带一路"建设的新形势对中国的阿拉伯研究和伊斯兰研究提出了新标准和新要求。相关研究应当为促进包括"民心相通"在内的互联互通提供更多智力支持。（1）学者先行，为促进"民心相通"摸底探路、架桥铺路，做好先导沟通工作，进一步密切与伊斯兰国家智库间的交流合作。中国学者在借鉴西方研究成果的同时，应更多地深入到伊斯兰国家，亲自开展前沿考察和实地调研，获取更多一手资料，尽量摆脱大量依赖西方二手资料的现状。（2）加强阿拉伯研究和伊斯兰研究领域的智库建设，深化中国对伊斯兰世界的国别研究，努力将宏观研究和微观研究相结合，将基础性研究、应用性研究和前瞻性研究相协调，争取在已有基础上取得一批能够正确引领民意、影响舆论的系统性研究成果。（3）强化政治学、历史学、民族学、宗教学、传播学等多学科交叉的跨学科研究，构建具有中国特色的研究体系，更好地发出中国声音，彰显中国立场，努力提升中国相关研究的国际影响与国际话语权。（4）重视人才培养与队伍建设，尤其应重视对阿拉伯语、波斯语、土耳其语、乌尔都语等小语种人才的培养，以便为相关研究的长期可持续

---

① 吴思科：《"一带一路"——来自中东的声音》。

发展储备专门人才，积蓄后续力量。

第三，建立相关机制和平台，进一步推动中华文明与伊斯兰文明的对话。"加深对国际关系中伊斯兰文明的认识，辨析伊斯兰文明体系与当今世界的关系，并从错综复杂的中东局势中努力地把握伊斯兰世界的发展主流，应是东西方学界需要长期重视和跟踪的重要问题。"① 自 2002 年以来，日本几乎每年举办"日本—伊斯兰文明对话"活动。② 作为亚洲主要文明的中华文明与伊斯兰文明，尽管有着悠久的交往历史，但在今日，两大文明间的对话还很有限，相关机制和平台建设滞后。习近平主席在阿盟总部的演讲中指出，"中华文明与阿拉伯文明各成体系、各具特色，但都包含有人类发展进步所积淀的共同理念和共同追求，都重视中道平和、忠恕宽容、自我约束等价值观念。我们应该开展文明对话，倡导包容互鉴，一起挖掘民族文化传统中积极处世之道同当今时代的共鸣点"③。习近平主席在利雅得会见伊斯兰合作组织秘书长时强调指出："要扩大中华文明和伊斯兰文明两大文明对话，扬正抑邪，正本清源。"④ 中阿合作论坛框架下的"中阿关系暨中阿文明对话研讨会"已成功举办六届，由于这一平台是专门针对中国与阿拉伯国家间的文明对话而设的，因此在其运行机制中无法将土耳其、伊朗、巴基斯坦、印度尼西亚等众多伊斯兰大国纳入其中，中国与伊斯兰国家开展文明对话的平台与机制尚待进一步建设。"尼山世界文明论坛"主席许嘉璐先生呼吁，现在"是重视和伊斯兰文明对话的时候了"，但他同时坦言，中国在学术研究、政策机制、平台建设等诸多方面

---

① 朱威烈：《伊斯兰文明与世界》，上海市社会科学界学术年会，2007 年，第 57 页。

② Mohammad Selim andAbdullah Sahar Mohammad, "An Assessment of the Record of the Ja-pan–MuslimWorld Dialogue among Civilizations and Its FutureImplications," *Asian Journal of Political Science*,Vol.23, Issue 3, 2015, pp.282-300.

③ 习近平：《共同开创中阿关系的美好未来——在阿拉伯国家联盟总部的演讲》，《人民日报》2016 年 1 月 22 日。

④ 《习近平会见伊斯兰合作组织秘书长伊亚德》，新华网，http://news.xinhuanet.com/world/2016-01/20/c_1117828223.htm。

都还没有做好与伊斯兰文明对话的准备，他倡议"尼山论坛"今后将致力于开展"儒家文明与伊斯兰文明对话"。[1] 类似"尼山世界文明论坛"这样的形式或将为今后推进中华文明与伊斯兰文明的对话开拓出新路径，搭建起新平台。

第四，引导民间力量积极参与国际人道救援，特别是中东地区的人道主义救援。中东地区长期陷于动荡与战乱之中，是世界上人道主义灾难最为深重的地区，近几年来更有数百万难民流离失所，引起全世界关注。长期以来，中国政府积极致力于中东地区的人道救援工作，不断向各有关国家和地区提供力所能及的救助，但民间力量参与度不高。在促进"民心相通"、共建"一带一路"命运共同体的进程中，应引导民间力量积极参与国际救援，特别是对中东地区人道灾难的救助。习近平主席在 2015 年12 月 31 日发表的"2016 年新年贺词"中谈道，"世界那么大，问题那么多，国际社会期待听到中国声音、看到中国方案，中国不能缺席。面对身陷苦难和战火的人们，我们要有悲悯和同情，更要有责任和行动。中国将永远向世界敞开怀抱，也将尽己所能向面临困境的人们伸出援手，让我们的'朋友圈'越来越大"[2]。疾风知劲草，患难见人心，引导民间力量参与中东地区人道救援，必将对中国与伊斯兰国家间的"民心相通"起到巨大促进作用，更好地向世人展现中华民族乐善好施的优良传统，彰显中国强而不霸、富而有仁的国际形象。

第五，有效发挥宗教交往的人文外交作用，引导宗教界积极开展与阿拉伯伊斯兰国家宗教界的交往。伊斯兰教历来是中国与伊斯兰世界交往的重要纽带，中国伊斯兰教界也有开展国际交往的良好传统。"抗日战争时期，中国伊斯兰教界运用宗教交流形式，在中东、北非和东南亚伊斯兰教界揭露日本军国主义对中国穆斯林和世界穆斯林的危害，对抗日本在阿拉

---

[1] 许嘉璐：《是重视和伊斯兰文明对话的时候了》（在"伊斯兰教与中国社会学术研讨会"上的报告），北京，2015 年 10 月 27—29 日。

[2] 习近平：《二〇一六年新年贺词》，《人民日报》2016 年 1 月 1 日。

伯世界的欺骗宣传，推动了伊斯兰世界抗日联盟的形成。这一经验值得我们在今天新的历史条件下予以借鉴与继承。"① 宗教交往在"倡导文明宽容，防止极端势力和思想在不同文明之间制造断层线"② 方面能够发挥积极作用。在建设"一带一路"的新形势下，引导中国伊斯兰教界与伊斯兰国家间宗教交往的良性互动，不仅有助于宣传中国的民族宗教政策及中国穆斯林的真实生活，而且有助于抵御和防范极端思想的渗透和传播，正本清源，扬正抑邪，推动文明对话与互鉴，增信释疑，加深友谊。

---

① 朱维群：《关注"丝路经济带"的民族宗教问题》，环球网，http://opinion.huanqiu.com/opinion_china/2015-08/7383770.html。

② 习近平：《弘扬丝路精神　深化中阿合作——在中阿合作论坛第六届部长级会议开幕式上的讲话》。

第二章

对外传播与公共外交

第一节 "一带一路"与中外媒体合作发展[①]

自从 2013 年 9 月 7 日上午中国国家主席习近平在哈萨克斯坦纳扎尔巴耶夫大学作重要演讲，提出共同建设"丝绸之路经济带"，2013 年 10 月 3 日上午习近平主席在印度尼西亚国会发表重要演讲时强调中国愿同东盟国家共建"21 世纪海上丝绸之路"，"一带一路"这一对中国和世界具有非凡意义的历史遗产，又焕发出新的无限生机与活力。

"一带一路"是新时期我国统揽全局提出的重大合作倡议，为推进沿线国家的互联互通，国家发展改革委、外交部、商务部发布的《推动共建丝绸之路经济带和 21 世纪海上丝绸之路的愿景与行动》中明确提出"五通"合作重点，即政策沟通、设施联通、贸易畅通、资金融通以及民心相通，以此全方位推进务实合作，打造经济融合、政治互信、文化包容的利益共同体、责任共同体以及命运共同体。

"国之交在于民相亲"，媒体作为历史的记录者、现实的见证者和未

---

① 作者：刘鹏飞，人民网舆情监测室副秘书长、人民网新媒体智库高级研究员；卢永春，人民网新媒体智库媒介总监、研究员；曲晓程，人民网新媒体智库助理研究员。

来的瞭望者，在促进国家间连接和交往中发挥着至关重要的纽带作用。"一带一路"建设同时也是一项系统工程，加强沿线国家间的媒体合作与交流，以此增进各国相互了解，在"一带一路"建设格局中占据十分重要的地位。

一、"一带一路"中外媒体合作的政策背景

2016 年 7 月，2016"一带一路"媒体合作论坛在京召开，国家主席习近平发来贺信并特别指出，媒体在信息传播、增进互信、凝聚共识等方面发挥着不可替代的重要作用。"一带一路"媒体合作论坛为各国媒体对话交流、务实合作提供了一个平台。希望各国媒体用好这个平台，在推动国家关系发展、沟通民心民意、深化理解互信方面积极有为，为"一带一路"建设发挥积极作用。

2015 年 3 月，经国务院授权，国家发展改革委、外交部、商务部联合发布的《推动共建丝绸之路经济带和 21 世纪海上丝绸之路的愿景与行动》两处提到"媒体合作"："民心相通是'一带一路'建设的社会根基，传承和弘扬丝绸之路友好合作精神，广泛开展文化交流、学术往来、人才交流合作、媒体合作等，为深化双多边合作奠定坚实的民意基础。""加强文化传媒的国际交流合作，积极利用网络平台，运用新媒体工具，塑造和谐友好的文化生态和舆论环境。"由此可见，媒体合作不仅是"一带一路"区域合作共赢的重要内容，也是推动"一带一路"建设的重要助力。

近年来，在各国政府间良好关系的带动与倡导下，人民日报、新华社、光明日报、中央电视台等媒体积极放眼于国际传播体系，建立适应"一带一路"建设的媒体合作格局，不断提升"一带一路"沿线媒体合作层次与国际传播能力，解读丝路精神，讲好丝路故事，取得一系列成果。各国媒体携手搭建起各国人民了解与信任的桥梁，为"一带一路"沿线各

国迈向命运共同体作出新的贡献。

二、"一带一路"沿线国家媒体合作发展趋势

整体来看，围绕"一带一路"建设，中外媒体合作呈现以下特点：

（一）国内媒体资源不断整合，合力唱响"一带一路"国际传播新篇章

据不完全统计，在 2014 年，具有较高社会影响力的"一带一路"媒体间重要活动只有 10 多起，到了 2015 年，媒体间相关重要活动已经增至 50 多起，月均超过 4 起。如 2015 年 4 月，中央主要新闻媒体同时启动推进"一带一路"建设采访活动，组织记者赴国内有关地方和沿线国家开展采访报道。人民日报、新华社、光明日报、中央人民广播电台、中央电视台等媒体结合各自特色开设专栏，以矩阵化传播形成强势的报道氛围。至 2016 年，国内媒体合作进一步常态化，2016"一带一路"媒体合作论坛、亚欧互联互通媒体对话会、首届"南方丝绸之路发展论坛"、"一带一路"旅游城市媒体联盟成立大会、第二届"'一带一路'网络媒体责任论坛"等重大活动相继举办，有力地增进了媒体间交流，同时为进一步合作搭建了常态化平台框架。

（二）国家间媒体合作迈入新纪元，国际传播影响不断增强

在增强国内媒体间合作的同时，国内媒体也逐渐树立全球视野，在"一带一路"建设大局下，不断提升与沿线国家媒体的合作水平。以人民日报为例，人民日报于 2014—2016 年连续三年举办"一带一路"媒体合作论坛，推动各国媒体积极发挥窗口、桥梁、纽带作用。在 2014 年的媒体合作论坛上，9 个国家的 21 家媒体代表与国内 9 家中央媒体、12 家省级党报签署《丝绸之路经济带媒体合作论坛联合宣言》，表明了媒体合作

助推经济发展的共识。2015 年，人民日报社与来自 23 个国家的 33 家主流媒体签署《双边合作谅解备忘录》，双方建立新闻产品互换机制，同意联合组织"一带一路"采访，并对促进媒体合作经常化、机制化、常态化形成了一系列共识和成果。

（三）中国媒体"走出去"与外国媒体"走进来"形成良性互动

近年来，随着国内媒体与境外媒体的合作不断提升，围绕"一带一路"建设的中外媒体报道活动日趋活跃。据不完全统计，仅在 2015 年、2016 年，境外媒体集体"走进来"重大报道活动就达到 20 多起。如 2015 年 8 月，来自泰国、柬埔寨、越南、老挝、菲律宾、新加坡等东盟国家主流媒体，以及美国、英国、日本、加拿大、西班牙、澳大利亚、捷克、阿根廷等遍及五大洲的 50 余家海外媒体齐聚广西南宁，与我国媒体一道开启广西"一带一路"建设采访之旅。与此同时，国内媒体还积极"走出去"，新华社于 2015 年发布"新华丝路"信息产品，提供中、英文两个版本，产品主要包括数据库、征信服务、信息咨询和智库服务、交易撮合等四大类，并为用户提供个性化服务。

人民日报海外版则在"一带一路"提出三周年之际，组织记者前往哈萨克斯坦、俄罗斯、波兰、德国等国采访，沿着中欧班列的轨迹前行，向中外读者讲述"一带一路"宏大主题下的见闻和故事。

表 2-1　部分境外媒体参与国内主题宣传报道活动

时间	活动主题	地点	参与媒体
2016 年 5 月	美丽中国·云上贵州"两岸媒体联合采访活动	贵州	台中广播公司、台中日报、台湾新闻报、台北时报、联合报、中天电视台等 13 家台湾媒体
2016 年 5 月	探访丝绸之路经济带核心区	新疆	来自日本、英国、法国、泰国、马来西亚等 20 个国家的 31 家媒体总编、记者

时间	活动主题	地点	参与媒体
2015 年 12 月	"一带一路"中外媒体江西行	江西	40 余家中央新闻媒体及欧洲华文电视台等多家境外媒体
2015 年 11 月	"一带一路"亚洲媒体看江苏活动	江苏	来自泰国民族多媒体集团、巴基斯坦《财经日报》、韩国《亚洲经济新闻》、西班牙埃菲社、马来西亚 KINI 电视台、菲律宾《太阳星报》等近 30 名记者参加了此次活动
2015 年 10 月	"海上丝绸之路主流媒体湖湘行"	湖南	来自马来西亚、印度尼西亚、老挝、泰国、菲律宾、新加坡等东盟六国主流媒体的记者走进湖南
2015 年 10 月	"中外主流媒体看深圳'一带一路'创新实践活动"	深圳	美国中华商报、美国美华商报、欧洲商报、中国台湾数位新闻网、泰国京华中原联合日报、印尼国际日报、菲律宾商报等 20 多家媒体

(四) 媒体合作形式走向多层次、多形态

目前，我国媒体与"一带一路"沿线国家主流媒体初步建立起常态化的合作机制，在媒体交往、内容互换、联合采访、共办研讨、技术交流、培训合作等方面实现资源共享与优势互补。如高峰论坛方面，仅 2016 年举办 11 次国际论坛，其中全球性媒体合作论坛举办 6 次。与此同时，媒体间联盟呈现多层次发展，2016 年 7 月，人民网、南非时代传媒集团、韩国中央日报、巴西红网、俄罗斯自由媒体网站等全球 16 家媒体集团成立"一带一路"国际新媒体联盟。同月，中国晚报协会成立"一带一路"旅游城市媒体联盟，8 月，中国丝绸之路经济带城市报业联盟成立，9 月，中哈四方媒体签署了国际写作体合作协议。2016 年，由国务院新闻办公室发起，"一带一路"沿线国家的媒体和文化机构在北京成立"一带一路"媒体传播联盟，倡议打造文化精品，共同弘扬丝路文化和精神，促进人文交流和文明互鉴。

三、"一带一路"媒体合作主要形式与经典案例

民心相通是"一带一路"建设的社会根基，倡议能否取得成功，从根本上取决于能否跨越藩篱，搭建民心相通的桥梁和纽带，特别是能否建立起纵横交织的社会交流网络，以互联互通的社会网络沟通界限分明的民族国家，支撑起"一带一路"的区域合作架构。

（一）媒体合作主要形式

纵观 2014 年至 2016 年，中外媒体的合作形式主要分会议会谈、联合采访、影视制作、联盟协作、研修交流以及产品建立六种形式。

1. 会议会谈

2014 年 7 月 3 日，40 家来自中国、俄罗斯、土库曼斯坦、巴基斯坦、哈萨克斯坦、塔吉克斯坦、伊朗、吉尔吉斯斯坦、印度、土耳其的主流媒体负责人签署了"丝绸之路经济带"媒体合作论坛联合宣言。9 月 20 日，海外华文媒体聚集江苏省连云港市，重点关注"一带一路"建设为连云港等为代表的国际海港带来的发展硕果。

2015 年，中外媒体合作举办的会议会谈活动急速增长，国际型会议以及定向型会议均取得丰硕的成果，为之后的发展奠定了坚实基础。第二届世界互联网大会"数字丝路·合作共赢"论坛的举办、第 48 届中文报业协会年会的举行、首届海外华文新媒体合作发展论坛的召开、2015"一带一路"媒体合作论坛的开幕、博鳌亚洲论坛—媒体领袖圆桌会议的开展等，为构建全方位、多层次的网络空间命运共同体，把握机遇提升中文媒体文明交流的新水平、打造好互联互通平台、讲好"一带一路"新篇章等都带来了前所未有的机遇，为实现沿线国家的优势互补、互利共赢提供了强大的助力。中国—伊朗合作举办的国际研讨会以"中伊合作的实施"为专题，分析中伊合作过程中的实施策略和面临的挑战；在泰国曼谷举行的

"一带一路、东盟一体化与中泰媒体作用"论坛、"亚洲新闻联盟与海上丝绸之路之实践"为主题的亚洲媒体高层论坛、"中国—印尼'一带一路'媒体座谈会"的召开、中国驻埃及使馆举办的《"一带一路"愿景与行动》专题沙龙等,为地区合作打开了新的篇章,经过深入分析地区间合作所面临的挑战,以及"一带一路"倡议所带来的机遇以及合作契机。中国分别与"一带一路"沿线国家和地区达成了共识,为更加叙述好"一带一路"故事打开了新的篇章。

2016 年,在"一带一路"倡议的背景下,中外媒体合作举办的会议会谈活动进入新篇章,大型论坛的举办趋于常态,迈向系列化,诸如 9 月 26 日由国务院新闻办公室主办的"2016'一带一路'国际研讨会",7 月 26 日由人民日报社主办的 2016 "一带一路"媒体合作论坛,来自"一带一路"沿线国家的媒体代表们围绕"如何加强区域合作,形成命运共同体,共同讲好'一带一路'故事"这一关键核心展开深入的探讨。定向型论坛举办的次数有所上升,地区间的合作交流日益受到重视,如 10 月 29 日中俄网络媒体论坛的召开、9 月 7 日中国—东盟广播影视合作圆桌会议的展开等。

2. 联合采访

交流采访方面从 2014 年至 2016 年经历了从"引进来"到"走出去"的过程。2014 年 9 月 20 日,海外华文媒体聚集江苏省连云港市,重点关注"一带一路"建设为连云港等为代表的国际海港带来的发展硕果。2015 年积极向外国媒体展示中国丝路沿线的省市县乡的优秀建设成果,深入江西、江苏、重庆、湖南、深圳、江铜等地实际考察,将各地独特的文化及自然资源展示给国外人民,使其更加了解中国、认识中国、感受"一带一路"的深远影响。在展示中国之余,开始尝试"走出去",用镜头记录"一带一路"沿线国家在"一带一路"倡议影响下所迸发的生机与活力。2015 年 4 月 9 日,中外重要主流媒体启动推进"一带一路"建设采访活动,组织记者赴国内有关地方和沿线国家开展采访报道。3 月 23 日,云南日报报业集团代表团对老挝进行访问，探讨新形势下深化主流报纸媒体、新媒体及相关产业合作，构建全新的国际媒体合作路径。2016 年，媒体间的交流采访迈入了新篇章，更多地使境外媒体深入国内采访，用外媒的声音去诉说"一带一路"的优秀成果，并得到了外媒对"一带一路"倡议的肯定，扩大了"朋友圈"的影响力，获得了更多的"点赞"和"评论"。

3. 影视制作

2014 年中国首部史诗巨制电影《丝路公主》发布会启动、10 月 20 日首届丝绸之路国家电影节的举行、2015 年航空港卫视的开播、2016 年"一带一路"纪录片全媒体国际传播平台的启动、大航海东方广播中心与曼谷 Like 103FM 调频台友好协议的签署等，中国与"一带一路"沿线国家的合作不断加深，不断用文化的盛宴向世界宣告中国乃是"聪明睿智之所居，万物才用之所聚，圣贤之所教，仁义之所施，诗书礼乐之所用，异敏技艺之所试"的文明古国。通过电视、广播、节日盛典等娱乐形式，立体化践行"一带一路"倡议，使沿线各国的人民直观的感受"一带一路"倡议所带来的丰硕果实，拉近了政府与人民之间的距离，也拉近了不同国家人民的心理距离。

4. 联盟协作

中国新疆伊犁哈萨克自治州霍尔果斯市广播电视台与哈萨克斯坦国家电视台 31 频道、中国江苏连云港市广播电视台、中国新疆伊犁哈萨克自治州少数民族影视剧译制中心签署了国际协作体合作协议，标志着中哈两国四地正式搭建起新闻传播和文化产业合作的平台。中国"丝绸之路经济带"城市报业联盟成立。中国与来自美国国家地理、新加坡亚洲新闻台、蒙古国国家公共电视台等全球 17 家媒体机构代表签署了"一带一路"联盟倡议书，倡议各国媒体及文化机构，凝聚智慧，打造文化精品，致力国际传播，形成互利共赢新局面，共同弘扬丝路文化和丝路精神。中国与"一带一路"沿线各国签署的联盟协议，深刻地表达了中国的诚意，号召"一带一路"沿线各国媒体携起手来，共同促进人文交流和文明互鉴，促进人民相知相交、和平友好。

5. 研修交流

2015 年 11 月，国务院新闻办公室副主任郭为民会见了北美华文媒体"一带一路"倡议研究考察团，希望北美华文媒体深入介绍中国文化和建设发展取得的成就，增强中国声音在国际舆论中的话语权。北美华文媒体希望通过联合采访、信息互换、共同制作节目等多种形式与中国媒体开展合作。来自国外的媒体记者与中国记者一同参加记者研修班，探讨世界媒体发展趋势，交流经验，并希望通过多种形式与中国媒体开展合作。

6. 媒体产品

2015 年 8 月 27 日，专门报道"一带一路"建设的新闻网成立，同年 7 月 16 日，新华社发布"新华丝路"信息产品，不仅着眼于服务"一带一路"倡议，改变信息不畅通、不对称的形势，而且通过提高高效便捷、实时、实用的经济信息服务，为沿线各国政府和企业搭建商品贸易和投资合作平台，将中国与沿线国家的发展对接起来，使得沿线各国可以从中国的发展中获得助力，也使得中国从沿线各国的发展中受益，最终达到互利共赢的局面。

(二) 经典案例——"一带一路"媒体合作论坛

作为中国第一大报和世界知名媒体，人民日报社从 2014 年起连续举办三届"一带一路"媒体合作论坛活动，这一盛会已经成为由中国主流媒体主办的规模最大、参与国家最多、参会外媒最多、最具广泛代表性和影响力的全球媒体合作论坛，对于增进各国之间的了解，促进媒体间的交流，推动媒体在"一带一路"建设中扮演更加重要的角色，具有非常重要的意义。该论坛具有较高社会影响力，自举办以来，相关媒体报道超过 2 万篇，微信专题文章达 7559 篇，微博方面，仅 2016 "一带一路"媒体合作论坛微话题阅读量就达 1700 万。

2014 年 7 月，以"丝路联通梦想　媒体共促发展"为主题的丝绸之路经济带媒体合作论坛在北京开幕。全国政协副主席李海峰、人民日报社社长杨振武、俄塔社总编辑马拉特·阿布哈金、土库曼斯坦驻华大使齐纳尔·鲁斯塔莫娃等出席开幕式并致辞。来自中国、俄罗斯、哈萨克斯坦、吉尔吉斯斯坦、土库曼斯坦、塔吉克斯坦、乌兹别克斯坦、印度、巴基斯坦、伊朗等 10 多个国家的近百名政府官员、外交使节、主流媒体代表，围绕"平等互利　合作共赢""媒体助力　共筑梦想""区域发展　交流互惠"三个议题畅所欲言、坦诚交流。与会中外主流媒体代表还签署《丝绸之路经济带媒体合作论坛联合宣言》。

2015 年 9 月，以"命运共同体，合作新格局"为主题的"一带一路"媒体合作论坛在北京开幕，全国政协副主席、时任中联部部长王家瑞出席开幕式并致辞。来自 60 多个国家和国际组织的近 140 家主流媒体负责人共聚一堂。人民日报社社长杨振武在致辞中呼吁媒体应做好三方面工作：一是凝心聚力，讲好丝路故事；二是开放包容，传扬丝路精神；三是深化交流，推进丝路合作。他希望各国媒体朋友继续关注、支持和参与"一带一路"建设，为共建"一带一路"加油鼓劲。

2016 年 7 月，人民日报社在国家会议中心举办 2016"一带一路"媒体合作论坛，各国政要、商界领袖、权威专家和全球 200 多家主流媒体齐聚北京，加强交流对话，推动互利合作。中国国家主席习近平在发来的贺信中指出，丝绸之路是各国人民的共同财富。"一带一路"媒体合作论坛为各国媒体对话交流、务实合作提供了一个平台。希望各国媒体用好这个平台，在推动国家关系发展、沟通民心民意、深化理解互信方面积极有为，为"一带一路"建设发挥积极作用。

人民日报社社长杨振武在致辞中表示，论坛形成六大成果：一是上线多语种的"'一带一路'全球媒体协作网"；二是成立"'一带一路'沿线国家新媒体联盟"；三是联合推出"'一带一路'新闻报道多语种服务云平台"，实现全媒体传播，提供交互化翻译；四是设立"'一带一路'媒体合作论坛秘书处"，负责落实双边和多边媒体合作具体事务；五是适时启动

"一带一路"多国跨境联合采访，邀请沿线国家媒体参加，数路并发，多国联动，横跨亚欧非，覆盖多领域；六是出版《丝路华章》文献汇编，以中、英、法、俄、西、阿六大语种在全球发行。

四、媒体合作面临的挑战与建议

"一带一路"倡议已经赢得了沿线国家和国际组织的积极响应，将有力增进沿线国家与各国人民福祉，促进世界和平发展与合作共赢。但是，"一带一路"建设本身也是一项长期、复杂而艰巨的系统工程，包括媒体合作在内的推进实施仍面临诸多风险和挑战。

（一）面临的挑战

1. 沿线国家制度、意识形态与语言文化差异

"一带一路"沿线不少国家不仅宗教形态不同，在意识形态方面也存在着明显的差异。从实际情况看，相比受中国的影响，"一带一路"沿线一些国家在各个历史时期特别是近现代以来受到西方工业革命、资本主义和共产主义等多元模式全方位的深刻影响，需要在中西互融、文明互鉴方面突破发展障碍，聚同化异，降低合作的难度，鼓励各国媒体肩负推动历史发展进步的职责。

建立起中外媒体合作的直接桥梁就是语言文字因素，宣传"一带一路"建设需要使用沿线各国的语言文字去唤起对象国人民的心理认同感，"丝绸之路"沿线国家在语言文字方面上的差异较大，需要在传播、人才、语言翻译等多方面付出巨大努力。

文化方面的差异更是不可忽略的关键，在践行"一带一路"媒体合作时，必须兼顾到不同国家、地区、民族、宗教等存在的风俗习惯，在对外传播中国价值观的同时也要符合目标地区的价值观念。

以印度为例，印度是世界文明古国之一，印度宪法承认的部落有212

个，语言和方言总数约为 1652 种。官方语言是印地语和英语，同时，宪法承认的地方民族语言有 15 种。印度居民所信仰的宗教有印度教、基督教、伊斯兰教、锡克教、佛教、耆那教等。单就中国与印度之家内的合作就需要考虑多民族、多语言、多宗教的问题，"一带一路"周边国家的合作更是需要因地制宜。

2. 不少沿线国家媒体能力建设不够

"一带一路"的沿线国家涉及了中东欧、东亚、西亚北非、东南亚、南亚、中亚与蒙古国等广泛区域，与欧美发达国家相比，不少"一带一路"沿线国家在媒体发展上还处于弱势地位。由于一些地区经济不发达，更难以抽出资金将其投入到媒体发展上，这就导致媒体技术相对落后、媒体从业人员参差不齐等问题。比如有些国家和地区由于媒体欠发达、媒体记者工资也较低，媒体工作吸引力不足等。同时，一个国家的媒体从业人员深受其母国的社会、文化、意识形态的影响，则合作思路上存在很大的差异，也就容易导致媒体合作难以很快落实。

3."民心相通"急需新突破

当前的"一带一路"建设中，要加快推进"民心相通"工作。20 世纪 70 年代末实行改革开放以来，我国更多地向欧美等西方发达国家开放。作为贮备人才的大学生，出国留学基本上都是选择发达国家。甚至于中国的经济发展思路、文化思潮、社会舆论也都受西方国家影响。这就使得中国对西方国家的了解要大大多于世界上的其他国家。而"一带一路"沿线国家大多仍属于发展中国家，我们对这些国家的历史、社会、文化、宗教等情况知之甚少。在这种情况下，官方层面的合作逐渐克服重重挑战，而民间多层次、全方位的交往也亟待突破。

(二) 合作发展建议

1."一带"与"一路"媒体合作有所区分

目前的媒体合作多集中在研讨会、座谈会、论坛等理论研讨活动，今后可以在务实合作中更进一步。中国人民大学新闻学院教授赵永华认为，"一带一路"建设的具体情况存在差异，媒体之间的合作应切合实际情况。在"一带"的沿线，有的国家的社会体制与媒介体制受苏联、俄罗斯影响较大，国家政府在媒介体制中发挥着重要且强势的作用。在这种情况下的媒介合作仍要以政府为主导，但要注重区别不同层级政府所发挥的作用。

在"一路"的沿线，媒介发展程度较高，媒体体制更加多样化，互联网的发展程度都处于较高的水平。在这种情况下，媒介组织可以完全依靠自身进行合作，政府在很大程度上提供法律或政策上的引导和规制，避免媒体交流失灵或异化现象的发生。

2. 运用文化软实力促进"民心相通"

国家文化软实力研究协同创新中心主任张国祚认为，"一带一路"的核心是和平合作、互利共赢，"只有文化的碰撞才能让心贴得越来越近，有了友谊一切都好办。"

"以文化先行带动民心相通，从而夯实各国的心理基础。"古代丝绸之路输出了瓷器等物质文明，收获了佛教等精神文明，它不仅是经济之路，也是文化之路、民族之路、宗教之路，"一带一路"不仅是经济带，也是文化带。通过共建"一带一路"传承和弘扬丝绸之路的友好合作精神，推动中国与沿线各国广泛开展交流合作，不仅能够为其他领域的合作打下坚实的民意基础，更有助于发掘沿线深厚的人文资源，在交融往来中实现不同文明的互学互鉴，共同浇灌人类文明这棵参天大树。

3. 影视传播有助于加快搭建互信桥梁

近年来，中国—东盟博览会框架下，中国与东盟国家在广播影视领域开展了一系列富有成效的合作，影视剧的传播方面，泰国电视剧《出逃的公主》、电影《初恋这件小事》等都在中国掀起了"泰剧"热潮，而中国出口东盟的影视剧，诸如《三国演义》《还珠格格》《甄嬛传》等也都受到了当地观众的欢迎。

2016 年由中宣部、国务院新闻办"纪录中国"传播工程重点立项，中央电视台科教频道倾力打造的《一带一路》，摄制组累积行程 20 万公里，足迹跨越亚、非、欧、美四大洲，对"一带一路"沿线 30 多个国家和国内新疆、福建等 20 多个省份的建设工作进行深度拍摄，记录了国内外 60 多个普通人物与"一带一路"的生动故事。剧集一经播出，就引起了热烈的反响。不仅让中国人民了解"一带一路"沿线国家的风土人情，还深刻地展现了"一带一路"倡议所创造的"互利共赢"局面。

总之，"一带一路"倡议的提出和实施，也为中国和沿线国家等世界各国媒体合作开辟了无比广阔的舞台和国际空间，近 3 年来迎来了空前的历史发展机遇。各国媒体和社会各界都应该在现有丰硕成果的基础上，继续推动和扩大媒体交往与合作，为人类文明进步和各国人民的根本福祉而不懈奋斗，推动世界繁荣与稳定、和平与发展，共同构建人类命运共同体。

第二节　"一带一路"与中国—中亚媒体合作①

2013 年 9 月，中国国家主席习近平在哈萨克斯坦纳扎尔巴耶夫大学首倡中国愿与古丝绸之路沿线国家共建"丝绸之路经济带"时强调，中国同中亚国家是山水相连的友好邻邦，中国高度重视发展同中亚各国的友好合作关系，将其视为外交优先方向；并明确提出与欧亚各国从"五通"先做起来，以点带面，从线到片，逐步形成区域的大合作，以新的形式把中国同欧亚国家的互利合作不断推向新的历史高度；指出加强民

---

① 本文为国家社科基金一般项目"我国与中亚区域经济整合研究"（12BGJ015）和上海市高校智库—周边合作与发展协同创新中心重点项目"中国与中亚共建丝绸之路经济带研究"（15029/007）阶段性成果。作者：王海燕，华东师范大学国际关系与地区发展研究院暨上海合作组织研究院、俄罗斯研究中心副研究员。

心相通必须加强人民的友好往来，增进相互了解和传统友谊，为开展区域合作奠定坚实的民意基础和社会基础。①2015 年 3 月，中国国家发展改革委、外交部、商务部联合发布的《推动共建丝绸之路经济带和 21 世纪海上丝绸之路的愿景与行动》明确将从"五通"加强合作的定位：政策沟通是"一带一路"建设的重要保障；基础设施互联互通是"一带一路"建设的优先领域；投资贸易合作是"一带一路"建设的重点内容；资金融通是"一带一路"建设的重要支撑；民心相通是"一带一路"建设的社会根基。②

近年来，随着人类科学技术的突飞猛进，世界信息全球化、现代化、畅通化的迅猛发展，媒体（Media）作为信息传播的重要载体对促进民心相通发挥着越来越重要、越来越不可或缺的作用。它会促进中国与"一带一路"沿线国家的人民相互了解，协调关系，适时沟通，文化互鉴；并在信息更加对称、畅通、全面、准确的基础上帮助人们对彼此认知、交往等做出更加客观、及时的判断，帮助决策者适时制定合作与否、如何合作等更加有效的策略。正如 2014 年，中国国家主席习近平在北京召开加强互联互通伙伴关系对话会上强调指出的，"自古以来互联互通就是人类社会的共同追求，如果将'一带一路'比喻为亚洲腾飞的两只翅膀，那么互联互通就是两只翅膀的血脉经络"，血脉经络是中国的传统医学用语，建立互联互通伙伴关系网，媒体是促进民心相通的重要网络之一。本节所探讨的媒体合作，就是在探寻如何健全和完善中国和中亚地区的合作的"血脉经络"，通过中国与中亚各国媒体界相互学习、相互支持，为"丝绸之路经济带"繁荣发展注入动力与活力，更好地发挥加强民心相通、促进友好往来的作用，建立互联互通新格局。

---

① 《习近平发表重要演讲 吁共建"丝绸之路经济带"》，中国新闻网，2013 年 9 月 7 日，http://www.chinanews.com/gn/2013/09-07/5257748.shtml。

② 《五大合作重点勾勒"一带一路"路线图》，《证券日报》2015 年 3 月 30 日。

一、中国与中亚国家受众对双方信息需求大幅上升

中国有着与中亚国家①接壤的地理优势、口岸优势、边贸优势、人文优势等，中国西北省区民族、宗教信仰、习俗文化等与中亚国家较为接近，具有发展与中亚国家媒体合作、民心相通的良好基础和条件。随着中国—中亚能源管道开通运营，中国早已成为中亚各国位居前三位的贸易、投资伙伴，中国与中亚区域经济合作越来越紧密，合作的深度与广度加强，相互依存度越来越高；中国与中亚国家共同发起建立的上海合作组织在世界影响力日益增强，中亚国家作为中国"一带一路"向西开放、通往欧洲的第一站越来越受到各方关注，中国国内企业渴望了解中亚、走向中亚进而辐射周边国家的愿望和市场需求越来越大；中亚国家渴望拓展发展空间，希望通过中国走向海洋、联通亚太地区的梦想越来越近，中亚各国居民想要了解改革开放后的中国并想与中国开展经贸合作的信息需求越来越迫切越来越广泛；俄罗斯、美国、英国、土耳其等国对中亚国家媒体和文化的渗透与影响越来越深入，已远远走在我们的前面，但对中国的报道明显不足。这些都使得中国与中亚国家人民对彼此媒体的关注度和需求度大幅提升，媒体的作用变得更加突出，中国与中亚各国通过媒体直接合作增加彼此信息交流变得刻不容缓。

中亚地区是"丝绸之路经济带"建设的重要区域，中亚五国处于经济活跃的亚太地区和经济发达的欧洲地区之间，与中国的共同边界长达3300公里。中国与中亚五国合作领域广泛，硕果累累，从1992年建交之初到现在，中国与中亚五国的贸易总额在20多年时间里增长了100多倍，对中亚国家投资额和投资企业数量也从无到有呈倍数增长，而GDP

---

① 按照狭义"中亚"的划分，本节所指的中亚国家包括哈萨克斯坦、乌兹别克斯坦、土库曼斯坦、吉尔吉斯斯坦、塔吉克斯坦五国。

总量居中亚第一位的哈萨克斯坦 2015 年是我国企业在"一带一路"国家中对外投资并购 10 大目的国的第 9 位，中国对外投资存量前 20 国中第 16 位。[①] 随着中国与中亚国家贸易投资额的不断增长，双方人员往来大量增加，对媒体信息的需求量大幅增长，为中国与中亚国家构建包含平面媒体、电波媒体和网络媒体在内的全媒体合作网提供了重要的受众基础与广阔的合作前景。

表 2　中国与中亚国家政经关系简况表

	中国与各国建交时间	中国与各国关系级别	贸易额（亿美元）[1]	中国到各国投资企业数量（个）[2]		
				总数	央企	新疆企业
哈萨克斯坦	1992.1.3	全面战略伙伴关系（2011）	224.5	244	34	120
乌兹别克斯坦	1992.1.2	战略伙伴关系（2012）	42.8	162	16	60
土库曼斯坦	1992.1.6	战略伙伴关系（2013）	104.7	32	12	5
吉尔吉斯斯坦	1992.1.5	战略伙伴关系（2013）	53.0	112	11	41
塔吉克斯坦	1992.1.4	战略伙伴关系（2013）	25.2	79	14	30

注：本表由作者根据中国外交部、商务部、统计局以及其他资料制作。
1. 中国与中亚各国贸易额为 2014 年数据，资料来源：中国国家统计局，http://data.stats.gov.cn/easyquery.htm?cn = C01。
2. 中国到各国投资企业数量（个）为截至 2014 年 4 月的数据，资料来源：中国商务部合作司，http://hzs.mofcom.gov.cn/article/ ac/g。

　　随着"一带一路"倡议逐渐深入人心并走向务实合作，影响中国与中亚国家人民生活的方方面面，从政府官员、学者到商人、普通受众对中亚国家政治、安全、经济、文化、生活等各领域的信息需求都大增。尤其各类企业家和商人，渴望了解有关中亚地区信息的需求也大量增加。目前在中国与中亚国家之间共有 10 多个跨中哈界而居的民族，其中仅在哈萨克

---

① 《商务部：2015 年我国企业对"一带一路"国家投资增 18.2%》，人民网—财经频道，2016 年 1 月 20 日，http://finance.people.com.cn/n1/2016/0120/c1004-28070428.html。

斯坦直接定居、经商的就有近 20 万人，商务处备案中资机构上百家，各类民间中小型公司上千家，每年仅来往中国与中亚国家做贸易的中国人就有上万人之多。同时中国一些大的公司在中亚国家的主要城市都有分公司，比如中国石油、天津城建集团、中国工商银行、中国银行、中新通讯（CDMA）、贵阳参股的投资 8 亿元的电解铝厂、新疆屯河工贸公司、轻工集团的新康番茄制品公司等等。他们对中亚国家信息非常感兴趣，急需了解中亚国家政治、经济、社会、人文、法律等各个方面的资讯。

二、中亚国家的媒体对中国的报道增加较快

中亚国家独立 20 多年来，随着双方政治、安全、经济、人文等各领域交往的增多，中国媒体与中亚媒体的合作逐渐增加，中国与中亚各国媒体[①]相互报道的频次和信息量不断加大，逐步形成了以下转变：中亚国家媒体尤其是主流媒体对中国的报道从负面较多到正面较多，信息量占总量比重不断增大，开始增加深度分析和解读并配合双方政府间交往以及重大活动增加专题报道量、单一媒体向平面媒体、电波媒体和网络媒体交叉全覆盖、多角度、多层次报道的转变。

哈萨克斯坦全媒体报道哈、中两国的信息量较大。哈萨克斯坦平面媒体的种类在中亚国家中最多，主要包括《哈萨克斯坦真理报》《主权哈萨克斯坦报》《哈萨克斯坦消息报》《哈萨克斯坦共青团真理报》等主要传播政府信息的报纸，对哈萨克斯坦受众和中国关注哈萨克斯坦的受众实时了解哈萨克斯坦政府信息和政策等起到了主导作用，中方媒体报

---

① 中亚国家媒体资料分别来自列国志丛书，赵常庆编著：《哈萨克斯坦》（2004 年版），孙壮志、苏畅、吴宏伟编著：《乌兹别克斯坦》（2004 年版），施玉宇编著：《土库曼斯坦》（2005 年版），刘庚岑、徐小云编著：《吉尔吉斯斯坦》（2005 年版），刘启云编著：《塔吉克斯坦》（2006 年版），社会科学文献出版社；赵永华：《中亚转型国家的新闻体制与媒介发展》，第 38、210—217、239—243、61—63 页，中国书籍出版社 2013 年版；塔吉克斯坦部分资料请参见杨波：《塔吉克斯坦国家发展与社会文化研究》，第 276—279 页，中国出版集团、世界图书出版公司 2015 年版。

道的关于哈国官方信息很大一部分来自这些媒体；哈萨克斯坦的《卡拉万》《全景报》《快报》《实业周报》《大都市报》等报以传播企业和受众关注的经贸、社会信息为主，刊发商业性广告和资讯量较大，对哈萨克斯坦经济和社会发展影响较大，是中哈双方企业家最为关注的媒体；《哈萨克斯坦 Cosmopolitan》《哈萨克斯坦市场经济》《Zip 杂志》《思想》《国际商务》《自由》《约会》《季节》《哈萨克斯坦鉴宝专家》《萨哈尔文化》《石油观察》等政治、社会、商业、文学、行业类杂志众多，活跃程度较高，信息量较为丰富，其中也有对中国的信息或中哈关系的深度报道，对哈、中两国各类受众了解在经济发展较好基础下哈萨克斯坦政治、经济、社会、文化生活的各领域及其与中国的关系起到了重要的传播作用。哈萨克斯坦的电波媒体主要包括欧亚第一频道、哈萨克斯坦国家电视台、哈巴尔电视频道等国有电视台和其他地方电视频道，商业电视频道 KTK、独立电视频道 HTK、数字电视频道 31 频道等国营和私营的特色频道；哈萨克斯坦欧洲 Плюс 电台、NS 电台、哈巴尔电台等国有和商业电台等；哈萨克斯坦通讯社和"今日—哈萨克斯坦"通讯社等国有和私营通讯社，它们几乎覆盖哈国全境，节目制作水准在中亚国家相对较高，传播哈国社会、政治、经济、人文等多领域及其与中国关系等全方位的信息，占据哈萨克斯坦居民业余生活的时间较多，在哈萨克斯坦受众面较广，影响较大。近年来哈萨克斯坦的互联网发展非常快，主要政府机构、院校、研究机构、企业等都有自己的网站，直接发布相关信息，政务公开、信息共享，透明度较高，资讯比较及时、详尽，成为其改善贸易投资软环境中很重要的一个方面，但总体比较，2015 年哈国固定宽带互联网 / 人均 GDP 和电话线路数量 / 人均 GDP 分别为 0.124 和 0.235，[①] 在中亚五国中排名分别为第三、第四名，哈萨克斯坦网络媒

---

① 均为 2015 年数据，资料来源于世界银行 http://data.worldbank.org/，请参见朱振鑫、杨晓：《"一带一路"进展全梳理（政策篇 & 国别篇）》，民生宏观，2017 年 2 月 16 日，http://chuan-song.me/n/1576305144727。

体的发展速度相对较慢，电子商务的发展方兴未艾，与中国合作还有较大发展潜力。

乌兹别克斯坦的媒体主要反映的是政府声音，对中国和中乌关系的报道以正面为主，信息量有限。乌兹别克斯坦的平面媒体主要以《人民论坛报》《乌兹别克斯坦之声报》《东方真理报》《公正报》《教育报》《体育报》等政府和政党主办的报纸为主，是乌、中受众了解乌国官方信息和国内、对外政策的主要渠道，也是中方媒体较多引用的乌兹别克斯坦权威信息主要来源之一。[①] 乌兹别克斯坦的《生意人报》《业主报》《东方商业通讯》《海关消息报》等主要传播商业、经济等信息，是乌、中经贸界人士了解关于乌国的经贸信息和政策及乌中经贸合作的重要渠道；乌公开出版的刊物数量有限，涉及政治、文学、经济等领域的有一些，有些是不定期出版，有些是内部发行，信息量有限。电波媒体主要有"乌兹别克斯坦"频道、"青年电视"频道、"塔什干"频道、"体育"频道等隶属于乌国家广播电视集团的国有公司主办的电视媒体；国家广播电台包括"火"（Mashal）、友谊（Dostlik）、青年（Yoshlar）等四套节目以及"谷底回声"电台（FM，Эхо Долины）、"乌兹别克音乐"电台（Uzbegim Taronasi）等私有电台；通讯社包括乌兹别克斯坦国家通讯社（UzA）、世界通讯社（Jahon）和突厥斯坦新闻外部世界通讯社（Turkistan Press Outside World Agency）三家通讯社，是乌兹别克斯坦受众了解乌兹别克斯坦及世界的重要媒体，其中对中国和乌中关系的报道近年来不断增多。2015 年乌兹别克斯坦固定宽带互联网 / 人均 GDP 和电话线路数量 / 人均 GDP 分别为 0.167 和 0.396，在中亚五国中分列第二、第三名，网络媒体已成为乌兹别克斯坦受教育程度较高人群获取各类资讯的重要途径之一，其中，乌兹别克斯坦与中国的电子商务合作近几年开始增长。

土库曼斯坦的媒体较为单一，对中土关系的报道以政府官方活动为

---

① 王海燕：《新地缘经济——中国与中亚》，世界知识出版社 2012 年版，第 61—64 页。

主,信息量有限。土库曼斯坦平面媒体主要有《土库曼斯坦报》《中立的土库曼斯坦报》《祖国报》《复兴报》《土库曼世界报》《阿什哈巴德报》等政府或政党主办的报纸,以及法律类《正义报》和《文学与艺术》报等专业报纸,刊物出版和发行量都较小。电波媒体主要包括土库曼国家广播电视公司拥有的五个电视频道TMT-1、TMT-2、TMT-3、TMT-4、TMT-5;土库曼斯坦国家广播电台;土库曼斯坦国家通讯社。土库曼斯坦受众主要通过平面媒体和电波媒体获得有关土库曼斯坦各领域信息及其与中国的信息,对现代中国及其与土库曼斯坦关系的报道还很不充分。

吉尔吉斯斯坦全媒体报道吉尔吉斯斯坦及吉、中关系的正面和负面信息量都较大,信息较为多元,但也存在一些报道片面、不真实的信息。吉尔吉斯斯坦的平面媒体主要有《比什凯克晚报》《吉尔吉斯旗帜报》《吉尔吉斯斯坦言论报》《共和国报》《吉尔吉斯时代报》《潮流报》《吉尔吉斯华侨报》《回民报》等少量政府主办和大量私人为主的报纸,还可分为亲政府的和反对派的报纸和专门针对生意人的报纸;吉尔吉斯斯坦有一些政治、经济、文学、文化类刊物,但发行量有限,连续出版的不多,生存困难的较多。吉尔吉斯斯坦电波媒体中,电视媒体分为全国性和地方性的,其中包括拥有唯一一家覆盖全国电视台的吉尔吉斯共和国国家广播电视公司(HTPK)和"第5频道""金字塔"等几家私营电视台,以及覆盖各州的电视频道,较晚建立的吉公众教育广播电视台(KOOPT)、商业广播电视公司等播放的电视节目只在首都及附近地区播出;主要广播电台有国家广播电台、"钻石"电台等;主要通讯社是吉尔吉斯斯坦"卡巴尔"国家通讯社以及私营通讯社阿基快(Akipress)通讯社、"24小时"通讯社和"吉尔吉斯新闻"通讯社等。网络媒体在吉尔吉斯斯坦发展最快,为吉尔吉斯斯坦受众提供了很大比重的时事信息,并可以看到不同立场的观点,成为吉尔吉斯斯坦受众心中最客观的信息源。中方媒体引用较多的是吉尔吉斯斯坦少量官方报刊的较为可靠的信息;由于吉尔吉斯斯坦媒体环境相对在中亚国家最自由,吉尔吉斯斯坦媒体又急需资金、技术等支持,近年来，中吉媒体合作较为多元，几乎包括全媒体、各类所有制的媒体合作。

塔吉克斯坦媒体对塔、中信息的报道以平面媒体和电波媒体为主。塔吉克斯坦的平面媒体主要有《亚洲之声报》（Азиа-плюс）、《人民报》《杜尚别晚报》《人民论坛报》《生意政治报》等政府、不同政党和私人主办的报纸；刊物品种和数量较少，印刷质量较低，影响力有限。电视和广播等电波媒体在塔吉克斯坦媒体中占据主导地位，塔吉克斯坦 80% 的居民主要通过这两种媒体获取信息，[①] 主要有塔"第一频道"（Шабакаи аввал）、TV Safina、"身边的世界"等全国电视台及其他地方电视台；塔吉克斯坦广播（Таджикистана）"祖国"（Ватан）国家广播电台、"亚洲之声"（Азиа-плюс）等广播电台；塔通社、"Авесто""Вароруд"等国有和私人通讯社。由于独立之初连年内战，财力、技术、人才等各种因素制约，塔吉克斯坦网络媒体起步较晚，尚未在塔吉克斯坦新闻领域占领稳定位置，近年来，联合国、欧安组织等国际组织支持的项目促进了塔吉克斯坦网络发展，未来跨欧亚电缆连接将使塔吉克斯坦成为连接东西方的信息中心之一。[②] 中国媒体对塔吉克斯坦的信息的引用主要来自塔吉克斯坦官方的平面媒体和电波媒体，中塔电子商务的合作还很有限。

总体看，随着中国近年来经济实力的增强和在世界影响力的上升，中亚国家的各类媒体对中国的报道数量都大幅上升。在中哈、中吉睦邻友好关系不断发展的前提下，中亚各国主流媒体基本上持对华友好的态度。如吉尔吉斯斯坦发行量最大的《比什凯克晚报》每天都会从中国新闻网站（俄文）上查询大量资讯，其中对于中国新疆的各类经济资讯和信息以及反映双边关系发展情况等的关注程度非常高。哈政府控制的《哈萨克斯坦真理

---

① Sulton Khamadov, Dushanbe, Tajikistan,90 YEARS OF HISTORY: TAJIK PRESS NOW AND THEN, Media Insight Central Asia # 24, May 2002.

② Tajikistan Internet usage, broadband and telecommunications reports, http://www.internet-worldstats.com/ asia/tj. htm.

报》及国家电视台基本上能够积极评价中国和平友好的外交政策、客观报道中国国内的重大事件和改革建设的成就等。

另一方面，受"中国威胁论"和西方媒体反华宣传的影响，中亚国家当地少数媒体经常有涉华反面报道，比如涉及双边关系问题、非法移民问题、民族问题等。这些负面报道的主要原因：一是中亚各国媒体和社会大多对中国缺乏了解，媒体信息采集的渠道很有限；二是一些媒体对华负面报道的目的不是针对中国，而是想借此损害本国政府的形象；三是中亚国家媒体涉华的大部分负面报道源于西方新闻媒体，由于新闻来源局限、经济效益和猎奇的需要等原因，他们往往不进行核实地援引西方媒体信息；四是在中亚国家也存在极少数西方资助的反华媒体，主要集中在"东突"问题上。正因为上述原因，随着中国与中亚共建"丝绸之路经济带"核心区，双方往来越来越密切，媒体间的直接交流，客观、多视角、全方位对彼此国家的及时报道就显得非常重要和迫切。

三、中国媒体对中亚国家的报道与合作加强

通过媒体宣传促进民心相通的路径有很多种，中国与中亚国家通过媒体促进民心相通的路径主要有：重视对中亚国家本土媒体信息的搜集整理等，在中国媒体上加强对中亚国家新闻的报道、形势的分析、经贸信息的传播，以增加中国受众对中亚国家的了解和认知；加强国家间媒体管理机构的双边与多边多种形式的交流，与中亚国家媒体开展多种形式的合作。近年来，随着中国与中亚国家经济交往的省份越来越多，途经中亚国家的中欧班列越来越多，我国国内，尤其是沿海发达地区对中亚国家信息的需求呈急剧上升之势，中国媒体对中亚信息的报道从以往的新疆、西安等西部地区媒体为主，扩展到了沿海等地乃至全国媒体，并呈现出平面媒体、电波媒体和网络媒体全媒体多方位、多视角报道的态势。

首先，在中国，针对中亚国家的媒体主要是报刊等平面媒体和网站等

网络媒体为主，电波媒体相对较少；而在中国国内，由于媒体技术发展的日新月异，介绍中亚国家信息的媒体很多都实现了平面媒体与网络媒体结合或者电波媒体与网络媒体结合，已形成全媒体覆盖的格局，近几年如雨后春笋般开始向多元化、多种所有制、多视角合作方向纵深发展。

由于主办单位和定位不同，进入中亚国家的中国媒体的所有制形式、目标受众不同，资金来源不同，媒体的内容、形式、运行机制和进入哈国的方式也有所不同。但有一点比较接近，即都希望促进中国与中亚国家间的交流与合作。

近年来中国在中亚国家的媒体从中央主流媒体到地方政府和私人媒体都有，且有增加的趋势。派驻常驻记者的媒体机构主要有《人民日报》《光明日报》《经济日报》《环球时报》《法制日报》、新华社等平面媒体、CCTV-4 和 CCTV 俄语频道等电波媒体和部分网络媒体，如新华社在建设现代全媒体集团，拥有各种新闻发布形式和媒体工具，包括传统通讯社业务、报刊业务、网络业务、经济信息服务、数据库和搜索服务、手机和网络及大屏幕等新媒体、电视台等等综合性架构。上述平面媒体主要的常驻地点是哈萨克斯坦的阿拉木图市（现有人口 150 万）和阿斯塔纳，因中亚各国来往相对便利和自由，这些记者还同时兼驻中亚其他国家的记者。在这些媒体中，也有个别在乌兹别克斯坦首都塔什干和吉尔吉斯斯坦首都比什凯克设立了记者站等常驻机构。自 2006 年始，新疆经济报传媒集团利用地缘的便利条件开始向中亚派驻记者和设立办事处。目前已经在塔吉克斯坦、吉尔吉斯斯坦、哈萨克斯坦设立了记者站和办事处。在中亚国家公开发行的中国报刊等纸质媒体已近 20 家，还有些私人投资的内部发行报刊 10 余种，媒体语言主要采用俄语、英语和当地国家主体语言为主。

值得关注的是，部分华人创办的私人媒体在中亚国家发挥了重要的影响，如吉尔吉斯斯坦华人华侨协会创办的一张中文报纸《吉尔吉斯华侨报》在吉尔吉斯斯坦取得了中、吉、俄三种文版许可证以及国际发行刊号；我国华侨在吉尔吉斯斯坦当地创办的服务吉国十几万东干族（回族）的俄文版《回民报》在当地民众获得较大影响，他们及时传播来自中国经济发展、留学等社会各领域的信息，这两张报纸都是私人创办，免费赠阅，在吉尔吉斯斯坦影响力稳固扩大，极大地促进了吉尔吉斯斯坦回民与我国陕西、新疆等地的经贸和人文交流。而《大陆侨》杂志是由新疆对外文化交流协会和比什凯克人文大学联合主办，新疆经济报传媒集团承办的纯俄文杂志，内容主要以中国经济信息为重点，并辅以传播中国文化，发行区域主要面向俄语区的吉、哈、乌等中亚国家的政府、商业机构、企业社会团体、外国机构以及大学、大型综合商贸市场、宾馆酒店、境外航班、国际列车、华人华侨社团等，发行量为 11000 份，是迄今新疆乃至中国面向中亚及俄罗斯发行量最大、最权威的纯俄文杂志。《友邻》杂志是中国新疆与哈萨克斯坦民间组织共同创办的用哈语出版的综合性文化类期刊，也是我国新疆第一份走出国门的哈萨克语杂志，每月出版一次，全彩印刷，杂志以图文并茂的形式向哈萨克斯坦读者介绍中国的历史、传统文化、民俗风光以及社会和经济发展状况。这些在中亚国家的中国媒休为促进中国与中亚国家受众的相互认知和理解起到了重要的作用。

在我国国内，针对中亚国家市场的中国媒体如雨后春笋般相继涌现，主要在商贸信息领域，政府、私人对该领域的投资都在急剧加大，前景十分看好。在我国国内平面媒体主要有《新疆日报》《新疆经济报》等报纸，以及北京的《俄罗斯中亚东欧研究》《俄罗斯中亚东欧市场》（现更名为《欧亚经济》）等学术期刊，新疆的《中亚信息》《大陆桥视野》《中国经贸·中亚板》等专门杂志，《新疆社会科学》《新疆大学学报》《新疆社科论坛》《新疆金融》《新疆财经》《新疆师范大学学报》等学术刊物陆续开设了中亚专栏，成为我国受众了解中亚信息的主要媒介。电波媒体中我国新疆地区的少数民族语言广播和电视节目可辐射到周边的中亚国家，CCTV 四套节目和俄语电视节目可覆盖包括中亚国家在内的整个独联体地区。网络媒体中，我国涉及中亚国家的专门网站已达上百家，主要有上海合作组织网、中国商务部、外交部等有关部门网站，近年来不仅陆续增加了有关中亚的专栏，来自中亚国家媒体的信息量也显著增加，这些为我国受众了解中亚国家政治、经济、社会等各领域信息和深度分析提供了越来越及时、详细的咨询服务，极大地促进了民心相通。①

新疆、陕西等我国西部省区各级政府网都设有关于中亚的专门信息，郑州、重庆等第二亚欧大陆桥班列沿途地区的政府网站涉及中亚及双方合作的信息也越来越多；此外，在中国新疆，有关中亚的资讯已深入到人们生活的各个领域，天山网、亚心网、中亚贸易网、中亚科技信息网等政府资助建立了专门的信息网站。还有些口岸、企业网站介绍有关中亚的资讯和专业信息，如我国新疆的奎屯市，国家商务部支持下由商贸、物流和科技企业共同投资组建，在中国（奎屯）—乌兹别克斯坦商品交易平台的基础上于 2011 年正式成立的国有企业亚欧国际物资中心，建立了我国首个面向上海合作组织成员国间多边贸易的第三方全流程电子商务交易与服务平台，直接为企业合作服务，主要为上合组织成员国企业提供专业的"跨境竞价拍卖""跨境征信""跨境结算""跨境物流"等贸易金融服务。②2014 年 9 月，我国新疆克拉玛依市成立了国内首家云计算交易平台新疆中亚商品交易中心股份有限公司，将围绕"互联网金融化理论""西数东输""云经济师"三个战略规划发展。③中国与中亚的媒体合作正在向更加务实的纵深方向发展。

近年来，中国与中亚国家政府推动下的媒体合作论坛等机制逐步常态化，平台正在建立。中国与中亚国家举办了"中国·新疆 2007 中西亚媒体论坛""中亚传播论坛""丝绸之路经济带媒体合作论坛""'一带一路'媒体合作论坛"等行业合作机制；以及中国—中亚合作论坛、中国—亚欧博览会、欧亚经济论坛等媒体合作分论坛，共同探讨媒体合作，并形成了

---

① 王海燕：《贸易投资便利化——中国与哈萨克斯坦》，华东师范大学出版社 2012 年版，第 138—148 页。

② 《新疆奎屯市全力打造商贸物流中心》，2011 年 2 月 21 日，http://www.56888.net/news/2011221/417147628.html。

③ 《国内首家云计算交易平台在新疆克拉玛依市正式上线》，《新疆日报》2014 年 9 月 29 日。

定期或不定期合作交流机制。人民日报社积极承担起媒体的责任和使命，推动了信息资源共享，与23个国家的33家主流媒体签署了《双边合作谅解备忘录》，建立稿件互换机制，加大内容推送力度。尤其是由人民日报社2014年起一年一度主办的"一带一路"媒体合作论坛，已成为由中国媒体举办的，参与国家最广、媒体数量最多的全球媒体峰会。2016年"'一带一路'媒体合作论坛"与包括吉尔吉斯新闻网等中亚国家媒体在内的参会国形成六大成果：一是正式上线多语种的"'一带一路'全球媒体协作网"；二是成立"'一带一路'沿线国家新媒体联盟"；三是联合推出"'一带一路'新闻报道多语种服务云平台"，实现全媒体传播，提供交互化翻译；四是设立"'一带一路'媒体合作论坛秘书处"，负责落实双边和多边媒体合作具体事务；五是适时启动"一带一路"多国跨境联合采访，邀请沿线国家媒体参加，数路并发，多国联动，横跨亚欧非，覆盖多领域；六是出版《丝路华章》文献汇编，以中、英、法、俄、西、阿六大语种在全球发行。①"'一带一路'媒体合作论坛"等平台将为中国与中亚国家的媒体合作开辟更加广阔的合作领域。

但总体来看，在信息搜集、整理、翻译、发布等方面还处于摸索阶段，无论是信息数量、准确性还是加工质量都亟须提高。

四、中国与中亚国家媒体合作面临的挑战

1. 中亚国家的媒体政策对合作限制较多

中亚国家的媒体政策对合作限制较多，这是中国媒体进入中亚国家采访的关键影响因素。如中国驻哈国媒体机构的一切活动必须遵守哈国《大众媒体法》中关于外国记者和新闻机构管理规定，该法规对境外新闻机

---

① 杨振武：《携手共奏"一带一路"同心曲》，人民网—财经频道，2016年7月26日，http://finance.people.com.cn/n1/2016/0726/c1004-28584300.html。

构的进入和采访活动进行了规范：外国新闻机构派驻记者和设立常驻新闻机构，实行申请批准制度。而对资本进入从事新闻采访和一些业务运营的中国传媒来说，其面临的政策限制主要表现在以下四个方面：(1) 包括所有权限制、资本运作方式限制等在内的资本进入限制；(2) 包括区域限制、市场占有率限制在内的市场覆盖限制；(3) 包括意识形态、文化传统和民族风俗等在内的内容标准限制；(4) 包括驻在国强调出版物部分使用本民族语言，造成出版系统和翻译人员的对接障碍。① 哈萨克斯坦还将对境外媒体进入的主要途径——期刊版权合作的方式进一步规范。中国媒体借"版权合作"之名进入该国的做法将受到限制和严格管理。乌兹别克斯坦和土库曼斯坦队外国媒体进入的限制更为严厉，吉尔吉斯斯坦的相对宽松，但也有很多限制，塔吉克斯坦的限制与哈萨克斯坦类似。这些都影响中国与中亚国家媒体间的直接和长期合作。

2. 观念影响和实力限制

中亚国家的媒体普遍资金不足。如哈萨克斯坦从 1994 年开始大规模实行私有化改革，目前私有化程度是独联体内最高的国家，吉尔吉斯斯坦紧追其后，商业和服务业私有化已经达到 90% 以上，急剧的私有化对上述两国的新闻业造成了巨大的冲击，大多数媒体失去了来自国家的财政拨款，生存危机日趋严重，单纯追求利润，忽视社会责任和传统道德观念的倾向突出。尽管大家普遍看好中亚市场，对中亚信息了解的愿望很强烈，但由于目前在中亚的中国企业贸易形态以中小型企业占大多数，受观念影响和实力限制，对创品牌、做中长期的规划不够，因而对产品和企业在中亚国家的宣传不是很重视，动力不足，对媒体的支持力度不够，影响了靠广告收入维持的大部分对中亚国家媒体的发展。从目前来看，中国媒体进入中亚国家尚处于初期阶段，与西方媒体的先前进入和资金扶持相比，中国媒体多数还未实施有效的市场化运作，更谈不上进

---

① 夏秋月：《哈萨克斯坦媒体现状及新闻出版制度》，《青年记者》2016 年第 6 期。

入盈利状态，大多是贴钱运营。政府全面规划、资金扶持的力度远远不够，部分媒体处于靠拉广告勉强维持的状态，在较大程度上影响了双方媒体合作的水平。

3. 外国媒体的竞争加剧

中亚各国近年来经济下滑，对大多数媒体财政支持减少乃至终止，极大地影响和削弱了其对媒体的管理和监督能力，除少数媒体外，大多数新闻机构已经不在政府的控制之下。特别是吉尔吉斯斯坦政府取消了对媒体新闻的检查制度，媒体言论自由度瞬间开放，使一些媒体被外国财团所控，经常出现危及国家社会稳定、泄露国家机密、攻击国家领导人和色情淫秽等方面的报道宣传。哈、吉两国新闻业已越来越为各种经济、政治利益集团所控制。一方面，俄罗斯在中亚国家的报刊等平面媒体和电视、电讯等电播媒体领域保持了强势的存在感和影响力，尤其是其电视节目成为中亚国家普通民众多年来习惯生活的重要组成部分，其对世界大势的观点和立场不知不觉地影响着中亚国家受众的认知和判断。另一方面，欧美等西方国家的电视、网络等点播和网络媒体在中亚国家越来越多，并对新一代受过教育的中亚国家青年产生越来越大的影响力；特别是美国几年来邀请了数百名中亚国家新闻机构负责人和知名记者访美，举办国际研讨会，传授新闻自由化经验，以参与股份的形式扶持西方媒体进入中亚国家的新闻业，哈、吉两国媒体有西化的趋势。而中国媒体进入中亚国家的时间较晚，媒体数量较少，在中亚国家的影响还很有限。

4. 受众的接受程度制约

由于国情、文化、体制、习惯、语言等等的差异，针对中亚国家媒体的语言、印刷、内容等如何以让人喜闻乐见、轻松愉快的形式出现，更符合中亚国家受众的心理和习惯，让人乐于购买和阅读，是一个长期的过程，需要媒体人对受众心理有深入了解和准确的把握，不断地、及时地进行调整和改进。

5. 人才短缺和流动难

对于一些拟在中亚国家落地的专业媒体来说，具有语言、翻译、管理等综合能力的高素质人才短缺一直是影响中国对中亚国家媒体发展的一大制约因素，严重影响中国媒体在中亚国家本土化采编、宣传、出版等的发展。如何解决人才以及人才本土化问题成为瓶颈问题。此外，有的中亚国家的签证办理周期较长，经费不断提高，影响媒体采编人员的便利往来。

五、对策建议

1. 选择合适的进入方式

中国媒体在进入中亚国家之前，首先应对各国有关外国媒体进入的相关法律、政策和限制条款进行前期研究；其次，寻求国家有关部门的支持和帮助，通过国家与对方媒体或信息机构建立起合作关系；最后，借鉴俄罗斯、欧美国家媒体在中亚不同国家的进入方式和成功经验，以合法、合规、灵活的方式开展有效合作。如首先以满足华人华侨、中国外交人员、中资机构、中国商人以及中亚国家商人等对中国信息的需求，先开办中文、俄文或哈文报刊进入中亚国家信息市场；或与中亚国家开展电子商务合作，及时有效地发布和传递中国与中亚国家商品供需信息；或采取机构互访、互派学习、相互培训、信息交换、共享，为信息采编提供便利等；或利用吉、哈、塔等中亚国家报纸、信息网站大多对中国广告的进入持欢迎态度的机会，直接与报社、网站等媒体开展代理合作业务；或直接在吉尔吉斯斯坦比什凯克或哈萨克斯坦阿拉木图等政策宽松、条件较好的重点城市成立信息公司，先期负责代理国内的广告（产品）进入中亚市场以及各种经济信息的搜集、整理、交换、反馈国内，负责前期中亚旅游市场、商务考察以及商贸合作中介的调研开发工作，有效促进双方务实合作。

2. 分步骤、分阶段合作

由于信息业和媒体涉及国家安全，是敏感领域，中国与中亚国家的信息合作不可冒进，宜分阶段分步骤地开展。从大的法律环境看，中亚大部分国家在法律上允许外国媒体进入市场。中国媒体可对中亚国家的传媒业、信息业和受众阶层进行充分的考察和了解，找出可能与其合作的报纸、杂志、网站等媒体，针对不同人群以灵活多样的方式，有选择性地考虑以合作、参股的办法与中亚国家媒体合作，对等交换广告信息，及时反馈，扩大双方媒体的空间和受众范围；提供信息、财力、技术和设备支持，进行信息合作与共享，争取互利双赢的合作。在与这些平面媒体合作后，可再拓展到其网站等网络媒体，逐步形成全媒体覆盖的格局。

3. 直接采用当地语言

语言是媒体的基本元素，只有符合受众的语言习惯才可能被接受。中国与中亚国家的媒体合作必须采用当地语言才可能生存。就目前而言，由于人才、习惯等因素制约，双方合作的难度较大，中方在中亚国家的媒体可考虑采用俄义、中亚各国主体语言、英语等语言。中国新疆与中亚国家有多个跨界民族，与中亚国家的主体语言口语相同或相近，但书面语言不同，目前比较通用的还是俄语和越来越多运用的英语。中国在中亚国家的媒体使用当地国家主体民族语言的还很少，主要是当地化运作，请当地的人员在语言上把关。上海外国语大学等刚刚开始培养乌兹别克语、哈萨克语等中亚国家语言的翻译人才，填补该领域的空白尚需时日。

4. 整合国内外媒休

媒体合作涉及中国与中亚国家双方的受众。一方面，应加大力度整合国内能够走出去的媒体资源。面对日益巨大的中亚国家信息市场，中国有越来越多的媒体和企业开始关注并进入这一领域，其中包括各种所有制、规模不等、内容各异的媒体，这些媒体的水平差别较大，有以宣传为主的，大部分是以营利为目的，针对中亚信息市场的媒体竞争开始激烈。像亚心网、中亚贸易网、中亚科技信息网等媒体已开始获得较为广泛的关注和认可，这些媒体可充分利用政府的支持政策，争取获得来自政府、丝路基金等多元化的融资支持，整合国内媒体资源，强强联手、资源互补，构建其更加权威、可信度高、时效性强、稳定性强，有强大财力支撑和政府支持的平面、电波、网络一体化的全媒体合作网络。另一方面，中国和中亚国家的媒体产业发展环境逐步优化，我们应抓住乌兹别克斯坦等中亚国家和中国的有关政策也开始松动，由原来的严格控制到现在的限制性进入，传媒业重新洗牌，优化升级的契机，扩大中国在中亚媒体的份额，建立与双方经济合作水平规模相当的媒体合作体系。

5. 促进人员培训和往来

针对中国和中亚国家缺乏既懂对方语言又熟悉媒体业务的媒体从业人员，建立中国与中亚国家媒体合作专项基金，为共同的媒体项目提供资金支持，培训专业的新闻从业人员。合作培养在中国和中亚国家多国实习过，熟悉各国国情，能熟练运用多国语言，接受过正规新闻传播专业训练，具有媒体从业资格证的复合型人才。同时，争取中国与中亚国家之间对对方国家媒体工作人员的签证便利，对等合作。

展望未来，中国与中亚国家的媒体合作潜力巨大，通过媒体广泛合作，促进民心相通，推进"一带一路"建设，前景广阔。

第三节　"一带一路"与对外传播话语体系构建[①]

一、"一带一路"对外传播话语体系构建

"一带一路"对外传播话语体系的构建，不仅是基于全球舆论格局中

---

① 作者：刘鹏飞，人民网舆情监测室副秘书长，人民网新媒体智库高级研究员；张力，人民网新媒体智库研究员；杨卫娜，人民网新媒体智库助理研究员。

"一带一路"沿线国家谋求话语权的需求，也是"一带一路"倡议自身扩大在全球传播的需求。在宏观层面，当前世界主要国家普遍把加强对外传播作为增强国家文化软实力的重要手段。各国政府都重视加强公共媒体建设、强化网络宣传，积极传递价值理念、塑造国家形象、扩大文化影响。[1] 网络新媒体的迅猛发展，为中国打破西方垄断、谋求国际传播话语权提供了新契机。

2015 年 5 月，习近平总书记就《人民日报·海外版》创刊 30 周年作出重要批示，对《人民日报·海外版》已取得成绩进行肯定，并对未来发展寄予希望，而且针对对外传播整体提出了"时代新要求"，反映出战略思考：以传播中华优秀文化，宣传介绍中国发展变化为任务；以把握海外读者乐于接受的方式，掌握易于理解的语言为手段；以讲述好中国故事，传播好中国声音为目标。

2016 年 12 月 31 日，在中国国际电视台（中国环球电视网）开播之际，习近平主席发去贺信并指出，当今世界是开放的世界，当今中国是开放的中国。习近平强调，中国和世界的关系正在发生历史性变化，中国需要更好了解世界，世界需要更好了解中国。

在"一带一路"自身传播层面，研究其对外传播话语体系也极具重要意义。自 2013 年"一带一路"倡议提出及 2015 年 3 月《推动共建丝绸之路经济带和 21 世纪海上丝绸之路的愿景与行动》文件公布以来，国内外舆论对"一带一路"倡议的意图、政策手段、前景、推进过程、影响等方面的议题都展开了长期的观察与讨论。

总体而言，2015 年国际舆论对"一带一路"的关注与讨论整体客观，但也夹杂不同的声音。

其中，在倡议提出后，国际舆论主要聚焦于"一带一路"的本质以及对世界各国以及全球带来的影响。例如，2015 年英国《金融时报》曾有

---

[1] 《为什么要加强国际传播能力和对外话语体系建设》，新华网，2014 年 1 月 31 日。

报道《"一带一路"能否改变全球体系?》称，"一带一路"倡议是中国国际经济战略的核心，中国的"一带一路"倡议将对亚洲地区和全球企业产生重大商业影响，但也使整个亚洲面临更大全球风险。

此外，和平与安全、法治、环境、人才、文化等角度也是国际舆论关注"一带一路"的重要角度。有国外媒体担心"一带一路"带来的全球各个地区的所谓"地区安全"问题。如美国之音《"一带一路"险阻重重》中明确指出，"这个雄心勃勃的项目有可能让北京卷入很多外国的国内纷争"等。瑞士《新苏黎世报》在2015年5月也曾刊文表示："不论是'一带一路'规划，还是中国不断增长的军费预算，都在加剧亚洲邻国以及美国的不安情绪。"这些报道和言论代表了境外不同的声音，也让人们认识我们深处于多元化的国际舆论场，各种代表性观点都应引起足够重视，以利于化解误解和隔阂，并进一步积极研判解读和答疑释惑。

与2015年相比，2016年"一带一路"议题关注度有所下降。在2016年中，"一带一路"议题在全球传播的热度呈现出上升的趋势，更多属于周期性的上涨。对比2015年与2016年两年间的情况，我们发现，关于"一带一路"的讨论与关注热度正在经历着一个逐步深入探讨的过程。消息类和深度解读类有此消彼长的变化。

相较于2015年，2016年全球关于"一带一路"的报道则更为客观、也更具深度。而且，"一带一路"对外传播成功与否将极大影响着中国及沿线国家参与全球治理的话语权。

据IMF统计，即使在2014年国内经济增速出现明显下滑的时候，中国经济对世界经济年度增长的贡献率仍近1/3，依然是年度贡献最大的国家。我国的"一带一路"本身就蕴含了一种话语体系，作为提振全球经济的新增长点，自提出以来就被国际社会寄予了厚望，不仅被国内外媒体争相报道，国外元首也在重要的国际会议和议程中多次引用这一全新的话语体系。有观点指出，"一带一路"合作倡议不仅是中国主导的新一轮全球化浪潮的标志，也标志着中国开启主动引领全球经济合作和推动全球经济治理变革的新阶段。①

简言之,"一带一路"在全球传播正经历一个逐步冷静、转向观察与深度分析的过程,理解与误解依旧并存。宏观层面,"一带一路"的全球传播状况也恰是我国在国际社会中话语权、国家形象以及对外传播水平的缩影。因此,观察与对比中西方主流媒体 2016 年涉"一带一路"议题的报道,对我国对外传播以及"一带一路"全球传播乃至倡议的推进,都有极大的意义。

二、研究方法

如上述所言,本研究将通过对比 2016 年中西方主流媒体涉"一带一路"议题报道上的差异,考察我国在"一带一路"对外传播的议程效果,思索"一带一路"对外传播话语体系的构建问题。

具休而言,本研究主要运用内容分析和框架分析的方法。通过对比中国与西方主流媒体的传播内容,观察双方在时间、议题、内容等维度上的不同,判断我国通过外交、合作交流以及媒体报道等方面对"一带一路"对外传播议程设置的成效。

在报道语言的选择上,本研究对比的中国媒体报道以及西方媒体报道均主要选取英文报道。诚然,关于"一带一路"倡议的对外传播应尊重与重视当地民众的通用语言。有统计指出,"一带一路"建设涉及国家的国语或国家通用语有近 50 种,再算上这一区域民族或部族语言,重要者不下 200 种。② 但更不能否认的是,在全球化趋势下,英语新闻仍然是构建国家形象以及推进国际化稳步发展的重要手段。在国际舆论场上具备影响力的媒体与文章仍是英文为主,国家间政治、经济、乃至文

① 刘再起、王蔓莉:《"一带一路"战略与中国参与全球治理研究——以话语权和话语体系为视角》,《学习与实践》2016 年第 4 期。

② 李宇明:《"一带一路"需要语言铺路》,《人民日报》2015 年 9 月 22 日。

化、学术交流也以英文为主。近些年，我国海外影响力的打造、中央媒体的海外传播影响力构造，也以英文为主。综合上述种种原因以及研究资源的限制，本次对比研究的中西方媒体报道内容，也因而聚焦在英文语境下。

在内容分析方面，借助 Factiva 数据库，我们将对搜索结果进行全文本分析以及抽样的文本分析。在全文本分析方面，本研究主要对比两组数据——中国主流媒体涉"一带一路"的英文报道以及西方（欧洲、美洲）媒体涉"一带一路"的英文报道。

在对比框架方面，本研究下设热度、议题、提及的组织机构、提及国家与地区以及报道倾向性。具体而言，基于 Factiva 系统对搜索结果文章的自动标签功能，研究人员根据设定的对比角度进行重新整理与归类。

最后说明，本次研究样本的搜索时间范围在 2016 年 1 月 1 日至 2016 年 12 月 31 日。

三、研究发现

（一）热度趋势对比

2016 年全年，中国媒体涉"一带一路"议题英文报道总量为 4535 篇，月均报道量为 378 篇；境外媒体 2016 年涉"一带一路"议题相关英文报道总量约 7300 篇，月均报道量约 610 篇。

热度变化趋势上，根据中外媒体报道的热度变化趋势线可以看出，中国媒体报道热度总体呈上升趋势，境外媒体则呈下降趋势。

具体而言，2016 年中国媒体相关报道热度呈波动上升趋势，上半年热度起伏较大，下半年热度起伏趋缓，第四季度热度整体较高，11 月达到全年高峰，该月报道量超 500 篇。西方媒体则表现出对"一带一路"倡议持续关注的态势，5—7 月为全年热度高峰时段，6 月为全年热度最高峰，报道量超 800 篇。

值得注意的是，在 4 月份之后，中外媒体涉"一带一路"议题报道热度趋势变化呈现一定程度的相似性，境外媒体对"一带一路"的报道高峰与中国有关"一带一路"的对外传播高峰相吻合。

(二) 议题分布对比

1. 中国媒体外交和经济类议题占比过半

将涉"一带一路"报道进行大致划分，中国媒体涉及"一带一路"报道议题以外交类（29%）和经济类（28%）议题占主导，总占比超过一半。

根据报道内容具体分析，外交类议题主要涉及国际关系、出访活动、军事动态等；经济类的议题涉及领域广泛，涵盖经济状况、投资并购、企业发展、经贸合作、关税政策、货币政策、经济全球化、金融市场、进出口业务、商展等等主题；政治类（16%）议题涉及国内政治、选举、反腐、政府政策等主题；社会类（7%）议题涵盖旅游、教育、体育、移民、城市发展、气候变化等；文化类（5%）议题主要为文化遗产、音乐、电影戏剧等。

2. 境外媒体报道议题较为均衡

与中国媒体相比，境外媒体涉及"一带一路"报道议题上分布较为均衡，综合类（21%）占比更大，反映出境外媒体对该倡议关注角度多样，较为全面。而经济类（22%）议题占比位居首位，在细分领域，主要聚焦经济状况、投资并购、企业发展、经贸合作等等，比中国媒体相关报道所涉及领域更为集中。

政治类（17%）和文化类（16%）议题分列第三、四位。西方媒体政治类议题占比与国内媒体相当，而对文化类议题的关注远高于中国媒体。政治类议题以国内政治占大多数，对法制建设较为关注。文化类议题则涉及音乐、电影、文艺等。

外交类（12%）与社会类（11%）议题较为靠后，但是与其他话题占比差距并不大，外交类话题中主要关注的是外交关系与恐怖活动等，社会类议题中旅游话题尤为突出，此外还涉及宗教、教育等。①

（三）报道提及的国家或地区对比

1. 外交活动是中国媒体对外传播的重要部分

媒体在涉"一带一路"报道中对某一国家或者地区的关注度在一定程度上反映了该国家或地区与"一带一路"的联系紧密程度。

据统计，中国媒体 2016 年涉"一带一路"报道中提及最多国家依次为中国（4326 篇）、俄罗斯（223 篇）和美国（184 篇），其中中国被提及报告篇数远超过其他国家。总体而言，所提及国家遍布欧洲、美洲、非洲、亚洲。此外，中国媒体涉"一带一路"英文报道中提及较多的国家与习近平主席 2016 年的出访足迹较吻合。如埃及（109 篇）、波兰（92 篇）、柬埔寨（85 篇）、乌兹别克斯坦（81 篇）、塞尔维亚（76 篇）均为习近平主席 2016 年的出访国，也是"一带一路"建设沿线重要国家。这也在一定程度上反映出，领导人外交活动是我国媒体"一带一路"对外传播重要组成部分。

在地区上，中国媒体 2016 年涉"一带一路"报道中提及较多的地区以国内城市为主，主要包括北京（260 篇）、杭州（137 篇）、香港（103 篇）、上海（91 篇）、西安（80 篇）等。其中杭州的相关报道与中国杭州 G20 峰会的召开不无关系，城市举办世界级盛会，对于完善城市对外传播格局和推动城市国际化意义重大。而提及最多的前十个地区中，埃及首都开罗（58 篇）和伊朗首都德黑兰（44 篇）是其中两个国外城市。习近平主席 2016 年年初中东之行，是中国国家主席时隔 12 年再次访问埃及，14 年来首次访问伊朗，可见亚非地区在中国外交和"一带一路"中的重要地位。

---

① 注：综合类议题指报道综合涉及多个议题类型，无明显的某一方面议题侧重；经济类/政治类/外交类/社会类/文化类议题指报道以经济/政治/外交/社会/文化主题占主导，有较为明显的议题侧重。

2. 境外媒体侧重报道"一带一路"与欧美大国

观察境外媒体 2016 年涉"一带一路"的报道中所提及的国家，中国（2947）被提及篇数仍然位于首位，但是与国内媒体报道相比，中国与其他国家的篇数差距明显缩小。依次排在后面的国家为美国（1299 篇）、俄罗斯（1077）和英国（623），均为欧美大国。此外，其他提及较多的国家中以东欧和中亚地区国家占多数，如乌克兰(283 篇)、白俄罗斯(220 篇)、哈萨克斯坦（189 篇）和乌兹别克斯坦（162 篇）。

而在地区方面，境外媒体报道提及地区分布更为分散，除了北京（302）、香港（220），其余均为国外地区，以首都或国家经济中心为主。如俄罗斯首都莫斯科(176 篇)、美国经济中心纽约（105 篇）与首都华盛顿（82 篇）、拉脱维亚首都里加（97 篇）、比利时首都兼欧盟总部所在地布鲁塞尔（72 篇）等。其中在有关里加的报道中，"16+1"合作机制占据重要篇幅。

比如，拉通社 5 月报道，2016 年 5 月 16 日至 17 日，首届中国—中东欧国家（16+1）交通部长会议于在拉脱维亚首都里加举行。会议一致通过了主题为"深化物流合作"的《里加交通物流合作纲要》。拉通社 7 月的另一篇报道称，拉脱维亚总统韦约尼斯在会见中国总理李克强时说，拉脱维亚和中国在扩大双边经济合作方面有很大的潜力。他表示，拉脱维亚的优先发展产业是运输和物流业、基础设施投资、贸易合作和旅游业，"拉脱维亚正在积极寻找潜在的新市场，中国是拉脱维亚商品和服务最具吸引力的目的地之一，'16+1'合作机制是双边关系和中欧全面战略伙伴关系的有意补充"。此外，李克强总理 11 月 4 日在拉脱维亚《独立报》发表题为《推动中拉友好之舟行稳致远》的署名文章等均引发境外媒体的报道。

（四）报道涉及组织机构对比

1. 东盟和上海合作组织被中国媒体提及最多

在涉及"一带一路"相关报道中，东盟（140 篇）、上海合作组织（114 篇）、亚投行（96 篇）等组织机构被中国媒体提及较多。在"一带一路"

倡议下，中国与东盟的经贸关系重要性更加凸显。从地域上看，东盟是"21 世纪海上丝绸之路"的关键枢纽。从经济联系上看，东盟是中国建设"21 世纪海上丝绸之路"中经贸与投资总量绝对不容忽视的一部分。从国家投资的方向上看，亚洲基础设施投资银行与丝路基金的相继成立，无疑将东盟诸国作为重要的投资扶持的目的地。上海合作组织、亚投行作为推进"一带一路"的多边合作机制，也成为中国媒体报道的重点。

二十国集团（77 篇）也被中国媒体经常提及。2016 年 9 月 4 日至 5 日，二十国集团（G20）领导人第十一次峰会在中国杭州举行，这也是中国首次举办首脑峰会。峰会期间，"一带一路"也成为与会嘉宾热议的话题。由此中国媒体报道涉"一带一路"中不少报道提及二十国集团。此外，以俄罗斯主导的欧亚经济联盟（76 篇）和欧盟（53 篇）等组织也是中国相关报道的重点。

2. 西方媒体关注欧亚经济联盟

在涉及"一带一路"相关报道中，境外媒体对欧亚经济联盟（185 篇）最为关注。自"一带一路"倡议提出以来，如何推进中国倡导的"一带一路"与俄罗斯主导的欧亚经济联盟对接一直被受各方关注，与此同时，欧盟国家对"一带一路"建设也有着举足轻重的作用。

与中国媒体相同，上海合作组织（109 篇）被提及的报道量也位于第二，2016 年是上海合作组织成立十五周年，"一带一路"倡议为上合组织区域经济合作注入强大新动力。

境外媒体提及欧盟（106 篇）的报道也远高于中国媒体，而对东盟（35 篇）的关注较低，反映出境外媒体对"一带一路"倡议的关注多立足于本国视角。

此外，能源、金融行业的企业机构也是境外媒体关注的一部分，如中国石化(57 篇)、中国进出口银行(28 篇)。另外，境外媒体 2016 年涉"一带一路"的报道中还提到了极端组织"伊斯兰国"。2016 年恐怖活动多发，随着"一带一路"倡议逐步推进，区域稳定和各国不断加强反恐合作成为现实需求。

四、中外媒体报道倾向性比较

(一)中国媒体报道倾向性

1."一带一路"可为全球经济增长提供动力

例如,新华网英文报道《中国"两会"为全球发展提供巨大契机》指出,迄今为止,覆盖全球五分之二大陆地区的"一带一路"倡议,受到了60多个国家的好评,有些国家已经把本国的发展战略同这个跨区域规划连接在了一起。报道转述专家们预测,"两会"代表们将会进一步讨论如何完成"一带一路"等伟大工程,以便与他国,尤其是发展中国家,更好地分享中国几十年来的经济发展成果。再如,《中国日报》报道《习近平谈G20:走向包容的世界经济》引述习近平主席观点:"中方推动二十国集团领导人峰会聚焦发展问题,推动共建'一带一路',就是要助力2030年可持续发展议程。"

2.高度关注"一带一路"倡议的推进过程

具体而言,"中国与'一带一路'多国签标准化合作协议""亚美尼亚将积极参与'一带一路'建设""马来西亚迎来'中国投资热'""中白打造'一带一路'标志性工程""巴拟融资17亿美元建中巴经济走廊高速"等等关于"一带一路"倡议在沿线国家乃至全球的落实情况,新华社、人民网等多家媒体在2016年均有大量英文报道。此外,《环球时报》12月底也刊登了分析文章《"一带一路"在2017年将会进一步落实》,对"一带一路"倡议的未来展示出信心。

3."一带一路"落实需要调整策略

《环球时报》曾发布多篇关于"一带一路"落实中可能遇到的新问题以及解决思路。例如,有报道分析,如果"一带一路"倡议仅仅关注于其他地区的基础设施投资与建设、而不是基础设施建设后如何推动地区贸易增长,那么"一带一路"将失去可持续性。中国海洋战略论坛理事长李雨在中国海洋战略产业投资基金正式成立的活动上接受《环球时报》采访时则表示，"一带一路"进一步落实需要更多来自非政府背景的人士或者群体参与。此外，《环球时报》还曾刊登驻墨西哥的中国问题专家克里斯·多尔比观点——中国在中东推进"一带一路"倡议时应发挥更多政治与军事影响力，从而消减来自恐怖主义与地区不稳定的因素。在政治策略上，中国日报文章《"一带一路"不是"地缘政治"》再次引述了2015年十二届全国人大三次会议上中国外交部部长王毅的观点："一带一路"诞生于全球化时代，它是开放合作的产物，而不是地缘政治，不能用过时的冷战思维去看待。

4. 产能合作将有利于更多国家参与"一带一路"建设

《中国日报》文章《中国不会出现第二次下岗潮》报道称，中国国家发改委主任表示，中国产能合作将促使更多国家参与"一带一路"计划。其中一部分国家正在实行工业化和城市化，需要进一步加强基础设施建设和产业结构升级。中国企业正好可以助其一臂之力。新华社则是通过当地记者资源的优势，采访与报道欧盟、法国、埃及、巴基斯坦、乌克兰等国家与国际组织对"一带一路"倡议的看法，出现大量支持的声音。

5. "一带一路"倡议是对古代丝绸之路的传承

《环球时报》报道《"一带一路"沿途：古代与现代在丰富的风光与文化中碰面》讲述了一位在上海某咨询公司工作的国外友人，沿古代丝绸之路游玩的故事。该国外友人在文章中表示，因为相信"一带一路"倡议的落实会带来地区的发展与改变，所以他希望提前来再感受一下古代丝绸之路的气息。

（二）境外媒体报道倾向性

1. 聚焦"一带一路"如何重塑全球经济版图

对"一带一路"的经济影响力，境外媒体给予了高度关注，同时观点也较为多样。一些文章分析了"一带一路"对中国及全球经济发展的重要性。如英国杂志《经济学人》2016年7月2日发表文章评论中国如何用"一带一路"的重塑全球经济。

《经济学人》的文章称，中国最大规模的外交及经济政策正在渐进加速、初步成形。文章认为，"一带一路"如此重要主要有三个原因：首先，这些项目规模巨大。官方数字称正在向 900 个项目投资 8900 亿美元。其次，"一带一路"的重要性在于它对中国的意义。中国领导层似乎认为"一带一路"是延伸中国商业触角和软实力的一种手段。这也将在中国更为宏观的对外政策思想中发挥作用。中国直到 2020 年都可以利用基本上良性的安全环境来实现其在不引起冲突的情况下提升全球影响力的目标。最后，"一带一路"之所以重要，是因为"它将挑战美国及其关于世界贸易的传统思维方式"。按照这种传统观点，世界上存在两个主要贸易集团——跨大西洋集团和跨太平洋集团，其中欧洲属于前者，亚洲属于后者，美国则是每一个集团的中心。但"一带一路"却把亚洲和欧洲当成一个统一场所，中国——而非美国——将是这个场所的中心。"一带一路"已经开始对"欧洲和亚洲属于两个不同贸易集团"的概念发起"挑战"。

也有文章提供了较为理性的思考。英国《金融时报》认为，"一带一路"可能是个令人着迷的倡议，也是相关国家的巨大机遇。然而，要想实现其热衷追随者通常描述的"双赢局面"，它输送的投资必须产生利润才行，否则中国资本最终将转移到其他地方。

2. 对"一带一路"地缘政治博弈看法矛盾

十二届全国人大三次会议记者会上，中国外交部部长王毅在回答记者提问时表示，"一带一路"是开放合作的产物，而不是地缘政治的工具，更不能用过时的冷战思维去看待。而境外媒体特别是一些西方媒体在报道"一带一路"的地缘政治影响力方面表态较为矛盾。

美国《纽约时报》2016 年 8 月 24 日文章《为什么 TPP 不会提升我们的安全性》认为，TPP 不会阻止中国制定未来的一部分世界贸易规则。一个关键原因是，华盛顿无法再提供一项极为划算的协议。在"美国治世"时期，美国可以用贸易协议换来盟友和地缘政治影响力。但那个时代已经结束了。相比之下，中国现在从多个重要的衡量标准来看都是全球最大的经济体。它正在把自己拥有的大约 4 万亿美元资金储备投资到像"一带一路"计划这样的全球基础设施上。换句话说，奥巴马政府完全正确，它认为美国需要一些工具来制衡中国在亚洲和全球日渐增加的影响力。但除非能够拥有接近于中国的活力，否则美国别指望用过时的贸易协议来制衡中国的经济和地缘政治影响力。

美国《纽约时报》2016 年 10 月另一篇报道中国企业在格鲁吉亚发展商业的文章评论称："'一带一路'不仅涉及建设铁路、港口和其他基础设施，还包括提升中国在从中亚延伸到高加索再到东欧的一系列国家的经济影响力。"文章揣测中国或是将投资地"变成自己的地缘政治议程的平台表现出很大兴趣"。

可以看出，中国的"一带一路"倡议仍有较大的释疑空间。一方面，随着中国企业"走出去"，用生动现实的案例增进理解信任；另一方面，部分西方媒体对"一带一路"报道绑架于中美力量对比，夸大中美冲突而忽视两者合作的潜力。

3."一带一路"议题关联世界形势新变化

2016 年，世界局势发生深刻变化，英国"脱欧"、美国大选、俄美关系、恐怖活动频发等都对世界政治、经济、外交格局形成深远影响。境外媒体对"一带一路"的议题设置也迅速"嫁接"在不同国际事件上。这其中既有正面的声音，也有部分媒体借机对中国的外交政策发出负面之声。

如英国广播公司 11 月文章分析英国"脱欧"对中英合作影响时称，亚投行的项目不仅是英国官方感兴趣，一些英国民间企业也表示了兴趣。英国决定退出欧盟会影响正在兴起的中国企业投资英国的热潮吗？据文章报道，不少人认为英国"脱欧"利弊兼有，比如英镑汇率下跌，但在某种程度上反而促进了中国企业投资英国、展开合作的兴趣。

法国《世界报》网站 1 月 4 日报道称，德国墨卡托中国研究中心副研究员莫里茨·鲁道夫认为，在打击国际恐怖主义方面，中外各国有很大的合作空间。西方国家和中国存在着一个共同的利益，即维护脆弱地区的稳定。随着中国越来越多地参与到国际政治和经济事务中，它将实行更加积极的外交政策，在国际反恐方面的努力也会进一步加强。此外，随着中国提出的"一带一路"倡议的实施，中国将越来越多地介入到那些受恐怖主义威胁的不稳定地区。

五、"一带一路"对外传播建议

整体而言，在"一带一路"倡议相关议题上，我国媒体影响力、议程设置能力在稳步提高。比如，配合国家层面的外事活动，我国媒体在"一带一路"全球传播层面的议程设置发挥了一定影响力。不仅 2016 年后半年中外报道热度的波动呈现高度相似，而且在报道所提及国家、城市乃至议题上，也具备一定的相似性，可以说，中国媒体在影响全球有关"一带一路"的话语上发挥了重要的影响力。

但是，在"一带一路"倡议全球话语体系的构建上，我国民间组织的影响力仍有待加强。不仅中西方英文报道提及的组织机构均以中国和国际、区域性组织为主，而且也有专家学者特意指出倡议的落实需要民间组织与民间各界人士的参与。

我国涉及"一带一路"信息仍较为扁平化，深度分析与评论较少。纵览 2016 年我国媒体涉"一带一路"的英文报道，通讯类新闻较多，其中又以关于我国政府以及领导人表态、与其他国家政府间合作的消息占主。反观欧美相关的英文报道，以观察、分析、评论性文章为主。通过近年来"一带一路"相关的宣传报道，受众对"一带一路"的认知程度正在逐步提高，同时信息需求量已经从单纯的政策解读到全方位的深度分析，两类新闻对受众的影响力不言而喻。

此外，在新闻报道主题上，中外媒体视角和关注点有差异。2015 年"一带一路"倡议提出后，国际舆论场上一度出现不少政治角度的分析乃至质疑。随后我国不断强调"一带一路"对其他国家乃至全球经济发展的重要性。2016 年，中外媒体在议题分布上，经济类新闻确实均占据了主要部分（在各自新闻总量中分别占比 28% 与 22%），但西方媒体在文化、社会、综合议题的占比，均超过中国媒体。一定程度上表明，西方媒体更关注"一带一路"对沿线国家全方位的影响，但我国却仍聚焦于"一带一路"的外交与经济议题。

对比中外媒体的报道还可以发现，中国媒体涉"一带一路"报道中提及的国家仍以中国为主，其他国家整体篇幅较少，而在西方媒体的报道中，呈现主题则更为多元化。"一带一路"不是中方一家的"独奏曲"，而是各国共同参与的"交响乐"。同理，在媒体报道上，中国媒体试图应对西方媒体的强势传播时，也应适度增加"他者"的报道主体，以"他者"的故事丰富"一带一路"话语体系，以多元主义带动"一带一路"海外传播。

展望未来国际形势，美国等国领导人更迭、沿线及中东局势不稳、恐怖主义乃至欧盟内部调整等多个变化，这些会成为"一带一路"倡议推进的潜在影响因素，在其全球话语体系的构建过程中，更是不能回避。紧密结合当今世界形势的新变化，中国媒体及时发声占据主场引导舆论走向显得尤为重要，构建动态话语体系，关键节点紧密发声，杂音之下主动运筹，答疑释惑、深入解读，积极构建推进"一带一路"良好发展的国际舆论态势。

第四节　"一带一路"与中国形象塑造：探索与反思 [①]

"一带一路"是中国推动国内外经济联动发展的重大倡议，对于塑造和平、负责任的中国形象具有重要的价值功能。"一带一路"实施以来，

---

　① 作者：叶淑兰，华东师范大学政治学系副教授。

已有 40 多个国家和国际组织同中国签署相关的合作协议，中国企业对沿线国家投资达到 500 多亿美元。"一带一路"广泛的国内外经济互动关系为中国形象塑造提供了广阔的真实空间，使中国形象塑造从虚拟性的大众媒体构建更迅速地走向人际间与组织间的在场互动感知。

"一带一路"倡议给中国形象塑造创造了更多频繁互动机会，有助于消除长期存在的关于中国形象的负面刻板印象，形塑生动、真实的、富有活力的中国形象。然而，真实互动也可能带来更多的价值观冲突与融合，对中国企业形象、品牌形象、工程质量、国民素质提出了更高的要求。我们需要对国家形象塑造依赖于宣传正面形象为主的传统路径加以深刻反思，探索互动场景中真实形象构建面临的新挑战与新机遇，将国家形象塑造的着眼点从外在正面形象宣传更多地转向对自我价值观与行为模式的"内观"以及对中外互动模式的省察上来。

一、"一带一路"中国形象塑造的价值功能

"一带一路"首先是一个内外经济联动发展的倡议，旨在通过共商、共建、共享，推动中国经济与区域经济的联动发展。"一带一路"产生的经济影响力的提升必然伴随"树大招风"的舆论环境，中国的意图、形象容易受到国际社会的质疑。

当前，中外存在对"一带一路"中国形象话语权之争。一些美国舆论把"一带一路"视为中国版"马歇尔计划"，北京希望借"一带一路"倡议扩大中国国际影响力。[1] 还有观点认为，中国实施"一带一路"，是为了对冲美国"亚太再平衡"战略。[2] 美国《纽约时报》称，中国"一带一路"

[1] Shannon Tiezzi," The New Silk Road: China's Marshall Plan?", The Diplomat, November 06, 2014. http://thediplomat.com/2014/11/the-new-silk-road-chinas-marshall-plan/.

[2] Wendell Minnick, "China's 'One Belt, One Road' Strategy", April 11, 2015. http://www.defensenews.com/story/defense/2015/04/11/taiwan-china-one-belt-one-road-strategy/25353561/.

倡议引发地缘政治紧张，一些国家担心会变得过度依赖中国。[①]中国在"一带一路"沿线国家的项目投资，是为了提升中国软实力，来修复近年来因为南海、东海等问题所造成的与邻国的紧张关系。[②]美国还有学者认为，中国实行"一带一路"是为了缩小中西部差距，实现地区经济平衡，转移过剩产能，带动经济结构升级。一些西方的观点认为，"一带一路"更多是一个口号，而非是付诸行动的现实，是中国实行的一种新怀柔政策，通过经济援助，扩大中国在沿线国家的影响力。这些负面舆论场对"一带一路"实施构成一定的阻力，这需要在"一带一路"设计中，对良好国家形象构建与文化软实力提升主动进行前瞻性思考，化解"一带一路"推进过程中可能产生的负面舆论，为更好实现推动内外经济联动发展目标提供软实力支撑。

"一带一路"倡议向世界传递中国和平发展、开放包容、互利共赢的价值理念，因此也是一个构建国家形象的过程。[③]中国政府在塑造"一带一路"中国形象的过程中，主要着眼于以下三点：第一，"一带一路"顺应世界和平与发展的潮流，符合地区国家发展合作的现实需求和共同利益；第二，"一带一路"是一个开放、包容的倡议，沿线各国都发挥作用，享有应有的地位和利益，不是地缘政治工具，中国没有谋求势力范围的地缘战略意图；[④]第三，中国一直强调共商、共建、共享原则，与各国人民实现共赢。

中国通过"一带一路"建设，希望更好地造福各国人民，通过共商、共建、共享，共筑包容、均衡、互惠的合作平台，为实现世界和区域经济

---

① 《外交部发言人陆慷就"一带一路"倡议答记者问》（2015年12月30日），中华人民共和国驻欧盟使团，http://www.fmprc.gov.cn/ce/cebe/chn/zclc/t1328757.htm。

② Wendell Minnick, "China's 'One Belt, One Road' Strategy", April 11, 2015. http://www.defensenews.com/story/defense/2015/04/11/taiwan-china-one-belt-one-road-strategy/25353561/.

③ 张鑫：《"一带一路"彰显中国国家新形象》，《中国社会科学报》2016年2月16日。

④ 《外交部发言人陆慷就"一带一路"倡议答记者问》（2015年12月30日），中华人民共和国驻欧盟使团，http://www.fmprc.gov.cn/ce/cebe/chn/zclc/t1328757.htm。

联动式发展提供中国方案，来建构良好的中国形象。具体而言，"一带一路"塑造中国形象的方式主要有：第一，中国通过"一带一路"外交活动，对外传播国家治理理念、发展模式，贡献中国方案；第二，通过经济贸易投资活动构建经济现代化形象，通过亚洲基础设施投资银行、丝路基金，加强对沿线国家的基础设施项目投资，支持地区互联互通产能合作项目，带动各国经济发展，创造就业机会，造福各国人民；第三，通过中外人员流动、人际交往，让世界认识中国国民形象，通过"一带一路"文化交流活动，推进人文教育领域交流合作，加强文明对话，传递友好精神，深化传统友谊，传播中华文化，提升国家文化软实力。

良好的国家形象能够带来政治、经济、文化和社会多重效益。伴随中国硬实力的提升，"一带一路"建设有着国家形象塑造的内在需求。通过"一带一路"建设，中国对外传播中国发展模式，推动本国经济"走出去"，增强中国文化吸引力，有助于提升"一带一路"倡议的顺利实施，并提升"一带一路"的国际社会认同度。

二、"一带一路"中国形象塑造的特征

"一带一路"带来大量的企业和公民"走出去"。中国企业对沿线国家投资达到 500 多亿美元。据商务部统计，2016 年中国企业在"一带一路"沿线国家对外承包工程新签合同额 1260 亿美元，对外承包工程完成营业额 760 亿美元。中建、中交、中铁、中电建、中冶等大型央企纷纷承建"一带一路"项目，众多中小建筑企业也开始走向海外。"走出去"的中国企业、公民、项目与产品成为中国形象的载体与具象，将带来更为频繁、真实而深刻的中外互动，这必然推动中国形象塑造与传播方式的变革。

(一) 从"宏形象"到"微形象"的塑造

长期以来，中国形象大多表现为一种整体宏大的形象。外国公众对中

国"宏形象"的了解大多来自于接触媒体报道后留下的刻板印象，可能带有较大程度的误解与偏差。"宏形象"一般体现为一种空虚、缥缈的印象，缺乏人际之间的真实互动与亲身体验。

当前，产品传播、人际传播正成为国家形象的主要传播渠道。对外经贸交往、对外教育文化交流、境内外旅游和移民、互派留学生等，均影响中国形象的传播。国外公众通过"中国制造"、中国项目、中国产品、中国公民认识与了解中国。

"一带一路"带来大量的中国企业、公民在"一带一路"沿线国家与当地社会进行互动，这推动中国形象传播的方式从大众传播更多走向组织传播与人际传播。当地社会公众在与中国企业、中国公民、中国产品接触的过程中，加深对中国形象的理解。这使得中国形象从缺乏具体表征的"宏形象"构建转移到了以企业、公民、项目、产品为代表的具体形象（这里称之为"微形象"）的塑造。这种微观个性化的形象具有真实性、互动性与在场感，具有更强大持久的说服力。

如果说具有很强大众媒体虚拟性的"宏形象"的塑造可以更多地运用务虚宣传策略，那么"微形象"的塑造则需要实实在在的企业品牌、产品品质与公民素质的有力支撑，需要聚焦于打造"一带一路"每一个项目、每一个产品的良好品质问题，注重中外互动过程中的每一个具体细节。每一个"走出去"的商人、游客、留学生，都是中国形象的具象代表，他们的一言一行、道德品质、文化水平、气质修养，都构成了中国形象的重要组成部分。

"微形象"的传播借助于真实的企业组织间互动与人际间互动，社交媒体、微传播将扮演越来越重要的角色，这需要我们充分运用新兴媒体工具进行形象传播。

（二）从静态形象到动态形象的塑造

在传统媒体传播时代，中国形象大多为一种静态的形象，中国对外媒体塑造的中国形象是热爱和平、富有合作精神、积极推动国际正义的形象。中国努力塑造和平发展国家形象与负责任大国形象。而一些西方媒体则努力渲染"中国威胁论""中国傲慢论""中国强硬论""中国新殖民主义论"等负面形象。

不管是中国媒体还是西方媒体眼中的中国形象都表现为一种静态形象。而在"一带一路"带来的中国企业、公民与国际社会频繁互动的背景下，中国形象的塑造成为一个中外企业、公民互动过程中不断变化的动态过程，这使中国形象从虚拟空间走向真实场景。真实形象必然有合作性形象，也有冲突性形象，有正面形象，也有负面形象。人为塑造的完全正面的形象并不能够很好地说服国际公众，别有用心的西方媒体刻意塑造的千篇一律的中国负面形象也有失公允。只有正负面并存的客观真实的形象才更富有感染力，真正走入人的心灵。"一带一路"进程中的中国形象必然更为具体生动，富有变化。在真实场景中可能发生的负面形象是客观存在的，处理得当，不断反思与学习，改掉缺点，这种动态性的向上发展的形象构建过程反而有助于中国形象的提升。

因此，"一带一路"中国形象的塑造要充分体现形象的动态成长性，这要求中国政府、企业以及公民具有很强的学习反思能力，不断针对"一带一路"出现的具体问题，认真检讨得失，加以改进。

（三）从平面形象到立体形象的塑造

国家形象是一个国家软硬实力和核心价值观的综合体现，它既有其本身的客观存在性，又具有主观认知性，是一个包含认知、评价、情感多维层面的形象。"一带一路"中外企业与个体间互动的加强，在谋求互利共赢与促进友谊的过程中，也会带来一定的利益冲突与情感张力，中国形象的传播具有更强的互动性和场景性，尤其是中外互动合作与冲突的情境使国家形象的构建具有更强的真实性，这将使得中国形象的评价维度与情感维度更为突出，具有更强的立体化效果。

中国形象是自我与他者在互动的进程中形成的在客观现实层面基础上的主观认知。中国企业、公民既是中国形象的参与者，也是传播者。"一带一路"带来的频繁互动也使得"他者"对中国形象的想象从主要以媒体报道为主的平面形象走向一个基于真实交往与互动情景中的立体形象。

互联网是国外民众了解中国企业信息的主要渠道。一项在"一带一路"沿线国家的调查显示，平均有 76% 的受访者通过互联网了解中国企业。[①]手机、数字电视、互联网等新兴媒体的急速发展，为中国形象传播开拓了新的传播渠道。新媒体具有即时性、交互性、超文本化、自由度大等特点，使中国形象的传播从单维走向多维。

三、"一带一路"中国形象塑造面临的问题

"一带一路"对塑造中国良好的经济形象起到了积极作用。中国外文局等机构联合发布的《中国企业海外形象调查报告, 2015 "一带一路"版》显示，海外民众对中国经济未来发展趋势有着积极的评价。87% 的"一带一路"沿线国家受访者认为中国经济会继续增长。哈萨克斯坦、沙特阿拉伯和俄罗斯分别有 68%、77% 和 91% 的受访者认为中国经济发展对本国经济"比较有利"或"非常有利"。他们对于中国的基础设施建设、中国企业在品牌本土化、中国企业在遵从政府监管等方面具有较高的评价，但是对中国环境保护、雇佣本地员工和采购本地原材料、维护知识产权等方面评价较低。[②] 因此，"一带一路"中国形象塑造需要正视中国产品质量、服务质量、国民素质等存在的问题。中国人的"面子"意识过强，在与当地政府、企业与公众相处的过程中，缺乏感受层面的关切与互动，这

---

① 《"一带一路"上的中国企业如何塑造海外形象?》，环球网财经，http://finance.huanqiu.com/zcjd/2015-09/7557038.html。

② 《"一带一路"上的中国企业如何塑造海外形象?》，环球网财经，http://finance.huanqiu.com/zcjd/2015-09/7557038.html。

影响了民心的相通。要解决这些问题，必须从最根本的核心价值观的构建入手。

(一) 项目、产品质量问题

英国品牌专家西蒙·安浩称："一个强有力、独特的、基于大范围的和有吸引力的国有品牌是一个政府向其出口商提供的最有价值的礼物。目前，品牌出口商品是建立和保持国家形象最有效的方式。"在很长一段时间，"中国制造"因为存在的劣质商品而被污名化，中国形象也因此受到影响。《中国企业海外形象调查报告，2015 "一带一路"版》调查显示，平均有三分之一的海外受访者不清楚中国企业在本国的表现，新加坡、土耳其、荷兰、意大利等国受访者对中国企业形象的整体认可度偏低，特别是对中国企业在环境保护、危机事件处理、知识产权保护方面的表现仍有不少质疑声音。[①]

"一带一路"带来大量的基础设施项目投资以及中国制造产品的出口。其中，即使是极少数的项目因成本、风险预估不足，导致无法顺利推进，也会引起国际媒体的关注与炒作，进而影响中国形象。

中国在当地投资的项目在实施的过程当中不可避免地会涉及废气废水废物排放等环境问题，也涉及工程实施的噪声污染问题。如果与当地政府和居民在这些问题上未能达成一致，则会损害中国项目形象与国家形象。

(二) 国民形象问题

国民形象是国家形象的重要具象代表，也是国家形象的塑造与传播主体。伴随"一带一路"倡议"走出去"的大量商人、游客的文明礼仪与生活作风，对于良好国民形象的塑造具有至关重要的作用。一些商人、

---

① 《〈中国企业海外形象调查报告，2015 "一带一路"版〉在京发布》，环球网财经，http://finance.huanqiu.com/zcjd/2015-09/7556999.html。

工人、游客的整体道德素质和文化修养水平不高，存在随地吐痰、不遵守交通规则、大声喧哗等文明礼仪问题，在与当地居民相处的过程当中，换位思考意识不足，跨文化沟通能力较低。有的中国人存在大国心态、土豪心理，对当地居民态度不够尊重。有的投资者存在急功近利的心态，在经商行为中缺乏法律与道德约束，存在贿赂、拉关系等行为。个别商人在外生活作风不检点，造成负面影响。这在一定程度上也影响"民心相通"工作。

（三）面子思维

在中国传统文化中，中国人具有较强的面子思维，这也反映在"一带一路"项目推进过程中。一些部门、企业在承接"一带一路"项目过程中存在"好大喜功"现象，有的部门或企业通过拔高"一带一路"的政治意义与战略价值，而忽视对项目经济盈利水平的评估。在"一带一路"实施过程中，存在通过经济援助获得国际尊重的集体潜意识。特别是中国从"天朝上国"跌落成半殖民地国家的"百年耻辱"的创伤性体验，使得国人在"走出去"过程中的面子意识尤其强烈，其"大国心态"极其需要得到抚慰。

面子思维本质上是一个集体不自信的心理补偿机制，并不能真正有效地提升国家的吸引力，构建良好的形象。笔者对上海外国留学生的调查表明，获得中国奖学金的外国留学生并没有比未获得奖学金的留学生对中国的印象更好，这表明经济支持并不一定可以生成好感。"一带一路"有的投资项目为"形象工程"，主要为展现大国慷慨形象，因而缺乏经济利益考量。但是，经济投入并没有能够很好地转化成为良好的国家形象，有的处理不当，还可能对中国形象产生副作用，例如一些缺乏盈利性的项目工程"烂尾"，而受到当地社会的诸多抱怨。中国"一带一路"的大量投资，如果缺乏成本收益考量，沿线国家可能展开一场争取中国资金的竞争。中国的声誉、形象如果用经济手段来换取，是难以为继的。

(四) 感受层面关切不足

"一带一路"良好中国形象的塑造，经济援助并非是最重要的因素，关键因素在于价值观的展现与感受层面的沟通。中国对外经济援助，获得很多亚非拉国家民众的支持，但是同时也存在所谓的"中国新殖民主义论"的负面声音。这提示中国国家形象的构建不能仅仅停留在物质层面的思考上，要更多需要考虑感受层面的内容。

在笔者与外国人士的交流过程中，不少外国人反映与中国人只能交流工作、房子等浅层内容，难以真正地与中国人探讨价值观、心灵方面的问题。这与中国情感含蓄的传统文化有相当大的关系。在中国人的交流过程中，并不善于触及情感感受层面的内容，这影响中国人与外国人的情感沟通。在"一带一路"项目推进的过程中，中国企业过于关注效率，对于项目可能产生的环境、噪声污染问题关注不足，换位思考能力不足。在"一带一路"沿线国家中，有很多佛教、伊斯兰教、基督教信仰的国家，但是，国人对宗教信仰缺乏深入认识与理解，很难与他们产生情感共鸣。

要构建良好的中国形象，需要在"一带一路"互动过程中更好地体现不卑不亢的自信心态、刚柔并济的语言风格，富有同理心、尊重对方价值观，包容不同的文化与行为方式，提升面对和处理冲突的能力，加强换位思考意识。

四、"一带一路"中国形象塑造的新思路

反思"一带一路"中国形象塑造存在的问题，是为了积极探索中国形象塑造的新思路。在"一带一路"人际传播、组织传播更加频繁的背景下，中国形象塑造要改变以大众传播为主，注重整体、静态、正面的"宏形象"塑造的固有思路，转而更加重视对中国项目、产品、品牌、国民的"微形象"的塑造，更多体现真实与成长中的中国形象，更为重视以微信、微博、

推特等为代表的微传播手段的运用。

第一，用核心价值观引领"一带一路"建设。

国家形象最好的品牌是产品与公民，当前中国项目、产品的质量问题以及中国公民素质问题日渐显露，例如存在好面子而不重实效、缺乏诚信精神、原则性不强、追求实用主义取向等。这亟须对中国传统文化去伪存真、扬长避短，吸收人类文化的有益养分，加强社会主义核心价值观建设，使民主、文明、自由、平等、公正、法治，敬业、诚信、友善等核心价值真正内化，成为国民精神世界的追求。

用核心价值观引导"一带一路"建设，需要对国人的心灵世界进行一场灵魂的革命，重构中国人真实诚信、与人为善的精神信仰，打造民主、清廉、高效的政府形象，建设富有创新精神和社会责任感的企业形象以及构建充满和善与爱心的国民形象。精神世界的重构绝非一日之功，需要几代人有意识的长期努力。

第二，加强对投资项目的盈利及其形象功能的评估。

当前相关部门对"一带一路"的宣传多集中在正面成功案例的宣传，对于失败案例则采取忽视态度，在数据统计上多呈现投资额的增长，而对于投资回报的统计则置之不理。"一带一路"投资项目需要更多考虑市场盈利的商业逻辑，真正实现合作共赢的价值目标。可以带来利润的高品质项目产品有助于塑造一个高效创新、充满活力的中国企业形象。这需要加强对中国投资项目经营状况的评估，有针对性地改进投资项目中存在的问题。因此，有必要建立中国"一带一路"项目产品大数据评估系统以及"一带一路"国际舆情评估系统，及时跟踪了解中国形象的动态变化，有针对性地提出改进中国形象的对策。

中国投资项目不一定可以产生正面形象功能，有的"烂尾"项目甚至成为中国形象的"负资产"，这需要加强对投资项目与产品的形象价值的评估，探究影响中国形象的正负面因素，以便不断加以改进。"一带一路"建设要积极推进中国企业形象建设，要熟悉并自觉遵守国际法律规范，要提升与媒体及公关机构交往能力，提高透明度和规范信息披露，同时要尊重驻在国文化，提升全球责任担当意识，切实打造利益、命运共同体。①

第三，塑造真实成长中的中国形象。

组织传播与人际传播将成为"一带一路"中国形象塑造的主要方式。这使中国形象从报纸屏幕走向人际真实互动过程中。真实的互动有助于增信释疑，培育情感。但是深层次的互动也可能会使更多的价值观的分歧与文化冲突显现出来，也将会使中国形象中存在的一些问题，例如产品质量、诚实守信等更多地暴露出来。这使中国形象从大众媒体营造出来的虚拟世界的构建走向优缺点共存的真实世界的塑造中。

真实的中国形象必然是正负面形象并存的复合体。我们要以一种沟通、开放、包容的心态来看待"一带一路"中国形象的塑造。中国形象塑造的目标，不应该追求一个绝对正面的形象，而是要接纳中国形象存在的一些不足、缺点，塑造一个动态的、真实的、成长中的中国形象。

成长中的中国形象必须注重对问题的反思与改进，用真正自信的心态去坦然面对问题，不回避问题，在问题发生时不推卸责任，勇于担负自身改进的责任，用建设性的姿态去解决问题。成长中的国家形象还需要注重对受损形象的修复。传播是以目标为导向的人类活动，而保持良好的名誉则是传播活动的关键目标。西方著名学者伯奈特认为当自身受到攻击时，就有必要运用形象修复战略来恢复名誉。他认为形象修复理论包括否认、逃避责任、降低侵犯性、纠正行为、承担责任并请求原谅五大战略。中国要加强危机公关能力，善于运用形象修复策略，以营造更好的中国形象。

第四，增强跨文化理解与沟通能力。

"国之交在于民相亲。"民心相通是"一带一路"建设的社会根基。"一带一路"倡议的推广，有助于各国文化沟通、交流、碰撞和融合。"一带一

---

① 《"一带一路"上的中国企业如何塑造海外形象?》，环球网财经，http://finance.huanqiu.com/zcjd/2015-09/7557038.html。

路"沿线国家民族众多、宗教文化多元，拥有两河流域文明、基督教文明、希腊文明、印度文明和中华文明。① 亨廷顿的"文明冲突论"甚至认为"在这个新的世界里，最普遍、重要的和危险的冲突不是社会阶级之间、富人和穷人之间，或其他以经济来划分的集团之间的冲突，而是属于不同文化实体之间的人民之间的冲突"。② 当前基督教文明与伊斯兰教文明关系紧张，而"一带一路"沿线有 57 个伊斯兰国家，穆斯林人口占沿线总人口的三分之二以上。这需要中国处理好与伊斯兰文明的关系。许嘉璐曾指出，"中伊两大文明有很多相同之处，决定地球的命运，中伊文明对话势在必行"。③

中国企业"走出去"过程中，如果不能有效处理文化差异，可能引发中国企业与当地社会的紧张关系。这迫切需要我们提升跨文化沟通能力，加强对沿线国家的宗教、文化、风俗习惯的调查，对不同的宗教文化禁忌保持高度敏感。这需要我们培养大量不但懂当地语言，而且了解当地文化，尤其精通当地宗教文化的跨文化传播人才。政府与企业要加强对"走出去"人员的跨文化能力的培训，全面系统地讲授当地文化的价值观念、风俗习惯，提升员工的跨文化敏感性，减少跨文化震荡与冲突。为提升"走出去"人员的跨文化交流能力，急需相关部门建立"一带一路"跨文化案例库，整理相关的跨文化差异、冲突与融合的相关案例。

总之，"一带一路"中国形象塑造是一个由内而外、内外兼修的过程。良好国家形象的塑造，需要警惕"政绩工程""面子工程"、功利性思维。良好中国形象的塑造要拒绝自大、浮夸、急躁心理，警惕陷入"外求"国际尊重的集体潜意识中，从切实改进中国产品、项目质量，构建诚信、富有爱心的国民形象入手，尊重实事求是的客观逻辑。"一带一路"经济投

---

① 李孝敏：《"一带一路"背景下我国文化产业拓展探析》，《求实》2016 年第 7 期。

② ［美］萨缪尔·亨廷顿：《文明的冲突与世界秩序的重建》，周琪等译，新华出版社 1999 年版，第 7 页。

③ 《冯今源：关于"一带一路"建设与中国国家形象传播的思考》，中穆网，http://www.djzhj.com/Item/28092.aspx。

资项目要量力而行，注重经济投资回报，真正实现双赢目标。

第五节　语言互通助力"一带一路"建设[①]
——多语言基础设施建设铺就民心相通之路

习近平主席 2014 年访问法国和德国时曾说"一个国家文化的魅力、一个民族的凝聚力主要通过语言表达和传递。掌握一种语言就是掌握了通往一国文化的钥匙"。语言作为人类最基本的交际工具，只有互通，才可能发展后续的经贸往来、文化交流、文明互鉴、民心相通。"一带一路"所有愿景与规划的实现，都需要以语言沟通为基础。

"一带一路"需要与世界几十个国家和地区进行合作，需要与数百个不同文化背景的民族打交道。"政策沟通、设施联通、贸易畅通、资金融通、民心相通"都需要以语言铺路。"一带一路"建设将带动庞大数量的企业参与其中，他们势必与当地的人员密切接触，这必然需要使用当地的民族语言，原有的小语种供需平衡就会打破，语言问题就会变得特别突出。对于已经广泛铺开的"一带一路"建设，我国的语言人才储备无论是数量还是质量上均明显不足，语言应用人才、语言应用研究及教学人才及非通用语种人才严重短缺。

一、"一带一路"国家语言概况

"一带一路"沿线总人口约 44 亿，约占全球总人数的 63%。据联合国教科文组织—全球说"世界语言地图"项目组（UNESCO-TALKMATE

---

① 作者：杨利民，联合国教科文组织—全球说"世界语言地图"项目组负责人。周恒熠，TTM 智库主席。

NEXES）的数据，沿线 65 个国家（包含中国），使用的官方语言有 53 种，这些语种涉及汉藏、印欧、乌拉尔、阿尔泰、闪—含、高加索及达罗毗荼等语系。目前统计，"一带一路"沿线国家使用的民族语言多达 2400 多种。①

沿线各国官方语种及人口统计

（单位：万）

印度	132675	印地语	以色列	850	希伯来语
印度尼西亚	25800	印度尼西亚语	塔吉克斯坦	848	塔吉克语
巴基斯坦	18900	乌尔都语	约旦	759	阿拉伯语
孟加拉国	15851	孟加拉语	保加利亚	759	保加利亚语
俄罗斯	14300	俄语	塞尔维亚	713	塞尔维亚语
菲律宾	10100	菲律宾语	老挝	689	老挝语
越南	9170	越南语	黎巴嫩	585	阿拉伯语
埃及	9150	阿拉伯语	吉尔吉斯斯坦	583	吉尔吉斯语 汉语
伊朗	7910	波斯语	新加坡	554	汉语
土耳其	7867	土耳其语	斯洛伐克	542	斯洛伐克语
泰国	6800	泰语	土库曼斯坦	531	土库曼语
缅甸	5390	缅甸语	巴勒斯坦	510	阿拉伯语
乌克兰	4555	乌克兰语	阿曼	449	阿拉伯语
波兰	3853	波兰语	格鲁吉亚	448	格鲁吉亚语
伊拉克	3640	阿拉伯语	克罗地亚	433	克罗地亚语
沙特阿拉伯	3150	阿拉伯语	科威特	404	阿拉伯语
阿富汗	3128	普什图语	波黑	382	波斯尼亚语
乌兹别克斯坦	3074	乌兹别克语	摩尔多瓦	356	摩尔多瓦语
马来西亚	3033	马来语	立陶宛	323	立陶宛语
尼泊尔	2812	尼泊尔语	亚美尼亚	301	亚美尼亚语
也门	2680	阿拉伯语	蒙古	296	蒙古语
罗马尼亚	2130	罗马尼亚语	阿尔巴尼亚	289	阿尔巴尼亚语

① 杨亦鸣、赵晓群主编：《"一带一路"沿线国家语言国情手册》，商务印书馆 2016 年版。

斯里兰卡	2064	僧伽罗语	卡塔尔	224	阿拉伯语
叙利亚	1850	阿拉伯语	拉脱维亚	208	拉脱维亚语
哈萨克斯坦	1729	哈萨克语	斯洛文尼亚	206	斯洛文尼亚语
柬埔寨	1560	高棉语	马其顿	206	马其顿语
希腊	1082	希腊语	巴林	138	阿拉伯语
捷克	1051	捷克语	爱沙尼亚	131	爱沙尼亚语
匈牙利	988	匈牙利语	塞浦路斯	117	希腊语
阿塞拜疆	954	阿塞拜疆语	不丹	77	不丹语
白俄罗斯	947	白俄罗斯语	文莱	42	马来语
阿联酋	916	阿拉伯语	马尔代夫	35	迪维希

数据来源：联合国教科文组织—全球说"世界语言地图"项目组（UNESCO-TALKMATE NEXES）。

"一带一路"建设的关键是互联互通，互联互通的基础是语言相通。我国面向"一带一路"沿线国家非通用语种的语言资源严重匮乏，已成为影响互联互通的突出障碍，迫切需要国家层面组织和开展"一带一路"语言资源建设。该建设应覆盖沿线国家全部语种，充分利用现代信息手段，从语言资源的开发、共享与应用三个层面出发。[1]

语言人才的培养非一朝一夕之功，我们可以先从官方语言和关键语言入手。

二、我国为"一带一路"提供语言服务能力现状

我国是一个本土语言资源丰富的国家，但又是一个外语资源相对贫乏的国家。目前世界上的语言有7000多种，而我国所了解的为100多种，能够较好使用的有20种左右，高校能够开设的外语课程仅70多种，这显然不足以支撑"一带一路"建设。截至目前，我国在"一带一路"沿线国

① 聂丹：《"一带一路"亟需语言资源的互联互通》，《人民论坛》2015年第22期。

家开展业务的众多企业中，无语言沟通障碍的企业少之又少。我国约有 5 万多家旅游企业，只有 15 家走出国门，原因就是缺乏懂外语的高级管理人才。

从我国语言服务业态中的语言教育培训角度（其他业态有语言翻译、语言成品产业包括语言出版、语言康复）梳理一下我国的语言能力状况：

1. 政府机构和大学层面

据国家语言能力发展研究中心统计，截至 2016 年，我国高等院校共开设 72 个外语专业，其中非通用语种专业 65 个，覆盖了欧盟国家 24 种官方语言和东盟 10 国官方语言。外语类专业的绝对招生人数在持续增长，在校本科人数已达 81 万，有 14 所外国语大学。在国内高校开设的语言课程中，尚有"一带一路"沿线国家的 10 多种官方语言未开设课程。

在针对外国人的汉语教育方面，孔子学院开展了很多有益工作。此外，国家语委主办了全球中文学习网络平台，面向全体国民及海外中文学习者，提供中文智能学习服务。平台于 2016 年全面启动，以普通话学习和规范汉字学习为核心，以国学经典诵读等中华传统文化学习为亮点，面向全球用户开展大规模在线自主学习。

2. 社会与民间机构层面

目前我国语言培训机构达 5 万余家，但绝大多数只开设英语课程，受限于小语种老师严重不足，只有极少数机构开设了少量其他语种课程。而语言专业学术分类意义上的非通用语种，社会机构几乎未曾涉足。随着网络技术的发展，除一些传统线下语言培训机构纷纷"触网"外，近几年来，也兴起了一大批在资本的追捧下迅速发展起来的在线语言教育机构，如沪江网、51Talk、VIPabc 等，不受学习场所和固定时间限制的方式激发了大量潜在的语言学习需求，这类机构成为我国语言教育领域一支新的生力军。

专家认为，"一带一路"建设跨越语言障碍，单靠人力短期内显然不能完成如此艰巨的任务。通过提升机器语言能力实现语言互通，克服短期内语种能力不足的短板成为可行选择，我国在这方面的技术有了重要的突破。科大讯飞的智能语音服务支持 27 个语种的语音识别与合成，并支持国家通用语到英语、俄语等语言的语音翻译。百度机器翻译目前覆盖 24 个外语语种，涵盖了 35 个"一带一路"沿线国家的 15 种官方语言。随着这些机构语音大数据库的不断完善，我国的机器翻译能力将会不断提升。

3. 外国政府背景的语言推广机构及外资语言教育机构

英语作为当今世界上最强势的语言，全球学习人数在 10 亿人以上。1934 年英国政府成立的语言推广机构"英国文化协会"，已知全球设有 230 家分支机构和 138 家教学中心，学生人数几乎达到 1.3 亿，其中"雅思"国际标准化考试成为世界最热门的英语水平考试之一，该机构仅语言教学和语言服务所创造的年收入就达 130 亿欧元。也有大批的国外英语或多语言培训机构随着中国市场的旺盛需求纷纷进入国内市场，例如侧重线下培训的华尔街、英孚、戴尔、勤思和在线外语培训的罗塞塔、英语流利说和多邻国等。

除英国外，许多国家政府都直接或间接支持本国的语言机构到其他国家"开疆扩土"。如法国的法语联盟、德国的歌德学院、西班牙的塞万提斯学院、意大利的但丁学院等，都在我国设有规模不等的正式语言教学机构。除此之外，还有少量其他外国公司或个人在中国的一些一线城市开设了本国语言的教学点或教学班，不过规模都非常小。

三、新思路：抓住"世界语言地图"建设契机，突破"一带一路"语言障碍

我国的语言能力建设与发达国家相比还存在较大的差距，这也制约了"一带一路"语言服务范围和水平。要改变目前国家语言能力不足的现状，需要创新思维方式，完善语言能力建设机制，走协同创新之路。

25 年前由联合国教科文组织推动的"世界濒危语言保护计划"，2009 年，联合国教科文组织开始致力于加强语言在互联网上的多样性发展，创建了"世界语言地图册"网络版。这一免费且便于获取的资源包括相关语言的使用者人数和濒危程度、相关政策、项目、资料来源、IOS 代码和地理坐标等信息。伴随着互联网信息技术的多样性发展，联合国教科文组织旨在把"世界语言地图册"打造为一个全球互动、合作、开放的在线平台，希望通过加强各国政府、全球范围内的语言使用者及公众对濒危语言现状和保护世界语言多样性的认识，推动不同语言及文化间的平等对话、和谐共荣。

2014 年，教科文组织发表了一份战略文件，说明为推出新的"世界语言地图册"应采取的步骤，文件明确提出了拟扩大全球伙伴关系并将专家们提出的建议转化为国家和地区具体行动的计划。为此，教科文组织与世界上语种最多的在线语言学习平台——"全球说"达成了升级其"世界语言地图册"在线平台，创建新的"世界语言地图"项目的合作。该项目将涵盖世界所有 7000 多种语言的数据集、新的技术功能和内容层级等，所建成的项目将具备交互性、可协作性与开放性，可充分提升国家和地区组织之间分享语言知识的能力，便于推动国际合作，并促进创造者、使用者和学习者之间的多语言内容交流。2016 年 7 月，主导"世界语言地图"数字平台建设核心工作的联合国教科文组织世界语言地图工作组设立，具体执行"世界语言地图"的战略与实施工作。

工作组计划于 2016—2020 年期间完成新版"世界语言地图"，在全球范围内组织、开展一系列的"线上与线下"结合的宣传推广和语料采集活动，配套组建由"多语言传承城市"和"语料采集与多语言传承基地（学校）"组成的"世界语言传承网络"，举办"国际多语言冠军挑战赛"、组织全球城市巡回路演等，并通过举办"世界语言大会"形成全球影响力。工作组还制定了"一带一路"行动计划，研发完成了 120 多种语言的学习系统，上线 100 种免费语言课程，研发了"多语言云课堂"系统，实现了一个母语教师授课，分布在全球各地的学生可以同步学习、实时互动的功能。通过主题化、游戏化学习语言的教程，使学习者在不学语法、不用背单词的情况下用 200 个小时学会一门新语言。该系统利用平台的即时通讯功能使中外学员结为"语伴"，互为师生，增强了互信友好的基础。其原创的母语学习法、母语教学法等课程标准已成为联合国教科文组织的通用语言课程标准。此外，作为由联合国教科文组织负责推动的与"世界遗产项目"同一级别的全球性项目，"世界语言地图"项目工作组还与智库合作，在语言数字地图的基础上叠加非遗再设计的非遗数字地图，利用语言平台的国际组织资源与通路，协同创立"一带一路"全球说公共服务平台，系统地向全世界推广美丽中国的人文魅力，助力"一带一路"从民心相通走向共同繁荣。

综上所述，通过密切参与乃至承接联合国教科文组织建设"世界语言地图"项目的机遇，不仅可以提高包括中国在内的各国政府相关部门、语言使用者及公众对语言濒危现状和保护世界语言多样性的认识，而且还可以推动不同语言及文化间的平等对话、和谐共荣，在有关政府、企业和民间的协作下，短时间内实现"一带一路"语言能力建设的突破和互通水平的提高。

第六节　宗教公共外交视角下的"一带一路"与南亚[①]

如有学者所言："人群聚居之处，必有宗教痕迹。"[②]放眼国际社会，"近

---

①　基金项目：教育部人文社会科学研究青年基金项目"新加坡族群多层治理结构研究"（16YJCGJW003）的阶段性成果；山东省高校人文社会科学研究项目"国际比较视角下各民族交往交流交融的'底层设计'研究"（J16YA11）的阶段性成果。作者：范磊，山东政法学院讲师，山东大学亚太研究所特邀研究员；杨鲁慧，山东大学亚太研究所所长，教授。

②　休斯顿·史密斯著，刘安云译：《人的宗教》，海南出版社 2013 年版，"导读　宗教的最佳面貌"第 1 页。

几十年来，宗教的全球复兴和世界性非世俗化趋势，让宗教从威斯特伐利亚的放逐回归到国际关系的中心。"①宗教正在成为国际关系发展中影响力不断提升的软力量，特别是随着部分国家宗教化程度的加深，宗教对社会和国家事务的参与度在不断提升，相应地对外交的关注和影响也在不断加大。各大宗教教义中所倡导的宽容、仁爱、和平、忍让等理念也正在成为人类交往所遵循的一般性原则，推动着国际关系的良性发展；当然因宗教而引发的冲突与战争也正在成为当下这个时代难以回避的痼疾。随着中国的持续性发展以及相应的国际视野的全球性拓展，宗教问题在中国对外关系中的地位越来越重要，宗教领域的公共外交实践也就成为了推动与各国民众民心相通、讲好中国故事和提升国家开明国际形象以及国际话语权的重要途径。可以说，"宗教向来是中外文化交流的重要组成部分，公共外交以及民间外交无论是过去还是现在都是宗教和宗教团体介入中国对外关系的主要途径。"②

"一带一路"倡议的提出，强调共同发展和互利共赢，希望通过"在历史纽带和传统友谊的基础上，与沿线各国建立平等均衡的新型发展伙伴关系，为世界经济复苏、发展与稳定、和平合作夯实基础"③。所以，在倡议的发展进程中，共同发展、互利共赢是最基本的目标，而要实现这一目标离不开以政策沟通、设施联通、贸易畅通、资金融通和民心相通为基础的互联互通。习近平主席多次强调，"国之交在于民相亲，民相亲在于心相通"。"一带一路"倡议就是要通过推动沿线各国和地区的民心相通，增进不同文明之间的交流互鉴，实现沿线人民的相知相交、和平友好。自古以来，丝绸之路不仅是贸易之路、人员往来之路，而且是文化之路、宗教

---

① F. 佩蒂多、P. 哈兹波罗编，张新樟等译：《国际关系中的宗教》，浙江大学出版社 2009 年版，"编辑说明"。

② 徐以骅：《全球化时代的宗教与中国公共外交》，《世界经济与政治》2014 年第 9 期。

③ 郭业洲主编：《"一带一路"跨境通道建设研究报告（2016）》，社会科学文献出版社 2016 年版，第 3 页。

传播与融汇之路、文明互鉴之路。① 如何通过增进不同文明尤其是不同宗教之间的交流，是该倡议得以有效实现的重要途径。从某种意义上而言，"一带一路"是一项沟通不同民族、不同宗教和不同文明的合作倡议，能否获得成功，从根本上取决于沿线国家的人民能否跨越历史恩怨、民族矛盾、宗教冲突、文化差异等障碍，搭建民心相通的桥梁和纽带，为深化双边和多边合作奠定坚实的民意基础。②"一带一路"沿线地区涵盖多个文明和多种宗教，不同宗教之间有和平共处，也有因教义差异而出现的分歧甚至冲突，尤其是冷战结束以后日益凸显的民族宗教问题也让"一带一路"建设面临较大的挑战。

南亚地区是多种宗教的发源地，也造就了南亚各国民众对宗教的虔诚信仰。目前，南亚国家分布着伊斯兰教、印度教、佛教、锡克教等多个不同的有着较大影响的宗教，其中以印度教为主体的国家是印度和尼泊尔，信众数量约有 10 亿，大致占到南亚总人口的 62.5%；佛教为主的国家是斯里兰卡和不丹，佛教徒 0.48 亿，约占南亚总人口的 3%；而巴基斯坦、孟加拉国、阿富汗和马尔代夫则是以伊斯兰教为主体的国家，穆斯林人口约 5 亿，占南亚总人口的 31%。③ 可以说，南亚是一个多元宗教异质性与包容性并存的地区，既存在不同宗教间的合作共处，也充斥或者隐含着宗教间的分歧。在宗教世俗化的发展趋势下，南亚地区的宗教依然对所在国的社会发展发挥着明显的主导作用并进而影响着相关国家的对外政策。在接下来推动"一带一路"建设的进程中，如何实现中国与南亚的友好宗教交流，推动宗教公共外交在南亚地区的发展对于"一带一路"倡议的发展有着非常重要的意义。

---

① 《对话宗教与"一带一路"倡议》，《世界宗教文化》2015 年第 2 期。

② 郭业洲主编：《"一带一路"跨境通道建设研究报告（2016）》，社会科学文献出版社 2016 年版，第 7 页。

③ 数据参见徐亮：《中国周边国家文化外交（南亚卷）》，世界知识出版社 2015 年版，第 15—16 页。

一、中国与南亚宗教交流的历史轨迹

在古丝绸之路上，宗教的传播与交流就占有很大的比重，东西方通过丝绸之路将彼此的思想和宗教实现互鉴和传播，以双向的交流推动了中国与中亚、南亚、西亚乃至欧洲的深层次交流，为古代丝绸之路的发展注入了强大的"民心相通"的活力。而与南亚地区的宗教交流则在西汉时期随着佛教的传入就开始了。早在张骞出使西域时就已经了解到印度和佛教的存在，到了公元前2年的西汉时期，佛教开始传入中国，开启了东西方文化交流的新形式。东汉永平年间，中国人蔡愔等人赴天竺求佛法，印度人传经到洛阳，并为此而修建了在佛教中有着特殊地位的白马寺。早期的佛教东来就是借由陆上古丝绸之路从印度或者西域传入中原地区，而后来随着航海技术的发展，海上丝绸之路的开辟为佛教通过海路传播创造了便利条件。不论是海路还是陆路，佛教在东传的过程中离不开那些以宗教传播为使命的高僧大德们，这些文化使者有鸠摩罗什、真谛、菩提达摩等来自西域或天竺的域外传道者，也有中国西游求法的高僧，比如最早经由丝绸之路西行的朱士行、陆去海归的法显以及众所周知的玄奘等。

印度也为其曾向周边地区输出它的宗教与文化而充满民族自豪感或者文化优越感，比如尼赫鲁就曾指出，"印度文化传统经过五千年的侵占及激变的历史，绵延不绝，广布在民众中间，并给予他们强大的影响"，而在文化的传播中"中国受到印度的影响也许比印度受到中国的影响为多"①。其中，宗教的传播是影响最大的方式，而随着宗教传播的拓展也推动了印度科技和艺术等内容在亚洲乃至世界的蔓延。中国和印度之间的这种双向交流互动极大地推动了中国与南亚尤其是印度地区的宗教文化交流，在早期的中外交往史上留下了深深的印记。而由这些僧人所推动的以佛教为主要

---

① ［印度］尼赫鲁著，齐文译：《印度的发现》，世界知识出版社1956年版，第51、246页。

内容的宗教文化交流有力地促进了中华文化的包容性发展，佛教早已成为中国影响力巨大的宗教。在尼赫鲁看来，"中国曾向印度学到了许多东西，可是由于中国人经常有充分的坚强性格和自信心，能以自己的方式吸取所学，并把它运用到自己的生活体系中去，甚至佛教和佛教的高深哲学在中国也染有孔子和老子的色彩。"① 同时，这种交流也使得中国的本土文化得以西渐，南亚地区对中国的儒道思想有了基本的认知并继续西传到欧陆地区，有力地传播了中华文化在古代世界的国际影响力。

除了佛教，早期通过丝绸之路传播到中国的还有袄教、犹太教、基督教、摩尼教等等。其中袄教就是起源于南亚的崇尚光明的一种宗教，在南北朝时期传入中国，到了隋唐时期达到鼎盛，甚至得到了官方的支持。其中"袄"字有着神和天的意涵，充分体现了中国人将外来宗教本土化的一种传统，这是外来宗教与中国社会相融合的重要表现。公元 7 世纪以后，伊斯兰教开始在阿拉伯半岛兴起，并在随后的几个世纪里逐渐经由丝绸之路传入中亚、南亚地区，并最终传入中国。在伊斯兰教的东向传播中，如今的巴基斯坦和印度北部首先被伊斯兰化，而后在公元 10 世纪传入中国的新疆地区。此外，海上丝绸之路也成为伊斯兰教传播的另一条重要途径，比如泉州和广州地区伊斯兰教的传入和落地生根就凸显了这一传播路线的影响力。不过，伊斯兰教传入中国大多是随着商队沿着海陆两个方向的丝绸之路而传入，随着商贸的发展而和平传播的，并没有像在其他地区那样伴随着血与火的战争。

明初郑和下西洋的壮举不仅推动了中国与海上丝绸之路沿岸国家的交流与贸易往来，而且也推动了宗教的双向交流。由于郑和本身就是穆斯林，所以在几十年的西行过程中，郑和船队所到的东南亚、南亚、西亚和东非的广大地区都留下了大量的伊斯兰教和佛教印记，这是借助中国海上丝绸之路实现宗教二次传播的重要历史。在过去的漫长历史时期，中国与

① [印度] 尼赫鲁著，齐文译：《印度的发现》，世界知识出版社 1956 年版，第 246 页。

南亚地区之间的宗教文化交流基本都是经由海陆两条丝绸之路得以实现的，并有效地促进了东西方物质和文化的交流互鉴，是人类不同文明之间交往的典范。

如今，中国与南亚各国之间的宗教外交依然活跃，并对双边和多边关系产生了积极的影响。比如中国和斯里兰卡之间在佛教交流与合作方面源远流长，公元 5 世纪的法显就是在斯里兰卡研习佛学，并在其游记中详细介绍了斯里兰卡这一国家，他带回的经书和译著成为中斯宗教交流的早期见证，而法显从陆上丝绸之路去印度然后从海上丝绸之路回中国的经历也让这段早期佛教交流与丝绸之路有了天然的联系。新中国成立以后，两国佛教界依然保持着积极的互动，佛教交往是两国传统友谊的体现，也是当前"一带一路"倡议实施的重要纽带，悠久的宗教交往历史是很多学者将斯里兰卡视作海上丝绸之路重要支点的原因之一。而在佛教传统悠久的斯里兰卡，僧侣在国家的社会文化发展、公共舆论以及教育等众多领域都有着较大的影响力。通过佛教的公共外交来推动两国宗教界的沟通并提升彼此的战略互信和认同对于"一带一路"倡议的顺利实施有着重要的意义。

总的来看，古代的丝绸之路在推动宗教传播的过程中发挥了积极的作用，而宗教的传播也相应地促进了丝绸之路的繁荣与沿线国家和地区的发展。概括下来，古代通过丝绸之路传播的宗教多元化明显，涵盖了佛教、伊斯兰教、基督教、印度教、祆教、犹太教等多种影响力较大的宗教，而其传播方式与后来在其他地区以战争等方式传播不同，基本是以和平的商贸活动为载体而实现的，所以也正是注重商业利益和互通有无这一传播载体的特点决定了不同宗教在传播中能够做到和谐共存、包容发展。这对于当前的"一带一路"建设有着非常重要的启迪意义，如何在当前时空以及沿线各国力量结构和地缘政治格局已经发生了重大变化的背景下推动"一带一路"沿线不同宗教之间的多元共存与和平包容，实现沿线各国的共同发展与互利共赢，考验着中国及沿线各国的外交智慧和治理能力。

二、在南亚推动宗教公共外交的原因与动力

"宗教是中外文化交流的重要载体与精神纽带。玄奘西游与鉴真东渡至今被人传诵，并成为中印、中日关系强大的文化纽带。"① 甚至可以说，宗教公共外交作为不同层级的行为体在思想和价值观等领域的沟通交流，其影响力可能要比"基于现实利益的政治结盟和经贸交流等更为深刻和持久"②，从这个意义上来看，"一带一路"的发展需要相应的软力量和软环境建设。正如《关于加强"一带一路"软力量建设的指导意见》所指出的，软力量是"一带一路"建设的重要助推器，要加强理论研究和话语体系建设，推进舆论宣传和舆论引导工作，加强国际传播能力建设，为"一带一路"建设提供有力理论支撑、舆论支持、文化条件。③ 而"文化的道德规范作用和感召力常常是以宗教的形式来体现的……宗教是文化的存在方式和表现形式。"④ 所以，推动"一带一路"软力量建设，宗教公共外交可以在其中承担重要的作用。历史已经证明，丝绸之路推动了宗教的传播，而中外的宗教文化交流又推动了古丝绸之路的繁荣。

第一，在南亚推动宗教公共外交是宗教自身的属性使然。如今，"'一带一路'以经贸合作带动人文交流，以人文交流促进经贸合作，必将在各民族、宗教文化相互碰撞、融合中扮演非常重要的角色。因此，将宗教和宗教文化这一独特的社会资源纳入'一带一路'，是战略构想的命中之

---

① 何亚非：《宗教是中国公共外交的重要资源》，《公共外交季刊》2015 年春季号。
② 徐以骅：《全球化时代的宗教与中国公共外交》，《世界经济与政治》2014 年第 9 期。
③ 《习近平主持召开中央全面深化改革领导小组第三十次会议》，新华网，http://news.xin-huanet.com/politics/2016-12/05/c_1120058658.htm。
④ 邢悦：《文化如何影响对外政策：以美国为个案的研究》，北京大学出版社 2011 年版，第69页。

题，在实施这一倡议中千万不要忽略宗教和宗教文化的意义和作用。"① 对民族和宗教多元、多种文明交汇的南亚地区而言，既有开展宗教公共外交的天然优势，也有着内在的基本诉求。因为，"如果文明冲突的可能性是为了避免冲突的现实性，那么在文化碰撞的现实面前开展文化对话就是一种提前进行的预警措施。"② 宗教公共外交显然就是文化对话的重要形式。当然，宗教作为一种古老而又普遍存在的社会文化现象或者社会存在，它"可能是小到社区大到社会、民族、国家赖以维系其整合的凝聚剂，也可能是各种大小规模的冲突之根源"③，所以，必须理性对待宗教在当代世界和平与发展中的角色定位和价值作用。

第二，宗教自身的二元属性让宗教公共外交成为"一带一路"建设中跨宗教交往的显性需求。"一切宗教的教义都在于要达致人类所追求的最美好的理念——仁爱、礼貌、慈悲和包容，它们不仅有助于促进人类灵魂的升华，而且也有助于推动社会整体幸福的实现。"④ 但是在如今的世界上，宗教之间甚至宗教内部往往"因为对权力和利益的追逐缺少了政治框架的有效约束而逐渐失去和平与宽容的面向，从而极易引发族际冲突和宗教矛盾"⑤。南亚宗教多元，而且处在亨廷顿所言的文明的"断层带"上，是多个世界性宗教的汇聚地，而几乎南亚所有的国家目前或者在历史上都曾经面临宗教和民族冲突的困扰，部分国家因宗教问题而引发的恐怖主义活动和民族部族冲突形势依然严峻，并对周边国家和地区造成了一定的影响，对于"一带一路"的软环境建设更是较大的挑战和冲击。比如印度阿萨姆邦在 2012 年发生的印度教徒与穆斯林之间的冲突就是南亚一些国家内部宗教矛盾的一个缩影，而由此引发的不仅仅是对所在国社会稳定的冲

---

① 《应将宗教和宗教文化纳入"一带一路"倡议构想》，《中国民族报》2015 年 3 月 10 日。

② 徐亮：《中国周边国家文化外交（南亚卷）》，世界知识出版社 2015 年版，第 101 页。

③ 孙尚扬：《宗教社会学》，北京大学出版社 2015 年版，第 1 页。

④ Alex Josey, Lee Kuan Yew, Singapore, Asia Pacific Press, 1968, p. 122.

⑤ 范磊：《新加坡族群和谐机制：实现多元族群社会的善治》，湖南人民出版社 2016 年版，第 216 页。

击，对于外来投资甚至与宗教相关的双边与多边关系都会产生不利的影响。在这种情势下，推动与南亚各国的宗教公共外交，有助于加强中国与南亚各国在宗教层面的联系和沟通，为中资企业、"一带一路"建设在这些国家的落地生根创造和平的软环境，营造良好的合作氛围。

第三，宗教公共外交有助于推动中国与南亚国家战略互信的建立和提升。宗教有着影响地缘政治的巨大能量。"一带一路"建设中，在地缘政治环境复杂、安全风险系数大的国家和地区，必须深入研究宗教和文化结构在其中的作用，充分发挥宗教公共外交的作用。目前，中国与南亚各国之间的关系也呈现出多元多样的格局，既有被称作"巴铁"的中巴友谊，也有因边界争端和其他矛盾而制约的存在"信任赤字"的中印关系。在这个复杂的区域，如何拓展更广范围的交流与合作，与关系良好的国家继续深化和加强双边传统合作关系，提升传统友谊；与缺乏战略互信的国家之间弱化战略互信缺失而造成的战略互疑甚至战略敌视是今后应该努力的重要方向。"国之交在于民相亲，民相亲在于心相通。""世界上许多问题的产生，都与沟通不畅造成隔阂有着密切关系"，低阶政治层面的"民心相通"不失为化解高阶政治层面互信难题的有效路径，而"宗教所特有的倾听和传播能力已经突破国界"①，成为浸润不同国家之间民心相通的重要润滑剂。如果提升在南亚的宗教公共外交水平，通过宗教公共外交讲好中国故事，以有效的沟通对话消解对方对中国发展的疑虑，对于增进彼此之间的战略互信必将产生明显的正向推动，进而为"一带一路"的实施创造积极的外部环境。

第四，宗教公共外交是中国与南亚地区经济文化交流的有效纽带。如上文所述，古丝绸之路的繁荣就得益于宗教的传播，不过不论是陆上丝绸之路还是海上丝绸之路，其主要的功能选项是商贸往来，而非以传播宗教作为出发点和落脚点。但是，作为丝绸之路的副产品，以宗教传播为重要

---

① 何亚非：《宗教是中国公共外交的重要资源》，《公共外交季刊》2015年春季号。

内容的文化交流确实从另一个方面推动了丝路的繁荣。可以说，依托宗教为载体和内容的文化交流推动了丝路沿线的民心相通，在跨宗教良性互动的同时也刺激了商贸的进一步繁荣。当前，中印战略合作伙伴关系、中巴全天候战略伙伴关系以及中斯战略合作伙伴关系等伙伴关系的建立和中巴经济走廊、孟中印缅经济走廊建设的推进一方面离不开在一些关键项目、关键节点和关键工程方面的落实，同时也需要不断推进与南亚各国在宗教领域的民心相通和相互理解，增进不同文明和宗教之间的对话与合作。其他诸如佛教信众到尼泊尔蓝毗尼朝圣，佛舍利在各国接受供奉瞻礼，与南亚各国开展宗教合作并援建相关设施，搭建"世界佛教论坛""伊斯兰文化展"等对话交流平台等形式都产生了积极的影响，也成为宗教与"一带一路"对接的成功尝试。

有学者提出，"一带一路"的发展本身就是人类文明的复兴，但是不同文明之间要以互鉴超越冲突的逻辑，彼此要充分尊重文明的差异性，尊重发展模式的多样性，建立文明伙伴关系，实现"美美与共，天下大同"。① 历史上，中华文明与佛教文明、伊斯兰教文明以及基督教文明的交汇交融，而实现了自身的发展和超越，如果没有彼时与其他宗教之间的对话、交流和吸收，中华文明也不会取得如今的成就。所以，综合来看在南亚这一宗教多元、文化多样的地区推动宗教公共外交对于"一带一路"软环境的建设乃至更大场域的发展与合作有着积极的意义，而在具体层面的路径选择也会对该地区的宗教公共外交产生直接的影响力。

三、宗教公共外交与"一带一路"在南亚软环境建设中的路径选择

"长期以来，丝绸之路虽因冲突、战乱等政治原因而不时中断，但却

---

① 王义桅：《世界是通的："一带一路"的逻辑》，商务印书馆 2016 年版，第63—64 页。

因无数经商者、传教者的执着、坚持而不断畅通。"① 而 "一旦处理不好，宗教间的纷争不仅会驱动大规模的社会冲突，而且很容易转化为动摇和冲击国家和地区政治大局稳定的爆炸性因素"②。可以说，宗教对于古丝绸之路的发展发挥了重要的作用，如今在"一带一路"建设的愿景与行动已经明朗化的背景下，更需要借助宗教公共外交的力量谋划和建设"一带一路"沿线的软环境，实现前几年曾经提出的要在外交领域要实现"在政治上更有影响力、经济上更有竞争力、形象上更有亲和力、道义上更有感召力"③ 的目标。

第一，积极打造中国与南亚国家的命运共同体，努力推进与南亚的宗教人文交流，为"一带一路"软环境建设营造和谐稳定的大环境。人类社会随着全球化的发展，已经"越来越成为你中有我、我中有你的命运共同体"，而"迈向命运共同体，必须坚持不同文明兼容并蓄、交流互鉴。……不同文明、不同民族、不同宗教汇聚交融，共同组成多彩多姿的亚洲大家庭"④。所以，推动不同文明之间的交流对话，让文明互鉴成为增进中国与南亚国家之间共同发展、互利共赢的纽带和桥梁理应成为题中之义。命运共同体的建构离不开参与各方的共有观念和文化，这种对文化的倾向性共识推动着共有的身份认同的建构，宗教作为文化体系中最具代表性的文化形态对于不同的行为体有着较强的价值沟通功能。不同宗教之间的差异性体现了文化文明的多元化，也是跨文明互鉴交流的基本前提。2015 年 3 月 28 日，各部门联合发布的《推动共建丝绸之路经济带和 21 世纪海上丝绸之路的愿景与行动》文本中强调要秉持和平合作、开放包容、互学互鉴、互利共赢的理念，积极打造政治互

---

① 卓新平:《丝绸之路的宗教之魂》,《世界宗教文化》2015 年第 1 期。

② 赵可金:《"一带一路":从愿景到行动》,北京大学出版社 2015 年版,第 106 页。

③ 刘国昌:《朋友,你有亲和力吗?》,《人民日报·海外版》2009 年 7 月 25 日。

④ 《习近平主席在博鳌亚洲论坛 2015 年年会上的主旨演讲》,新华网,http://news.xinhua-net.com/politics/2015-03/29/c_127632707.htm。

信、经济融合、文化包容的利益共同体、命运共同体和责任共同体。当前"一带一路"在南亚地区的推进，离不开中国与南亚各国之间的宗教公共外交，而"命运共同体"则为这一沟通和交流形式提供了一个有效的活动场域。

第二，加强跨宗教的和平对话，构建不同层面的宗教公共外交话语体系，完善宗教合作机制。可以说，"没有各宗教间的和平，就没有各民族间的和平；没有各宗教间的对话，就没有各宗教间的和平。"① 但是，传统的宗教话语体系中，西方话语优势比较明显，在新的形势下推动中国与南亚国家之间的跨宗教和平对话，构建不同层级的宗教公共外交话语体系已经成为"一带一路"发展的内在要求。目前，中国和南亚的印度、巴基斯坦、尼泊尔、孟加拉国、斯里兰卡等国都是有着重要影响力的跨宗教对话机制——亚洲宗教和平会议（Asian Conference of Religions for Peace）的成员国。该组织倡导在亚洲区域推动跨宗教的相互尊重、沟通与理解，致力于推动地区和平事业的发展。所以，中国和南亚国家完全可以通过注入"亚宗和"这样的多边合作平台来推动不同文明和宗教之间的和平对话，通过这种跨国跨宗教的合作机制增信释疑，落实求同存异的理念，形成人文交流与民心相通的合力，优化和提升"一带一路"软环境建设。

第三，充分挖掘古丝绸之路的历史遗产，传承以和平合作、开放包容、互学互鉴、互利共赢为特征的丝路精神，夯实对南亚宗教公共外交的文化根基。"一带一路"倡议提出以来，越来越多的国家参与到这一共同发展的倡议中来，这是该倡议提出的初衷，也彰显了丝路精神传承千年的生命力。对于南亚各国而言，虽然在国情、宗教、发展阶段以及民意等多个方面存在差异性，但是并不意味着彼此之间互斥，目前各国与中国有着良好的合作传统，即使与部分国家之间存在一些历史遗留问题也不排除中

---

① Hans Küng, *Global Responsibility: In Search of a New World Ethic*, New York: Crossroad Pub. Co., 1991, p. XV.

国与各国之间在相互尊重和求同存异的基础上实现包容性合作和均衡发展。"一带一路"不是中国的独唱，在具体的发展中期待着沿线各国共同努力，以共同的利益作为基本的出发点和落脚点，寻找更多的利益交汇点，坚持义利并举，与沿线各国共享发展红利，共同推进和平、合作、发展的"大合唱"的形成。涵盖宗教公共外交的人文交流是推动这项工作的重要前提和基础，历史上中外宗教的传播和互动已经证明了丝路精神的意义，如今在新的时空背景下让丝路精神这一悠久的文化遗产融入对南亚的宗教公共外交中，对于优化南亚地区"一带一路"建设的软环境必将产生积极的推动。

第四，"打铁还需自身硬"，开展对南亚宗教公共外交对中国宗教界自身也提出了明确的要求。在向"一带一路"沿线国家和地区传播中国宗教文化的同时，既要做好与当地宗教之间的对话和交流，也要加强我国宗教界之间的相互对话与交流，大家拧成一股绳、兼容并蓄、交流互鉴、互相支持、互相协作、共谋发展。[1]1994 年 7 月成立的中国宗教界和平委员会坚持友好、和平、发展、合作的原则，积极促进各宗教团体的团结和睦，发展同各国宗教界以及世界性、地区性和各国宗教和平组织之间的交流与合作，已经成为我国五大宗教参与和促进世界和平与共同发展的重要组织平台。毫无疑问，"中国的道路自信、理论自信和制度自信理应包括宗教自信，因为它是中华文化的一部分。"[2] 所以，讲好中国故事，传播好中国声音，我国宗教界有着明显的资源优势，要推动在南亚地区的宗教公共外交，为"一带一路"软件建设服务，离不开宗教界自身所形成的强大合力以及由此而产生的宗教公共外交影响力。

第五，积极推动中国与南亚各国宗教界的合作交流，实现宗教公共外交与"一带一路"软环境建设的共生共赢。如今，中国与南亚其他国

---

① 《重视"一带一路"建设中宗教文化的独特作用》，新华网，http://news.xinhuanet.com/politics/2016-04/07/c_128870932.htm。

② 何亚非：《宗教是中国公共外交的重要资源》，《公共外交季刊》2015 年春季号。

家的宗教交流活动开展得如火如荼。2017 年 2 月 27 日，中国佛教代表团赴孟加拉国进行了为期四天的佛事人文交流活动。而孟加拉国佛教复兴会自 1963 年开始就与中国保持了密切的友好往来。在"一带一路"框架下，中孟之间的佛教务实合作也被注入了新的活力。[1]2016 年 11 月 21 日，孟加拉国宗教部部长玛提尔·拉赫曼率团访华。两国宗教事务主管部门的负责人共同表示中孟两国人民彼此怀有友好感情，今后两国愿意继续通过宗教领域的友好交往，推动更深入的宗教交流与合作。[2]12 月 21 日至 28 日，中国宗教和平委员会副主席郭承真等一行六人，访问了巴基斯坦宗教和平委员会和孟加拉国宗教和平委员会。此次访问宣介了中国的宗教信仰自由政策和"一带一路"倡议，了解了对方的宗教发展以及社会进步状况，加深了双方友谊，充分交流与分享了在促进宗教与社会交流和跨宗教对话、社会和谐以及反对宗教极端主义等方面的经验，双方希望通过进一步增进宗教界间的相互了解与友谊促进中国与巴基斯坦和孟加拉国的人文交流，夯实彼此民众间的认知民意基础，共同为促进宗教和谐、世界和平而努力。[3]

此外，在南亚地区推动宗教公共外交的实践中，要对宗教自身所具有的二元属性有足够的认识。宗教一方面在地区冲突的调停以及弥合不同族群的分歧方面有着较大的优势，甚至因为其教义所秉持的仁爱、宽容等思想而在环保、难民、疾病防治等全球治理的多个领域都会看到宗教组织的贡献。另一方面，受宗教极端主义思潮影响，在特定阶段、特定情况下，个别宗教和派别也会呈现出扩张性和极端色彩，南亚地区早年间的斯里兰卡内乱以及如今部分国家所存在的宗教和民族冲突都与此有关，一些传统

① 参见《纯一副会长率中国佛教代表团出访孟加拉国》，中国西藏网，http://www.tibet.cn/news/china/148825050456.shtml。

② 参见《孟加拉国宗教部长玛提尔·拉赫曼成功访华》，新华网，http://news.xinhuanet.com/politics/2016-11/25/c_129379084.htm。

③ 参见《"中宗和"代表团访问巴基斯坦、孟加拉国》，中国宗教界和平委员会，http://www.cppcc.gov.cn/ccrp/2017/01/10/ARTI1484041328393824.shtml。

的地缘政治热点地区宗教更是扮演了冲突甚至战争的"导火索"和"放大器"的角色①。面对这种情况，在宗教公共外交的进程中必须在推动跨宗教的合作与对话的同时，对宗教可能引发的风险拥有充分的认知，并形成完善的防范和应对机制。从根本上而言，"只有促进经济社会发展，妥善处理地区冲突，倡导不同文明、宗教、民族之间的平等对话，我们才能让恐怖主义的幽灵无所遁形"，②才能为宗教公共外交的发展奠定稳定的现实基础。

四、结论

"一带一路"倡议本身是中国向世界提供的公共产品，实施过程中离不开双边、多边以及跨区域的合作，单靠一国或者几国之力是难以落实的。如果设施联通、贸易畅通和资金融通是"一带一路"建设的骨架的话，以政策沟通和民心相通为基本内容的人文交流则是"一带一路"建设的经脉，是一种软性的力量支撑。习近平总书记曾指出："一个没有精神力量的民族难以自立自强，一项没有文化支撑的事业难以持续长久。"③其中，宗教公共外交作为推动不同宗教、不同文明、不同国家和民之间实现和谐互通的重要合作与交流形式，有助于充分激发宗教自身所蕴含的正能量，通过跨宗教的沟通与交流抑制其消极因素可能产生的不利影响。

对于南亚地区而言，通过宗教公共外交在较低的层面可以增进中国同南亚国家和民族之间的相互了解，丰富中国和南亚民众的精神生活，营造融洽交流的良好气氛；在较高的层面推动中国与相关国家的战略合作，在"一带一路"倡议的大背景下建构起双边或多边的相互依赖和战略互信。

① 参见何亚非：《宗教是中国公共外交的重要资源》，《公共外交季刊》2015年春季号。
② 《王毅：中国也是恐怖主义的受害者》，中国人大网，http://www.npc.gov.cn/npc/xinwen/2015-03/08/content_1916129.htm。
③ 范玉刚：《没有文化支撑的事业难以长久——学习习近平总书记关于文化发展繁荣的重要论述》，《光明日报》2014年1月8日。

近年来中国与南亚各国关系发展的历史已经证明，"只要坚持团结互信、平等互利、包容互鉴、合作共赢，不同种族、不同信仰、不同文化背景的国家，完全可以共享和平，共同发展。"[①] 而宗教公共外交可以让这种合作与交流更加紧密，让双边与多边的软环境建设更加融洽和包容。换言之，宗教公共外交有助于提升中国与南亚的命运共同体意识，有助于推动中国与南亚文明的互鉴与复兴。

---

① 习近平：《弘扬人民友谊，共创美好未来——在纳扎尔巴耶夫大学的演讲》，《光明日报》2013 年 9 月 8 日。

第三章

机制与组织

第一节 "一带一路"民心相通建设的
现状及发展前景^①

  "一带一路"是新形势下中国对外开放新的战略布局，更是中国参与构建世界经济新格局的重要切入点。同时，"一带一路"倡议构想的实施，也是中国参与全球治理、履行大国责任的载体，更是创新区域合作平台。

  "一带一路"倡议自2013年提出以来，已经取得了显著的进展，参与的国家越来越多，目前有70多个国家表达了合作的意愿，有30多个国家同中国签署了"一带一路"合作共建的协议。

  2016年2月15日，中国国家发改委网站发布消息，对两年来"一带一路"取得的进展进行了总结：中国已与土耳其、波兰等30多个国家签署共建"一带一路"谅解备忘录。为了有效推动中蒙俄、中国—中亚—

  ① 作者：范祚军，广西大学中国—东盟研究所教授、博士生导师；温健纯，广西大学中国—东盟研究院助理研究员；黄娴静，广西大学商学院金融学专业博士生；何欢、郑丹丹、胡李裔，广西大学中国—东盟研究院研究助理。

西亚、中巴、孟中印缅、中国—中南半岛、新亚欧大陆桥经济走廊建设，中国与相关国家将全力打造"六廊六路多国多港"主骨架。在产能合作方面，中国已经同 10 个国家签署了国际产能合作协议，中哈产能合作协议总投资超过 230 亿美元，极大地满足了中国的投资需求。在设施联通方面，中老铁路正式动工，中泰铁路举行项目启动仪式。中白工业园、中印尼综合产业园、中哈霍尔果斯国际边境合作中心以及中老、中越、中蒙跨境经济合作区建设加快。区域全面经济伙伴关系协定（RCEP）、中国—东盟自贸区升级谈判进展顺利。2016 年年初，习近平主席首次访问地点定在三个"一带一路"沿线的重要国家沙特阿拉伯、伊朗、埃及。与三国签署共建"一带一路"备忘录不久以后，伊朗和中国就开通了义乌—德黑兰货运班列，并约定每月一次由中国抵达伊朗。并且，中国与伊朗的德黑兰—马什哈德铁路电气化改造项目已经开工，伊朗总统鲁哈尼出席了开工仪式。

短短两年时间取得的合作成果表明，沿带沿路国家对"一带一路"合作建设的认可。通过三年多的时间，"一带一路"合作框架初步搭建起来，围绕"一带一路"合作框架，中国的"一带一路"建设取得初步的进展。然而，要全方位推进务实合作，打造利益共同体、责任共同体和命运共同体，仅仅依靠搭建的合作框架是远远不够的，迫切需要国际区域内参与国之间建立起政治互信、经济融合、文化包容的关系，以真正开放、互惠、共享的心态开展各个层面的合作，需要国内各省共同参与、融合和对接"一带一路"倡议。在框架 2016 年形成的基础上，找出合作框架中重要的"切入点"，集中发力，必定会夯实合作的基础，进一步稳固"一带一路"的合作框架，推动"一带一路"更好发展。但国家间文化差异、区域外势力干预以及中国与投资目标国自身问题的存在，使得中国的"一带一路"倡议并没有完全得到相关国家各个阶层民众的积极响应。"一带一路"的倡议虽然是中国提出的，机遇却是全世界的。就像习近平主席所指出："一个国家要谋求自身发展，必须也让别人发展；要谋求自身安全，必须也让别人安全；要谋求自身过得好，必须也让别人过得好。"因此，寻找共同切入点，培育共同利益，至关重要。

(一)在"一带一路"框架下民心相通的重要性

1.民心相通是"一带一路"朋友圈的基础

"一带一路"秉持的是共商、共建、共享原则，无论国际还是国内，要真正为世人所接纳，必须打破沿线国家民众之间的隔膜，形成一个相互欣赏、相互理解、相互尊重的"一带一路"朋友圈。民心相通可以形成新的更紧密的朋友圈。

2.民心相通是化解资源民族主义的有效手段

资源供应国在与资源需求国进行资源交易时，出于本国资源保护或政治因素的考虑，有时会突然采取限制资源出口等措施，实行资源民族主义政策。这使一直有资源需求的进口国措手不及，造成极大损失。面对一些针对性的鼓吹资源民族主义的情况，中国要积极进行人文沟通，树立信誉良好的合作伙伴形象。

(二)"一带一路"人文交流现状

1.文化交流

文化交流是实现"民心相通"的重要途径，三年多来取得了引人注目的进展。仅2015年一年，新加坡、新西兰、斐济、比利时、尼泊尔、坦桑尼亚相继成立中国文化中心。2016年，中国与卡塔尔共同举办"中卡文化年"活动，通过展示两国的文化艺术，在中卡两国之间搭起了"民心相通"的桥梁。

2.旅游

2015年与2016年都是"丝绸之路旅游年"。联合国世界旅游组织表示，将与中国等丝路沿线国家共同推动丝路旅游可持续发展。内蒙古与俄、蒙建立了"三国五地旅游联席会议机制"，促进旅游业的发展，极大地推动了中国与这两国的交流沟通。

3. 沿带国家留学生

中国每年向沿线国家提供 1 万个政府奖学金名额，大大提高了沿线国家学生来华留学的积极性。2016 年 4 月，教育部表示，中国接收留学生前 10 大生源国依次为韩国、美国、泰国、印度、俄罗斯、巴基斯坦、日本、哈萨克斯坦、印度尼西亚和法国。其中沿线国家生源数均有所增长。

4. 国内智库建设

"一带一路"重大倡议提出后，至少有 60 家研究机构开始专项研究"一带一路"。2015 年 4 月 8 日，中共中央对外联络部牵头创立了"一带一路"智库合作联盟，该联盟对沿线国家和域外国家的所有智库开放。

5. 文化传媒的国际交流合作

近年来，围绕"民心相通"建设，沿线国家文化传媒积极开展国际交流合作。通过合作平台，采用报纸、广播、网络、会议、论坛、艺术节、电影节等传媒形式，加强合作交流，努力塑造出和谐友好的文化生态和舆论环境。

（三）"民心相通"遇到的问题

1. 语言学习受限

"一带一路"沿线 60 多个国家有 50 多种通用语和 200 多种民族语言①。由于设施建设、民众交流少等原因，中国与沿线国家之间并没有设置足够的小语种专门语言学校。自"一带一路"以来，各方急需相关语言人才用于双方经济和人文交流。

2. 媒介的宣传效果有所区别

"一带一路"沿线国家与世界接轨程度差别较大。在中国视为理所当然的事情，在有的沿线国家可能不被完全接受。同样的宣传力度，不同国

---

①　李宇明：《"一带一路"需要语言铺路》，《人民日报》2015 年 9 月 22 日。

家、不同阶层的民众对"一带一路"倡议、中国形象的宣传结果接受程度有一定的差异。

3. 不良舆论影响中国在朋友圈中的形象

面对中国的快速发展，国际舆论出现两种对中国不利的论调："中国威胁论""中国崩溃论"。"中国威胁论"经常以中国军费高速增长等理由，宣扬来自中国的威胁。"中国崩溃论"者认为，中国的迅速发展并没有提高效率，只是一个阶段的恢复性发展过程，中国的发展不可能持久。中国社会存在的各种社会矛盾最终将导致中国迅速崩溃。"中国崩溃论"刻意夸大中国社会存在的矛盾，使一些沿带国家怀疑中国不具备推动"一带一路"建设的实力。

(四) 推动"一带一路"人文交流的国内视角

如果要快速加深沿线国家对现代中国的认识，最直接的办法就是，政府把握大方向，建立完善的制度框架来保障沿线国家民众在中国的考察、访问、交流、旅游、学习，全方位吸引沿线国家居民主动访华。在旅游方面，建议加强旅游合作机制，联合打造具有丝绸之路特色的国际精品旅游线路和旅游产品，提高沿线各国游客签证便利化水平。在教育方面，对沿线国家加大提供政府奖学金名额，扩大相互间留学生规模，开展合作办学，吸引沿线国家知识分子来到中国。在经贸实业方面，邀请沿线国家招商引资企业和组织团体代表实地考察企业所关注的因素，了解中国投资的实力。通过民众与民众之间、而不是政府与政府之间交流，让中国的良好形象走进沿线国家民众的生活中去，能有效降低外界对中国的不信任感。

(五) 推动"一带一路"人文交流的国外视角

1. 架设沟通的桥梁

一方面建议在中国国内建立沿线国家小语种专门语言学校，培养小语种人才，为走出国门搭建交流沟通的桥梁。另一方面，政府出台优惠政策，鼓励中国民众和团体在国外建立汉语普通话专门语言学校。

2. 传统媒介和新媒介相结合

如果一味地进行所谓的全面媒体撒网传播，则会无谓地浪费很多宣传资源而且不易被当地民众所接受。如东南亚、南亚一些国家的基础设施水平普遍较差，他们本国在做文化传播时，一般通过定时集会、布道等传统方式，一方面要顺应当地的传播方式，另一方面适当为当地引进新的传播技术。沿带沿路的欧洲国家信息传播媒介发展程度比较高，可以加强信息流量更大的新媒体如网络平台、社交软件、各种新闻客户端等对中国形象的宣传力度。

3. 建立相关主题的媒体传播联盟

要支持沿线国家建立媒体网络，以抱团取暖的方式深化传统媒体之间的深度合作。同时要加强新媒体之间的交流合作，广植媒体人脉网。支持建设沿线国家的共同媒体委员会成立"一带一路"媒体传播联盟，倡议打造文化精品，致力国际传播，共同弘扬丝路文化和精神。

4. 采取必要行动打破误解

中国提出"一带一路"的倡议，并积极主动地采取行动来推动。这是因为，中国率先看到了沿带沿路国家（包括中国在内）扩大开放合作所蕴含的潜在机遇。并不是要以中国为主，任何有助于沿带沿路国家经济发展的规则、倡议，都可以在"一带一路"倡议的具体实施中予以采纳。

沿线国家可以定期互办文化年、艺术节、电影节、电视周和图书展等活动，合作开展广播影视剧精品创作及翻译，联合申请世界文化遗产，共同开展世界遗产的联合保护工作，推动大学、文艺团体、科研机构相互访问交流。

5. 打造有品牌价值的轻资产项目

高铁、核电、大坝这样的大型项目对一些企业来说成本过高，而且沿线百姓很长时间之后才能体会到这些项目带来的好处，一些项目在实施过程中还可能会出现各种摩擦，引起当地百姓对"一带一路"项目的误解。打造一批有品牌价值的轻资产项目，如餐饮、民俗、文化产业、教育、中医药等，能够很快形成一定的规模，让这些产品走到沿线百姓的生活中去，在获得经济利益同时又可以使沿线民众对中国有切身的接触，达到民心相通的目标。

第二节 "一带一路"背景下孔子学院发展模式探析[①]

2015年3月，商务部、外交部与国家发改委联合发布《推动共建丝绸之路经济带和21世纪海上丝绸之路的愿景与行动》，明确提出互联互通为重点合作领域，其中民心相通为"一带一路"建设的社会根基。"一带一路"倡议是中国新时期经济外交转型与升级的大倡议，其所涉项目在沿线国家的规划与落实需要稳定的社会基础。中国与沿线国家民心相通正是这种稳定社会基础的重要支撑，而这离不开对彼此文化与文明的认知与理解，离不开对彼此政策方针的认同与支持。毕竟，在全面推进沿线国家项目开展中，中方项目布局选址等举措涉及经济利益再分配问题，而所涉的利益分配问题又直接关系到当地居民的福祉，如果处理不当很可能波及中国与项目开展国的双边关系，这就更需要在社会文化与民心层面上进行积极、持续且有效的沟通。

位于"一带一路"沿线国家的孔子学院，是中国对外推广语言与文化的重要载体和平台，不仅能架起与当地社会沟通的"桥梁"，而且能发挥其在公共外交开展中的独特优势。关于孔子学院的作用和影响，有观点就指出："推动所在地区汉语教学、增进其他国家和人民对中国的了解、加

---

① 作者：林迎娟，北京语言大学孔子学院事业部，博士。

强中国与世界各种的教育文化交流合作、拓展中国外交空间。"① 当然，孔子学院的发展规模与多种类项目的有效开展是其作用发挥的重要保证。孔子学院在开展国际汉语教育及相关语言政策与文化交流合作项目中体现出的公共外交价值，决定了其在"一带一路"倡议全面落实中的重要作用。2004 年，中国在海外建立了第一所孔子学院，经过十几年的发展，孔子学院办学规模逐步扩大，办学成果日益显著。在孔子学院总部的指导和孔子学院国内合作院校等各方的鼎力支持下，"截至 2016 年 12 月 31 日，中国在全球 140 个国家（地区）建立了 512 所孔子学院和 1073 个孔子课堂"②。鉴于"一带一路"沿线国家孔子学院可能发挥的重要影响力，负责孔子学院海外布局与办学的相关单位亟待在总结既有办学经验的基础上，对可支配的教育资源进行统筹，这样利于探寻其自身可持续的发展模式的同时，还能助力"一带一路"倡议的有效落实。

一、孔子学院在夯实"一带一路"沿线国家人文交流中的独特作用

近十年来，汉语国际教育的发展是国际需求与国际供给共同作用的结果，与中国经济实力和国际影响力相关，还与孔子学院所提供的教育公共产品紧密相关。从需求的维度来看，随着中国对外经贸与人文交往的增多，国外对掌握汉语的复合型人才的需求也相应增加。但一直以来，汉语国际教育进入到欧美等发达经济体主流教育体系的程度不高，致使相应人才的培养体系并不完备，出现相应人才的明显需求缺口。从供给的维度来看，孔子学院通过合作办学等方式提供了学习汉语和了解中国文化的教育公共产品，为当地汉语国际教育体系的发展提供了一定的支持。整体而

---

① 韩召颖：《孔子学院与中国公共外交》，《公共外交季刊》2011 年第 3 期。

② 孔子学院总部：《关于孔子学院／课堂的概况》，http://www.hanban.edu.cn/confuciousinstitutes/index.html，最后访问时间：2017 年 2 月 25 日。

言，孔子学院所掌握的教育与文化资源主要有三类：一是在孔子学院平台上的中外专兼职汉语教师、志愿者组成的师资队伍，其教学水平直接决定汉语国际教育的质量；二是配合国际汉语教学的教材、大纲、媒体库等教育资源与文化展示平台，这些教学资源与平台质量关系到汉语国际教育的具体开展及中华文化对外的"吸引力"；三是通过孔子学院平台接收汉语国际教育与培训的学员，是传播汉语和中华文化的重要"使者"、海外本土汉语教师培养的后备力量。

孔子学院的组织性质、运行职能与其所掌握的教育与文化资源，决定了其在推动文化与民心相通上的天然优势。相应地，"一带一路"沿线国家孔子学院在增进与当地人文交流上能发挥独特作用。作为非营利教育机构的孔子学院，其"致力于适应世界各国（地区）人民对汉语学习的需要，增进世界各国（地区）人民对中国语言文化的了解，加强中国与世界各国教育文化交流合作，发展中国与外国的友好关系"①，其职能发挥主要体现在汉语国际教育、文化交流与公共外交的开展上。此外，孔子学院较为开放与多元的运行模式，也为其职能的发挥提供了较大的灵活度。具体而言，孔子学院在夯实与"一带一路"沿线国家人文交流社会基础上的作用突出，主要体现在文化感召力、教育公共产品提供和加强理解与共识三个向度上。

首先，从文化向度来看，儒学可助力新丝绸之路的文化挖掘与宣传。丝绸之路是经贸发展之路，也是多元文化交流之路。而"文化交流是人文交流的核心，也是人文交流的动力与源泉"。②古代丝绸之路，不仅贯通了国际贸易商路，还间接促进了儒家文明与伊斯兰文明、基督教文明、印度文明等文明圈的交流与碰撞。纵观中国对外通商史，经贸交流在一定程度也促进了以儒学为代表的中华文明的对外传播。而孔子学院的立学之本，

① 国家汉办：《孔子学院章程》，http://www.hanban.edu.cn/confuciousinstitutes/node_7537.htm，最后访问时间 2017 年 2 月 26 日。

② 许利平：《中国与周边国家的人文交流：路径与机制》，《新视野》2014 年第 5 期。

就包括充分发挥其文化交流综合平台的作用，为沿线国家学习中文、了解中国文化提供更多机会。儒学中倡导的仁、义、礼、智、信尽管在深受儒家文明影响的地区具有较强感召力，仍需积极主动地向"一带一路"沿线国家与地区进行扩展。当与周边国家在理念与文化层面上的互动越多，就越容易避开各方因过多注重眼前经济利益而带来的摩擦，进而利于形成较为良性的内外互动关系。

其次，从教育公共产品的向度来看，孔子学院为教育资源的提供者。海外孔子学院的创办，可作为惠及沿线国家的一个重要方面。目前，中国为仅随美国之后的第二大经济体，同时也是"一带一路"沿线国家最为重要的贸易伙伴之一。随着与中国经贸与人文交往的增多，沿线国家对掌握中文及熟悉中国的复合型人才需求也会相应增加。因而，在"一带一路"沿线重要国家增设孔子学院与课堂，实际上为当地提供了更多的教育机会。对部分语言教育资源较为稀缺的沿线国家而言，中国对孔子学院的资金与专业教师的配套支持，是一项真正能将中国"亲诚惠容"的周边政策落到实处的举措。在中国周边战略的构成中，"'亲'是目的，'诚'和'容'是主要手段，'惠'是基础"[1]，经过十几年的发展与完善，孔子学院与课堂不仅成为汉语教学与中国文化传播的重要平台，而且还为立志从事中国问题研究的学生与学者提供更多来华学习与调研的机会，进一步体现出机构运行的公益性特征。

最后，从加强理解与共识的向度来看，多元文化交流，利于沿线国家对中国"一带一路"倡议及配套政策、项目有较为客观与理性的认知。在中国较强的经济实力与域外大国的影响下，沿线国家特别是发展中国家容易产生不安全感。一方面，作为域外大国的美国极力将中国的"一带一路"倡议描绘成"中国版的马歇尔计划"或"中国版的共荣圈"，甚至将其称为中国的"西进"计划，在此类话语的影响下沿线国家很容易对中国"一带一

① 陈琪、管传靖：《中国周边外交的政策调整与新理念》，《世界经济与政治》2014 年第 3 期。

路"倡议的意图与动机产生误解。① 另一方面，对于国家综合实力与中国有较大差距的发展中国家而言，其会倾向选择两头下注的方式，试图在大国间两头渔利，而这是不利于中国经济与文化外交开展的。在此背景下，开设在沿线国家的孔子学院与孔子课堂，正是通过中文教学、文化展示等向当地打开文化交流之窗，让更多的当地居民有机会了解中国文化与方针政策。从更长远的时间段来看，加强沿线国家当地对中国政策的理解，利于突破西方主导的国际话语对中国发展的"软制衡"，为国家公众外交的开展拓宽空间，进而利于消除沿线国家社会民众层面上对中国外交政策的误解。

二、孔子学院在"一带一路"沿线国家面临的主要问题

整体而言，经过十余载的发展，孔子学院的办学规模与办学水平有了质的提高，但孔子学院的办学主体主要位于海外，因此孔子学院的发展离不开办学当地各方的积极支持。从 2004 年全球第一所孔子学院成立至今，孔子学院在海外办学过程中一直面临着诸多挑战，这既包括其内部资源整合与能力建设方面的因素，也包括文化差异、西方国际话语权主导等外部因素的制约。鉴于孔子学院及其平台上所包含的教育与文化资源在"一带一路"中的独特作用，相关行为体更应整合内外教育资源并加强与沿线国家与地区的合作，有针对性地消除或减少阻碍中国在沿线国家开展人文交流中的不利因素。可以预见的是，孔子学院在"一带一路"沿线国家的办学过程中，也同样会面临一系列的挑战，主要包括：

（一）仍需进一步明确角色定位

明确孔子学院教学与项目开展的目的是为多层次人文交流提供一个平

___
① 关于美国对中国"一带一路"倡议认知的论述，请参见马建英：《美国对"一带一路"倡议的认知与反映》，《世界经济与政治》2015 年第 5 期。

台，其中汉语教学仅为其功能履行的第一步。从短期目标来看，对外汉语推广教育可帮助感兴趣学习中文或了解中国的外国人跨越语言屏障。而在跨国或跨地区的人文交流中，语言交往的屏障为技术层面上较容易解决的问题，而"内化了"的文化差异则能从更深层次上影响到互动关系的形成。从长期目标来看，只有积极推动与中国相关的学术研究与学术交流的有效开展，才利于引导更多外国学者较为全面、更真实地了解中国，进而利于外国民众跨越文化上的障碍。美国学者约瑟夫·奈指出，国家软权力的三个主要来源分别是具有吸引力的文化、国内外实行的政治价值观和被视为具有合法性及道德权威的外交政策。[①]孔子学院所发挥的教育文化交流平台，正是为国外民众了解中国文化和外交等内容提供了更多的机会，能为"高政治领域"的合作奠定一个良好的社会基础。值得注意的是，与中国相关的学术研究的丰富与发展是一项系统工程，需要较长时间的培育，才能呈现出明显成效。值得注意的是，孔子学院平台上的项目开展是期望外国民众尤其是年轻一代能对中国的发展现状与外交政策有较为客观的认识，进而将因文化差异与价值观不同而形成的误解与不信任降至最低。

（二）在区位布局上有待优化

目前，孔子学院区位布局的明显特征是主要集中在欧洲、北美、东亚地区。整体而言，开设在发达国家的孔子学院与课堂，不仅形成了一定的教学规模和较为成熟的运行模式，而且还积极推动了与中国相关问题的学术研究。与之形成鲜明对比的是，孔子学院的办学数量与质量在广大发展中国家与地区仍有较大的发展空间。可以预见的是，随着"一带一路"倡议的推进，沿线国家对孔子学院所带来的教育公共产品需求也会增加。"一带一路"沿线大多为发展中国家，不同国家间经济发展水平、教育体制与

---

① Joseph S.Nye. Jr., *Soft Power: The Means to Success in World Politics*, New York: Public Affairs, 2004, pp.11-15.

水平等都呈现出较大的"异质性",而异质性直接影响到在当地的办学质量与学员的受益程度,这就要求根据双边关系性质与当地教育需求来布局。在具体海外办学中,孔子学院需合理利用中国与沿线国家在城市、大学等非国家层面上既有的合作框架,来推进相关合作项目的研发与落实。例如,在中外友好城市与合作办学机构中率先增设试点,通过打造教学与文化交流的旗舰项目,形成良好示范效应,进而实现教育资源向区域扩展的外溢效应。

(三) 在语言与文化交往上的屏障

"一带一路"沿线有60多个国家,不同国家在语言使用上有较大的差异,这增加了配套项目的落实难度,而真正阻碍中方与沿线国家良性互动的深层次原因是文化上的差异。学者塞缪尔·亨廷顿将"1990年后的世界划分为西方文明、拉美文明、非洲文明、伊斯兰文明、中华文明、印度文明、东正教文明、佛教文明、日本文明"①,其认为世界的冲突根源在于文化上的差异,文明的冲突才是影响世界秩序构建的关键。"一带一路"倡议所涵盖的区域,与亨廷顿概括出的文明圈几乎都有交集,实现互惠的目标离不开中华文明与其他文明间的积极交流与沟通,相信在中方与沿线国家相关行为体的共同努力下,并非一定会出现亨廷顿所提出的多元文明互动的悲观情形。在当今的国际社会中并不存在于凌驾于主权国家之上的中央权威,国际关系学者亚历山大·温特概括出三种无政府文化,分别为"霍布斯文化、洛克文化、康德文化,而这三种文化基于不同角色关系——敌人、竞争对手、朋友"②。从建构主义视角来看,文化可以影响身份与利益的建构,进而影响到不同个体或单元间的互动,文化作为共有知

① Samuel P. Huntington, *The Clash of Civilizations and the Remaking of World Order*, New York: Simon& Schuster, 1996, pp. 26-27.

② [美] 亚历山大·温特著,秦亚青译:《国际政治的社会理论》,上海世纪出版集团2008年版,第299页。

识的部分，在互动的结构与进程中逐步形成。因而，中国与更多的国家间形成"朋友"的角色关系，就越利于"一带一路"倡议的有效落实。在沿线国家与地区增设孔子学院，其积极作用的发挥对项目开展的双方都是有利的。一方面通过提供教育资源，为当地培养并输送更多掌握中文、了解中国文化的人才；另一方面，也可为当地中方项目开展提供智力支持，包括开办关于当地语言与文化的研修班、参与项目前的筹备调研工作等，进而利于降低文化差异所带来的负面影响。

三、推进孔子学院发展的政策思考

"一带一路"建设的重点为互联互通，需要精神与文化层面上的相互理解与尊重。同德国的歌德学院、英国的文化委员会、法国的法语联盟及西班牙的塞万提斯学院相比，孔子学院的发展时间很短，发展规模还有待进一步扩大。鉴于中国日益增强的综合国力与对外经贸交流范围的扩展，孔子学院在推动中国公众外交中的作用也会日益提升，其作用的发挥离不开与之地位相匹配的发展模式。如何整合孔子学院的国内外教育资源，结合与不同国家双边关系的性质，使之成为推动与沿线国家人文交流有效途径与平台，是当前孔子学院可持续发展所要思考的问题。

首先，明确孔子学院的角色定位，主要通过推广汉语学习、文化交流与学术研究，来增进其他国家民众对中国的了解。将外界对孔子学院的关注重点拉回教育与文化交流上，强调孔子学院在提供教育资源上的公益性与非政治性。福尔克·哈蒂格《中国公共外交：孔子学院的兴起》[①]一书，对中国孔子学院进行了较为系统的研究，将孔子学院喻为"中国公共外交之星"。但该书关于孔子学院兴起动因的论述则集中在中国外交考量及国

---

① Falk Hartig, *Chinese Public Diplomacy: The Rise of the Confucius Institute*, New York: Routledge, 2016, pp.16-32.

家形象塑造等较为功利性的目标上，显然也有失偏颇。孔子学院作为一个展示中华文化的重要载体，教学与文化活动的开展有利于展示中国负责任的大国形象，但也确实为办学当地带来了汉语教育的丰富资源。此外，在汉语教学过程中还需充分尊重当地的办学特色与学员特征，例如，在以美国、加拿大等代表的移民国家，学习与生活中的"政治正确"是强调种族、性别、宗教信仰等方面的多元化与多样性；而在以沙特阿拉伯、伊朗为代表的伊斯兰国家，"政治正确"则是强调宗教信仰上的权威性。另外，孔子学院还可通过将汉语教学课堂带到社区特别是教育资源稀缺的区域，针对学员的学习需求开展不同类型的教学活动，在办学类型与办学方式上适时进行创新。

其次，在孔子学院办学上，注意"因时因地"性。在中国对外经贸与文化交往日益增多的背景下，孔子学院海外办学的资源也应与之相匹配，要注意教学资源部署的时机与区位的选择。随着"一带一路"建设的进一步推进，沿线国家对掌握汉语的复合型人才的需求也会随之增加，但汉语学习也有一定周期性，这就要求孔子学院海外办学的布局要有一定的前瞻性。在海外教学资源的分配上，进一步优化沿线重要国家的教学资源并弥补部分国家汉语国际教育的空白，这包括在大国关系层次上对中国非常重要的国家，如俄罗斯；具有示范效应的国家，如印尼、韩国；和中国具有传统友谊的国家，如巴基斯坦、老挝、柬埔寨。在国家"一带一路"倡议的落实背景下，沿线重点国家与地区也相应成为孔子学院海外办学的优先区位选择。

再次，统筹国际国内教育资源，在人才储备上，加强师资队伍建设与学友关系维护。孔子学院在海外的开设，离不开国内合作院校的支持，这些国内合作的院校是师资培训的摇篮。可以肯定的是，孔子学院平台上项目开展数量的增加与多元的办学形式的运用，离不开教育资源的整合与升级。对中方派出的师资队伍而言，需要在项目开展前对其进行语言、教学计划与内容、地区文化与习俗等方面的系统培训。在师资队伍的维护上，通过机制化的培养与选拔机制，吸纳从孔子学院"结业"的优秀学员就职于相关工作，从而实现师资队伍的自我"造血"，结合外国职员的优势，开展适合当地教育需求的办学活动。根据来华学习的不同项目，开设针对不同汉语水平与目标群体的初级、中级、高级汉语应用与中国文化的培训课程，为学员更快适应中文环境的学习与研究奠定良好基础。孔子学院学友关系的维护也是项目更新与发展的一个动力源，定期组织学友活动，可为学友搭建学术交流与合作的平台，还会增进大家对学友身份的认同。孔子学院的可持续发展，离不开学友的大力支持，在具体项目的开展上，可进一步引入学友的参与机制。从孔子学院所开展项目的招生宣传、人员选拔到项目资金的筹集等具体项目的运行，都要鼓励学友的积极参与。

最后，在项目开发上，进一步促进人文交流的多元互动。孔子学院所支持的学习项目大部分都包含国内合作办学的高校，是其国内可利用重要教学资源。孔子学院办学主要包括两类项目，一是中国在海外设立孔子学院或课堂，二是资助国外学生学者来华学习访问。从最初的中国汉语国际教育的"走出去"到如今国外人才来华学习与研究的"引进来"，再到包括形式多样的主题研修活动，都体现了孔子学院教育职能的提升。"新汉学计划"[①]为一个典型代表，其旨在促进孔子学院可持续发展及中国问题的研究，目前包括联合培养博士生、来华攻读博士学位、理解中国、青年领袖、出版资助、国际会议六个子项目，其中"在 2013 年就首批共招录来自 30 国的 70 名博士"[②]，随后项目开展规模也在逐年扩大。"一带一路"大背景下，孔子学院项目的开展还有很大的空间，其可通过开展适应不同区域与人群的项目，来推动中国与沿线国家的多元人文交流。跨国人文交

---

① 关于"新汉学计划"项目详情，可参见项目官网：http://ccsp.chinese.cn，最后访问时间：2017 年 3 月 1 日。

② 孔子学院总部、国家汉办：《孔子学院 2013 年度发展报告》，第 28 页，可参见 http://www.hanban.edu.cn/report/2013.pdf，最后访问时间 2017 年 3 月 3 日。

流过程能发挥"文化经济人"的作用,而"交流项目能以重要的方式发挥作用,为'文化经纪'提供中立的空间"①。相应地,在孔子学院平台开展的包含教育、学术研究、专业领域等人员的交流项目,能进一步发挥交流项目的这一功能。此外,在中外学术交流项目的开展过程中,还可积极争取当地政府与企业的财政支持,降低中方财政压力的同时,也利于项目的可持续发展,进一步实现中外项目开展的良性互动。当然,在中外项目的协调、地区与名额分配上还需要进一步统筹。在研究选题上,只要是与中国问题研究相关的人文社科专业都可纳入到人才培养的范围,包括政治、经济、法律、历史、文学等。

四、结束语

孔子学院在"一带一路"沿线国家与地区的部署对汉语国际教育、文化交流以及公众外交的发展有较为积极的促进作用,其提供的文化纽带有夯实中国人文交流体系社会基础的作用。短期而言,孔子学院可作为提供汉语国际教育的重要平台,为当地热衷学习汉语的人提供更多的教育资源。长期而言,孔子学院可以进一步提升其在公众外交与相关项目对接中的作用,一方面为热衷研究中国的学生学者提供来华调研或攻读学位的项目,另一方面也可吸收当地的复合型人才参与到孔子学院的办学工作中,解决其就业的同时也利于开发更适合当地的教育项目,从而让中国经济发展的红利更多地惠及沿线国家与地区。值得注意的是,孔子学院的发展过程中,难免会引起个别沿线国家的疑虑或猜忌,从而影响孔子学院正常工作的开展,这就更需要合力的办学区位布局、契合度较高的办学质量与旗舰教育文化项目的示范效应。

---

① Giles Scott-Smith, "Exchange Programs and Public Diplomacy" in Nancy Snow and Phillip M. Taylor, eds., *Routledge Handbook of Public Diplomacy*, New York: Routledge, 2009, p.53.

第三节　中国与中东地区文化交往品牌项目研究[①]

2013 年 9 月，习近平主席在哈萨克斯坦纳扎尔巴耶夫大学讲演时提出了共建"丝绸之路经济带"的倡议，同时提出"政策沟通、设施联通、贸易畅通、资金融通、民心相通"（简称"五通"）的建设路径。2015 年 4 月，习近平主席发表题为《构建中巴命运共同体　开辟合作共赢新征程》的重要演讲，再次对"五通"进行了深入阐释。其中，"民心相通"作为"一带一路"建设的重要内容，强调以人为本，为其他"四通"保驾护航，旨在实现沿线国家和区域的共赢共荣。位于亚、非、欧三大洲交界处的中东地区，是中国与世界相连的重要枢纽，是"一带一路"倡议下的关键区域。中国与中东地区民心相通是拉近其政治关系的情感纽带，是促进其经济合作的驱动力量，是共建区域和平的有效途径。文化的兴盛，支撑一个国家、一个民族的强盛，中华民族伟大复兴需要以中华文化繁荣发展为条件，"一带一路"民心相通需要以文化交往作为支点。本文将通过对中东孔子学院／课堂、中国文化中心和中国国际友城这些中国与中东地区文化交往品牌项目的历史沿革、发展现状、面临挑战等方面进行深入剖析，进而研究其发展前景。

一、孔子学院／课堂

（一）项目简介

孔子学院是中外合作建立的非营利性教育机构，是中国国家对外汉语教学领导小组办公室在世界各地设立的推广汉语和传播中国文化与国学教育的文化交流机构。《孔子学院章程》明确规定，孔子学院办学宗旨是增进世界人民对中国语言和文化的了解，发展中国与外国的友好关系，促进世界多元文化发展，为构建和谐世界贡献力量。其主要职能包括：面向社会

[①]　作者：齐济，北京第二外国语学院阿拉伯研究中心助理研究员。

各界人士开展汉语教学；培训汉语教师；开展汉语考试和汉语教师资格认证业务；提供中国教育、文化、经济及社会等信息咨询；开展当代中国研究。[①]

2004年6月15日，胡锦涛主席出席了第一所孔子学院——乌兹别克斯坦塔什干孔子学院协议的签字仪式，拉开了我国在全球合作举办孔子学院的序幕。截至2015年12月1日，国家汉办已在全球134个国家（地区）建立500所孔子学院和1000个孔子课堂。孔子学院设在125国（地区）共500所，其中，亚洲32国（地区）110所，非洲32国46所，欧洲40国169所，美洲18国157所，大洋洲3国18所。孔子课堂设在72国共1000个（科摩罗、缅甸、马里、突尼斯、瓦努阿图、格林纳达、莱索托、库克群岛、欧盟只有课堂，没有学院），其中，亚洲18国90个，非洲14国23个，欧洲28国257个，美洲8国544个，大洋洲4国86个。初步实现了孔子学院/课堂在全球的广覆盖。

为完善汉语教学，传播中华文化，切实满足国际友人的需求，国家汉办在全球各地开创运行实体机构的同时，还大力建设配套机制。如：国际汉语教师资格培训，编纂发行多语种汉语学习教材，开展孔子学院赠书活动，开办网络孔子学院，创办多语种《孔子学院》杂志，组织"汉语桥"中文比赛，召开全球孔子学院大会等。

根据2013年2月发布的《孔子学院发展规划（2012—2020年）》，国家汉办要做到"统一质量标准、统一考试认证、统一选派和培训教师"，在教材方面要"基本实现国际汉语教材多语种、广覆盖"。[②] 现已向全球推出8部45个语种注释的汉语教材及工具书，完全覆盖了中东地区所需的四种官方语言：阿拉伯语、波斯语、土耳其语和希伯来语，以及中东部分国家的常用语言：英语、法语。为满足孔子学院汉语教学需要、海外学生学习汉语的渴求、优秀汉语教材国际推广以及中华文化对外传播，国

---

① 参见国家汉办网站：http://www.hanban.edu.cn。
② 《孔子学院发展规划（2012—2020年）》，《光明日报》2013年2月28日。

家汉办还开展了赠书活动，所赠数目不仅包括教材类书籍，还包括中国历史、文化、经济等方面书籍、影音。网络孔子学院的建立顺应时代发展、与时俱进，不仅面向孔子学院注册生，更面向所有想了解中国、想学习汉语的人士开放。《孔子学院》多语种期刊是孔子学院总部/国家汉办主办的系列出版物。2009年3月，中英文对照版《孔子学院》率先创刊。定期发行出版中法、中英、中韩、中日、中意、中阿、中泰、中德、中俄、中葡、中西共11种版本。内容包括：人物访谈、文化艺术、华夏美食、时尚前沿、汉语课堂等。据笔者在埃及开罗大学孔子学院任教期间了解，《孔子学院》期刊深受当地汉语学习者欢迎，几乎成为他们的必读刊物，但在当地非汉语学习者中的流传度还有待加强。"汉语桥"是国家汉办主办的大型国际汉语比赛项目，共分为"汉语桥"世界大学生中文比赛、"汉语桥"世界中学生中文比赛和"汉语桥"在华留学生汉语大赛三项比赛。每年一届，由汉语桥比赛组委会进行项目的具体组织和实施。"汉语桥"中文比赛旨在激发各国青年学生学习汉语的积极性，增强世界对中国语言与中华文化的理解。目前，比赛已成为世界人文交流领域的知名品牌活动，是各国青年学习汉语、了解中国的重要平台，在中国与世界各国青年中间架起了一座沟通心灵的桥梁。

（二）中东地区孔子学院/课堂发展现状

2007年2月1日，中国沈阳师范大学与黎巴嫩圣约瑟夫大学共同签署了《关于共建黎巴嫩圣约瑟夫大学孔子学院的框架协议》，中东首家孔子学院正式成立。此后，中东地区每年建成1—3个孔子学院/课堂。截至2015年年底，国家汉办已经在中东地区25个国家中的13个国家开设了22个孔子学院/课堂。其中，土耳其最多，5年内在两大重要城市伊斯坦布尔和安卡拉开设了4个孔子学院和1个孔子课堂；其次是埃及，在首都开罗和苏伊士运河上的城市——伊斯梅里亚开设了2个孔子学院和1个孔子课堂；然后是阿联酋、摩洛哥和以色列，分别开设2个孔子学院；

其余为 1 个;目前,由于当地政局动荡、安全局势不稳定、汉语学习条件受限等错综复杂的原因,巴勒斯坦、叙利亚、沙特、伊拉克、也门、卡塔尔、阿曼、阿尔及利亚、利比亚、毛里塔尼亚、吉布提、索马里、科摩罗等 12 个国家尚未开办孔子学院 / 课堂(见表 3-10)。

表 3-10　中东地区孔子学院 / 课堂一览表(截至 2017 年 1 月)

序号	国家	类型	机构名称	所在城市	启动时间	承办机构	合作机构
1	巴勒斯坦						
2	约旦	孔子学院	安曼 TAG 孔子学院	安曼	2009-04-01	约旦塔勒利·阿布·格扎拉国际集团	沈阳师范大学
3	叙利亚						
4	黎巴嫩	孔子学院	圣约瑟夫大学孔子学院	贝鲁特	2007-02-01	圣约瑟夫大学	沈阳师范大学
5	沙特						
6	伊拉克						
7	也门						
8	科威特	孔子学院	费城大学孔子学院	杰拉什	2011-09-22	费城大学	聊城大学
9	阿联酋	孔子学院	扎伊德大学孔子学院	阿布扎比	2010-08-24	扎伊德大学	北京外国语大学
			迪拜大学孔子学院	迪拜	2011-03-23	迪拜大学	宁夏大学
10	卡塔尔						
11	巴林	孔子学院	巴林大学孔子学院	萨基尔	2014-01-15	巴林大学	上海大学
12	阿曼						
13	阿尔及利亚						
14	摩洛哥	孔子学院	穆罕默德五世大学孔子学院	拉巴特	2009-10-19	穆罕默德五世大学	北京第二外国语学院
			哈桑二世大学孔子学院	卡萨布兰卡	2012-10-10	哈桑二世大学	上海外国语大学

续表

序号	国家	类型	机构名称	所在城市	启动时间	承办机构	合作机构
15	突尼斯	孔子课堂	突尼斯斯法克斯广播孔子课堂	斯法克斯	2009-11-04	斯法克斯中阿友好俱乐部	国际台
16	利比亚						
17	苏丹	孔子学院	喀土穆大学孔子学院	喀土穆	2009-12-17	喀土穆大学	西北师范大学
18	埃及	孔子学院	开罗大学孔子学院	开罗	2008-03-18	开罗大学	北京大学
			苏伊士运河大学孔子学院	伊斯梅利亚	2008-04-01	苏伊士运河大学	北京语言大学
		孔子课堂	尼罗河电视台孔子课堂	开罗	2015-08-02	尼罗河电视台	北京语言大学
19	毛里塔尼亚						
20	吉布提						
21	索马里						
22	科摩罗	孔子课堂	科摩罗大学孔子课堂	莫罗尼	2014-07-01	科摩罗大学	大连大学
23	伊朗	孔子学院	德黑兰大学孔子学院	德黑兰	2009-01-01	德黑兰大学	云南大学
24	以色列	孔子学院	特拉维夫大学孔子学院	特拉维夫	2007-11-01	特拉维夫大学	中国人民大学
			希伯来大学孔子学院	耶路撒冷	2014-05-22	希伯来大学	北京大学
25	土耳其	孔子学院	中东技术大学孔子学院	安卡拉	2008-11-28	中东技术大学	厦门大学
			海峡大学孔子学院	伊斯坦布尔	2010-04-14	海峡大学	上海大学
			奥坎大学孔子学院	伊斯坦布尔	2013-05-01	奥坎大学	北京语言大学
			晔迪特派大学孔子学院	伊斯坦布尔	2015-07-06	晔迪特派大学	南开大学
		孔子课堂	佳蕾学校孔子课堂	安卡拉	2010-09-20	佳蕾学校	

学院 / 课堂的建立基本覆盖了中东大部分国家，成为促进中国与当地民心相通的有效媒介。但有些政治相对稳定、经济发展较好、教育水平较高、合作前景广阔的国家尚未建立，笔者认为可以先向这些国家知名高校的中文系派出中文老师，而后逐步建立孔子学院或孔子课堂。如：卡塔尔、阿曼、阿尔及利亚。对于社会相对不稳定的地区，可以放缓孔子学院 / 课堂的建立。中东地区孔子学院 / 课堂为当地人学习汉语，了解中国文化，促进双方民心相通提到了关键作用。

以埃及开罗大学孔子学院为例，中外方院长各一名，相互沟通配合处理学院事务；中外方教师基本按 1 : 1 比例配备，中方教师分为专任教师和志愿者，专任教师从全国知名高校在职教师推荐选拔，任期一般为 3 年，到任后可自愿续任，主要负责教授汉语，志愿者一般为合作院校或兄弟院校在读研究生，任期为 1 年，负责配合专任教师授课、传播中国文化等。孔子学院学生分为三个部分：一是开罗大学中文系学生；二是其他高校中文系学生，开罗其他学校尚未开设孔子学院，中国教师极少甚至没有，因此在开罗大学孔子学院上课无疑是他们接触地道中国教师和中国文化的最好途径；三是社会上想学中文的人，这部分人最少，大多是在当地中国公司工作的员工。由此可见，在开罗大学孔子学院学习中文的学生多为有切实需求、现实目的的青年人。他们学习汉语更有热情，也更善于表达，在社会中更容易产生影响力。开罗大学孔子学院每年举办汉语诗歌比赛、唱歌比赛、文化月等各种活动，给学习汉语的青年人交流的平台，让大家在枯燥的语言学习中找到更多乐趣，更深入了解中国文化。同时，国家汉办还会定期向开罗大学孔子学院捐赠教材、书籍影音等以供大家学习交流。但是音像制品内容相对老套，受当地青年人的关注度并不尽如人意。

(三) 中东地区孔子学院 / 课堂面临的挑战与前景展望

2015 年 12 月 6 日，第十届全球孔子学院大会在上海开幕，国务院副总理、孔子学院总部理事会主席刘延东指出："孔子学院办学水平不断提升，运行模式日益健全，吸引力凝聚力进一步增强，在中国人民与各国人民之间架设了沟通的桥梁，撒播了友谊的种子。"并强调："当今时代，世界各国日益成为你中有我、我中有你的利益共同体和命运共同体。文明交流互鉴的大趋势、中国与各国合作共赢的大潮流，为孔子学院发展带来难得历史机遇和广阔发展空间。"① 孔子学院作为中国"软实力"的最亮品牌，推动了中国文化"走出去"，同时也促使国人对中国传统文化再认识、再重视，是国家"一带一路"倡议的有力支点，是外国友人了解真实中国的重要平台，是实现不同文明交流互鉴的必要通道。

当前，孔子学院的发展也进入了关键时期，因此我们有必要对其面临的挑战进行思考，为其今后的发展提出可行性建议。其中最突出的问题有两个方面：一是管理方面，目前孔子学院的管理主要由一名中方院长和一名外方院长负责，相比欧美发达地区，中东地区由于其特殊的宗教文化、动荡的社会政局、艰苦的生活条件等原因，派出中方院长相对困难。因此，有些中东地区孔子学院会出现中方院长常年空缺，中方教师代替中方院长履行职能的现象。另外，由于管理不深入、不细致，我方许多政策没有在当地孔子学院得到切实实施，导致民心相通流产于"最后一公里"。比如在某些孔子学院，我方赠书只是在图书馆束之高阁，学生没有享受到免费阅读的权利。管理层面的问题导致很多政策无法顺利推进，掣肘民心相通，好举措并未带来最好效果。二是教学方面，从孔子学院起步到发展的十余年里，数量的增长远远超过了质量的提升。优秀教师的匮乏，教材良莠不齐，教学方法刻板老套是我们面临的主要问题。如何从教师、教材、教学方法上进一步提升我们的质量是亟待解决的问题。

---

① 参见国家汉办网站：http://www.hanban.edu.cn/。

其实，孔子学院发展中面临的挑战也正是我国本土教育体制出现问题的海外延伸，相信在孔子学院面临问题、积极解决问题的过程中，国内教育与孔子学院的发展一定会互相促进、相得益彰，在中国文化"走出去"的同时也会带动本土教育的改革，让世界看到一个积极进取、与时俱进、以和为贵的中国。

二、中国文化中心

(一) 项目简介

西方发达国家经过数百年对外扩张，几乎垄断了传媒，掌握着世界话语权，随着我国改革开放不断推进，经济飞速发展，综合国力不断增强，促进中国文化"走出去"，让世界了解真正的中国成为亟待解决的必要课题，海外中国文化中心由此应运而生。我国自 1988 年在毛里求斯和贝宁设立首批文化中心以来，迄今为止，已在非洲、欧洲、亚洲和美洲建成坦桑尼亚、毛里求斯、贝宁、开罗、巴黎、马耳他、首尔、柏林、东京、乌兰巴托、曼谷、莫斯科、马德里、墨西哥、尼日利亚、哥本哈根、斯里兰卡、老挝、悉尼、新加坡、巴基斯坦、尼泊尔、布鲁塞尔、新西兰、斐济共 25 个中国文化中心。

海外中国文化中心建立宗旨为"优质、普及、友好、合作"：优质，即文化中心追求专业的水准，精心的组织，向公众提供高质量的服务和文化活动；普及，即文化中心面向社会各界人士，欢迎不同年龄段、不同职业的公众来参与活动；友好，即文化中心开展活动的根本目的是为了不断增进相互理解和巩固发展友谊；合作，即文化中心开展活动要与当地机构建立伙伴关系，促进两国文化交流、交融。主要职能包括：文化活动，即常态化、不间断地举办演出、展览、艺术节、文体比赛等各类交流活动；教学培训，即组织语言、文化艺术、体育健身等各类培训项目以及实施各类短期培训计划；思想交流，即组织学术讲座、研讨会、汉学家交流等活动；信息服务，即内设图书馆，向驻在国公众提供涉华信息，介绍中国的历史、文化、发展和当代社会生活。[①]

海外中国文化中心的组织结构与行政机构的结构形式一致，从总体运行过程看属于职能制组织结构，从文化中心本身构成看属于直线型组织结构，其优点是结构比较简单，责任分明，命令统一。与孔子学院不同的是，中国文化中心管理阶层均为中国公民，没有外方人员，但在开展活动时需提前与当地相应部门进行沟通协商、达成意见一致。党的十八大报告指出，要开创"中华文化国际影响力不断增强的新局面"[②]，这是中华文化走出去的关键时刻，也是海外中国文化中心发展的重要阶段。

2012 年是中国文化走出去历程中极为关键的一年，国务院于当年 12 月 12 日正式批复了《海外中国文化中心发展规划（2012—2020 年）》方案，为海外中国文化中心的发展做出了规划，提出了要求，也做出了希冀。预计 2020 年，将投入运营海外中国文化中心 50 个以上，截至 2015 年年底，全球已有 25 家中国文化中心建成。目前开设中国文化中心最多的是亚洲，共 7 个国家，其次是欧洲、非洲、大洋洲和北美洲，而中东地区极少，只有埃及开设一家中国文化中心，位于首都开罗。

埃及开罗中国文化中心主要功能包括：汉语教学，这是中心日常工作的重点之一，与开罗大学孔子学院不同的是，中心教授的学生多为社会人士；图书借阅，为方便当地人了解中国，中心充分利用资源、发挥潜力，结合当地实际情况，并运用多媒体手段，推行图书借阅制度，发挥了图书馆的职能；举办文化活动，相比孔子学院以教学为重的特点，开罗中国文化中心更多将工作中心放在了举办多姿多彩的文化活动，传播、弘扬中华传统文化上面，如举办文化演出、艺术展览、中国传统文化比赛、汉语诗

[①]　参见中国文化中心网站：http://cn.cccweb.org/portal/site/Master/index.jsp。

[②]　《中国共产党第十八次全国代表大会报告》，http://politics.people.com.cn/n/2012/1118/c1001-19612670.html。

歌大赛、讲故事比赛、电影放映、春节联欢等。这些活动面向社会广泛开放，加强了中埃两国之间的交流与了解。不仅如此，文化中心还与其他国家驻埃及文化中心组织交流活动，塑造出中国文化丰富多彩、和谐共融的良好形象。

（二）中东地区中国文化中心面临的挑战与前景展望

迄今为止，我国只在中东 25 国中的埃及开设了一家中国文化中心。从其他地区中国文化中心和开罗文化中心发展分析，中东地区中国文化中心建立面临挑战主要有两方面：第一，中方人员派出存在困难。近年来，中东地区政局不稳定，安全问题成为驻中东中国公民面临的最大问题。而海外中国文化中心的建立从组织构架到日常管理，需要有一整套的可行制度和相应的人员安排。因此，相比欧美地区，在中东地区建立中国文化中心更加困难。第二，中心与孔子学院的业务存在交叉。比如两个机构都有汉语教学，都开展文化推广、汉语比赛、图片展、春节晚会、文化月、文艺演出等活动。虽然两个机构在建立方式、渠道及主管部门上不同，但同时举办类似活动会存在竞争现象和资源浪费的隐患，因此，明确两个机构的职能、相互协助，共同推进中国文化"走出去"极为重要。

目前，中东中国文化中心建设规模较小，阻碍了其在文化"走出去"过程中发挥的作用和影响，从开罗文化中心在当地产生的影响来看，在中东地区，尤其是在没有建立孔子学院的国家开设文化中心是非常必要的。建议在建设过程中可以关注以下三个方面：首先，要明确定位，与孔子学院区别发展。文化中心的定位应与孔子学院定位进行明确区分，孔子学院属中外合作办学的教育机构，定位于教学研究上。为了不影响教学质量，大部分孔子学院外方合作单位更希望将重点放在教学而非文娱活动上，因此，文化传播方面短板应由中国文化中心来补充。其次，加强顶层设计，打造综合交往平台。文化中心不应仅限于传统意义的文化传播上，应该是一个综合的中心，在开展各种文化活动的同时，可以向当地人提供最近的中国各方面的资讯，可以通过这一纽带将中国与当地联系起来，使各阶层、各领域的人们加强思想交流、科技交往、经济合作等，真正做到民心相通。另外，还可以增设营利部门，有偿输出文化产品和服务。如提供留学咨询、旅游服务、高质量有偿的中国艺术展、京剧、话剧、音乐演出等。

总之，海外中国文化中心建设自新中国成立以来就受到了我国高度重视，发展至今已成为具有鲜明特色、取得良好成效的人文外交项目。相信今后中东地区中国文化中心建设会更加完善、深入，为提升我国文化软实力，让世界了解中国作出更大贡献。

三、友好城市

（一）项目简介

友好城市是指本国城市与外国城市之间，经所在国双方中央政府授权的专门管理机构或由国家议会、地方议会批准建立的双边友好合作关系。它是各国城市与地方政府对外关系的重要平台和对外交流合作的重要渠道，也是城市外交和地方外交的重要形式。① 我国国际友好城市是我国民间外交的重要载体，是发展中外友好关系的重要推动力量。我国自1973 年开展友好城市活动以来，中国人民对外友好协会于 1992 年 3 月在北京建立中国国际友好城市联合会，主要负责发展国际友城，推动务实合作。

（二）中东地区中国国际友好城市发展现状

截至 2017 年 1 月 14 日，我国有 31 个省、自治区、直辖市（不包括

---

① 参见贾伶：《中阿友好城市发展的现状及前景分析》，《阿拉伯世界研究》2011 年 11 月。

台湾及港、澳特别行政区）和 471 个城市与五大洲 135 个国家的 507 个省（州、县、大区、道等）和 1573 个城市建立了 2401 对友好城市（省州）关系。① 其中与亚洲 34 个国家共建 781 对，与欧洲 41 个国家共建 856 对，与非洲 33 个国家共建 131 对，与美洲 19 个国家共建 482 对，与大洋洲 8 个国家共建 151 对。与中东地区共建友好城市 93 对，其中与阿拉伯国家共建 38 对，与 3 个非阿拉伯国家共建 55 对。我国一般会选择与中东地区的国家首都、港口城市、旅游城市共建国际友城。如同为四大文明古国之一的埃及，因其悠久的历史文化，在阿拉伯国家中重要的政治地位，苏伊士运河重要的经济、战略地位等原因，素来受到各国的重视。目前，我国与埃及建立了包括首都开罗、港口城市亚历山大、伊斯梅里亚和旅游城市卢克索、阿斯旺、法尤姆等 14 对友好城市。摩洛哥地处非、欧交汇处，是阿拉伯国家中政治最稳定、经济发展最平稳的国家之一，目前我国与摩洛哥建立了 8 对友好城市，也涵盖了摩洛哥的首都、港口和重要旅游城市（见图 3-1、表 3-11）。

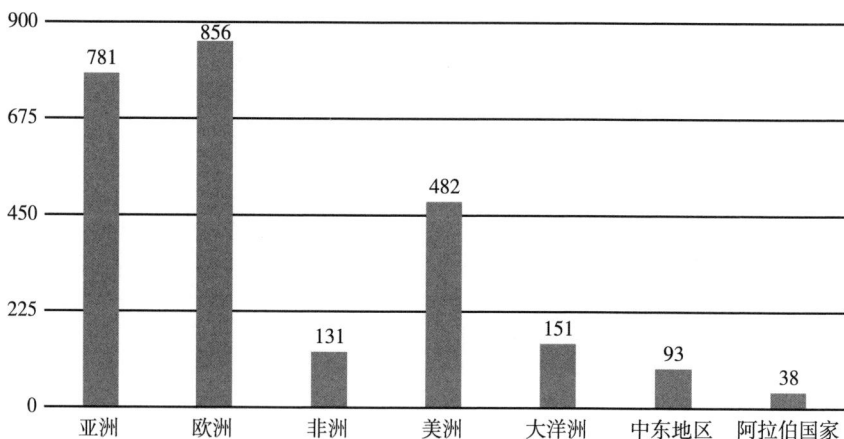

图 3-1　中国与世界各地区友好城市统计图（截至 2017 年 1 月）

---

① 参见中国国际友好城市联合会官方网站：http://www.cifca.org.cn/。

图 3-11 中国与中东国家友好城市统计表

国 别	中方城市	外方城市	结好时间
伊朗 10 对	西安市	伊斯法罕市	1989-05-06
	重庆市	设拉子市	2005-10-19
	新疆维吾尔自治区	霍拉桑·拉扎维省	2008-10-27
	山东省	胡泽斯坦省	2008-11-01
	甘肃省	库姆省	2011-11-12
	宁夏回族自治区	加兹温省	2012-06-24
	乌鲁木齐市	马什哈德市	2012-11-15
	北京市	德黑兰	2014-02-27
	湖北省	东阿塞拜疆省	2014-07-08
	临夏回族自治州	库姆市	2014-12-08
以色列 21 对	上海市	海法市	1993-06-21
	信阳市浉河区	阿什凯隆市	1995-06-28
	南阳市	加特市	1995-11-01
	格尔木市	卡尔雅特市	1997-06-25
	青岛市	耐斯茨奥纳市	1997-12-02
	哈尔滨市	吉夫阿塔伊姆市	1999-09-23
	杭州市	贝特谢梅什市	2000-03-12
	北京市	特拉维夫 - 雅法市	2006-11-21
	济南市	卡法萨巴市	2009-05-11
	拉萨市	贝特谢梅什市	2009-05-24
	虹口区	海法市海姆区	2009-11-26
	奉化市	塔玛市	2011-04-06
	益阳市	佩塔蒂科瓦市	2011-09-10
	武汉市	阿什杜德市	2011-11-08
	黑龙江省	希弗谷区	2012-05-28
	银川市	埃拉特市	2012-07-26
	深圳市	海法市	2012-09-10
	保山市	塔玛市	2012-09-13

续表

国　别	中方城市	外方城市	结好时间
以色列 21 对	开封市	克扬特·莫茨金市	2014-10-16
	楚雄彝族自治州	约阿夫地区	2015-11-16
	汕头市	海法市	2015-12-16
土耳其 24 对	上海市	伊斯坦布尔市	1989-10-23
	北京市	安卡拉市	1990-06-20
	天津市	伊兹密尔市	1991-09-23
	鞍山市	布尔萨市	1991-11-08
	日照市	特拉布松市	1991-12-23
	盘锦市	亚洛瓦市	1993-07-24
	西安市	科尼亚市	1996-09-08
	镇江市	伊兹米特市	1996-11-14
	广东省	伊斯坦布尔省	2001-06-18
	泉州市	梅尔辛伊尼赛市	2002-04-17
	吉林省	萨卡利亚省	2002-08-28
	安庆市	屈塔西亚市	2005-11-27
	常州市	埃斯基谢希尔市	2009-09-27
	哈尔滨市	埃尔祖鲁姆市	2010-04-02
	济南市	马尔马里斯市	2011-10-21
	银川市	伊尔卡丁市	2011-12-14
	江苏省	伊兹密尔省	2012-04-30
	广州市	伊斯坦布尔市	2012-07-18
	遂宁市	克尔克拉雷利市	2013-03-22
	昆明市	安塔利亚市	2013-05-10
	武汉市	伊兹密尔市	2013-06-06
	桂林市	穆拉特帕夏市	2013-10-23
	扬州市	孔亚市	2015-12-23
	乌鲁木齐市	加济安泰普市	2016-09-23

续表

国　别	中方城市	外方城市	结好时间
也门 2 对	上海市	亚丁省	1995-09-14
	安徽省	哈德拉毛省	1998-02-17
阿联酋 1 对	上海市	迪拜市	2000-05-30
约旦 2 对	郑州市	伊尔比德市	2002-04-11
	石嘴山市	亚喀巴经济特区	2013-09-26
叙利亚 2 对	辽宁省	阿勒颇省	1995-04-27
	宁夏回族自治区	大马士革省	2010-10-17
卡塔尔 1 对	北京市	多哈市	2008-06-23
摩洛哥 8 对	昆明市	沙温市	1985-05-14
	上海市	卡萨布兰卡市	1986-09-08
	景德镇市	萨菲市	1993-10-15
	杭州市	阿加迪尔市	2000-06-29
	宁夏回族自治区	沙乌亚·乌尔迪加大区	2006-01-03
	无锡市	非斯市	2011-11-22
	常熟市	索维拉市	2013-05-20
	广州市	拉巴特市	2013-10-03
苏丹 2 对	武汉市	喀土穆市	1995-09-27
	宁夏回族自治区	杰济拉州	2013-07-07
阿尔及利亚 1 对	河南省	大阿尔及尔省	1998-04-06
毛里塔尼亚 1 对	兰州市	努瓦克肖特市	2000-09-25
突尼斯 4 对	山东省	苏斯省	2006-12-19
	威海市	苏斯市	2007-08-24
	宁夏回族自治区	凯鲁万省	2013-07-09
	宁夏回族自治区	纳布尔省	2014-12-03

续表

国　别	中方城市	外方城市	结好时间
埃及 14 对	北京市	开罗市	1990-10-28
	上海市	亚历山大省	1992-05-15
	辽宁省	伊斯梅利亚省	1995-11-28
	苏州市	伊斯梅利亚市	1998-03-03
	海南省	南西奈省	2002-08-03
	安徽省	达卡利亚省	2003-09-02
	甘肃省	吉萨省	2004-07-21
	重庆市	阿斯旺省	2005-10-19
	深圳市	卢克索市	2007-09-06
	河南省	法尤姆省	2007-11-29
	陕西省	开罗省	2008-04-17
	宁夏回族自治区	法尤姆省	2008-11-08
	广东省	亚历山大省	2010-10-21
	江西省	卢克索省	2015-06-08

(三) 中国与中东地区友好城市交往面临的挑战与前景展望

相比孔子学院/课堂，海外中国文化中心而言，友好城市内涵更广泛，涉及领域更全面，对于建立民心相通，保障其他"四通"的顺利实施本应具有更大的优势，但由于错综复杂的原因，目前中国与中东地区友好城市交往面临重重困难。相比其他地区和国家，我国与中东地区建立友好城市较少、分布不均，只有93 对，而仅美国一国就有262 对，日本次之，共建250 对。将93 对友好城市一分为二研究，其中伊朗、以色列、土耳其三个非阿拉伯国家较多，各为10 对、21 对、24 对，但22 个阿拉伯国家总计仅共建38 对友好城市。海湾国家8 个国家中只有阿联酋和卡塔尔与我国共建了友好城市，各为1 对。另外，我国与中东地区友好城市交流总体水平偏低、合作中虚多实少，多停留在例行公事的人员互访层面，甚至有些已经几乎停止交往。

友好城市的交往，首先是人的交流。仅从交流必备工具——语言的角度进行分析，我们就能很快发现其中的问题。按常用语言分类，中东地区可分为 4 个语言区，伊朗官方语言为波斯语，以色列官方语言为希伯来语，土耳其官方语言为土耳其语，其余国家官方语言为阿拉伯语。这 4 种语言中，我国开设阿拉伯语的院校最多，目前登记在册的已开设阿拉伯语的院校共有 39 家。但这 39 家院校分布却远远不能覆盖已与阿拉伯地区建立友好城市的我国 26 个省市。目前大部分已与中东地区建立友好城市的我国各省市严重缺乏对象国语言人才，了解对象国文化的人才将更少，这在很大程度上制约了友好城市的交往。

同时，友好城市发展滞后与中东地区近几年政治、经济动荡，各方势力在中东地区的博弈有着密不可分的关系，而这也正是我国与中东地区建立友好交往的关键时机。比如突尼斯，经过几年的"阿拉伯之春"席卷后，已经渐渐复苏，慢慢走向正常的国家发展道路，当地政府和民众深刻意识到应该将视线从革命转向发展经济、振兴文化方面。因此，我国应借此机会重启或加大力度发展与突尼斯业已建立的 4 对友好城市，尤其是在经济和文化产业等方面。沙特阿拉伯作为海湾国家的旗手，在中东占据举足轻重的政治、经济地位。但由于沙特严格的宗教氛围以及近年来和也门、伊朗等国的角力不断增加，因此在沙特建立友好城市面临着严峻的挑战和困难。但近年来，沙特极为重视与外国的高等教育交流合作，尤其是科技方面，因此，我国可以此为突破口，选择新兴产业发达的城市、国际化教育水平先进的城市与沙特建立国际友城，共同推动双方的务实交流与合作。对于中东地区友好城市的共建，可以分类考量、逐步推进。对于已经共建友城并且机制运行良好的应继续保持势头，同时提供经验借鉴，帮助其他地区加强建设；对于已经共建友城但发展迟缓、浮于表面，甚至停滞不前的，应该积极寻找双方友城建设中的契合点，为中国民企走进这样的地区提供适当便利条件和保障措施；对于尚未建立友好城市的地区，应以政治稳定、经济前景可观、重视教育的地区优先考虑，逐步推进友好城市的建立。

实证表明，国际友城在促进各国交往中发挥着越来越大的作用。如我国黑龙江省与俄罗斯五个州建立了省州长期会晤机制，开辟互市贸易区、建设陆海联运大通道、修建中俄界江大桥等重大合作项目，共同推动双边经贸发展，双方友好城市的建设在其中起到了不可忽视的作用。全球化高速发展的今天，各国城市间建立友好合作关系在促进国与国在文化、科技、经贸、教育、体育、医疗卫生等方面的相互交流和合作发挥着重要作用。我国现已进入改革深水区，中东地区进入革命后转型期，"一带一路"倡议为两地区协同发展注入新的血液与动力。因此，我国与中东地区共建友好城市前景广阔、任重道远。

第四节 "一带一路"智库联盟建设情况及展望①

"一带一路"国际合作高峰论坛指明了未来一段时期"一带一路"建设的重点领域和推进路径。习近平总书记在高峰论坛开幕式主旨演讲中强调，要发挥智库作用，建设好智库联盟和合作网络。张高丽副总理在高级别全体会议上强调，要围绕"一带一路"建设，创新国际智库合作模式，建设好智库联盟和合作网络，深化各领域智库的交流合作。这些重要讲话为"一带一路"智库联盟发展指明了方向。智库联盟将深入贯彻落实高峰论坛精神，创新合作模式，拓展合作渠道，提升合作水平，切实服务"一带一路"建设进程，努力成为"一带一路"合作治理机制的有机组成部分。

一、"一带一路"智库联盟主要工作情况

2015 年 4 月，中联部牵头，联合中国社会科学院、国务院发展研究

---

① 作者：林永亮，当代世界研究中心副研究员。

中心、复旦大学等单位，发起成立"一带一路"智库联盟，秘书处设在中联部当代世界研究中心。2 年多来，智库联盟秘书处广泛发展合作伙伴，深入开展调查研究，积极参与国际交流，切实发挥了咨政建言、公共外交、促进合作等重要作用。

（一）广泛发展合作伙伴，不断扩大智库联盟"朋友圈"。智库联盟成立以来，以国内智库为切入点，以"一带一路"沿线重点国家智库为重点，不断拓展合作伙伴的地域覆盖面。目前，智库联盟已拥有国内成员单位 117 家、国外成员单位 109 家。国内成员单位包括中央和国家机关直属智库、高校研究机构、社会智库、媒体智库以及专业民调公司等，基本涵盖了国内开展"一带一路"研究的主要智库和研究机构。国外成员单位基本涵盖了沿线国家重要智库。为扩大智库联盟国际影响力，智库联盟聘请法国前总理多米尼克·德维尔潘、意大利前总理马西莫·达莱马、埃及前总理伊萨姆·沙拉夫等多位国外（前）政要担任外籍顾问。

（二）深入开展系列调研，切实发挥咨政建言作用。智库联盟自成立以来，坚持以科学咨询支撑科学决策、以科学决策引领科学发展的工作思路，组织成员单位开展战略性、前瞻性、针对性调研。一是从宏观和战略角度开展顶层设计调研，围绕"一带一路"国际合作高峰论坛、"一带一路"合作治理机制、热点难点、风险挑战、与其他国际发展倡议的关系等提出智库见解和政策建议。二是深入开展区域国别调研，加深对东南亚、南亚、中东欧、中东等地区国家情况的了解，以及对各方参与"一带一路"态度的认识。三是围绕地方省区市及港澳台如何参与"一带一路"建设开展调研，为地方融入"一带一路"建设提供政策咨询。四是开展行业领域调研，围绕"一带一路"建设中的法律制度、宗教信仰、人文环境、安全形势、产能合作、园区建设、投融资环境等问题进行深入分析，为具体工程项目推进提出工作建议。经过一段时期的实践探索，智库联盟研究领域不断拓展，研究深度不断增强，研究水平不断提升，先后形成上百篇相关政策研究报告，为中国及相关国政府决策切实提供了智力支撑。

（三）积极开展国际交流，努力发挥公共外交功能。智库联盟自成立以来，坚持"走出去"与"请进来"相结合，通过交往、交流、交心，广泛宣介"一带一路"倡议，努力为"一带一路"建设营造良好软环境。一是依托智库联盟成员单位网络，在深圳、厦门、义乌等地举办多场"一带一路"国际研讨会，邀请国外（前）政要参加，深入探讨"一带一路"的理念和主张，努力打造"一带一路"多国多方交流平台。二是积极走出去开展国际交往，赴俄罗斯、美国、欧盟、英国、德国、意大利、比利时、保加利亚、捷克、匈牙利、塞尔维亚、阿塞拜疆、以色列、伊朗、埃及、埃塞俄比亚、马来西亚、新加坡、斯里兰卡等国访问，与对方智库共同举办不同规模、不同规格、不同主题的双多边研讨活动，增进沿线国家各界人士对"一带一路"的认知。三是邀请国外智库学者来华开展专题研讨，鼓励国内外专家学者深入研究和解读"一带一路"倡议，推动深化沿线国家民众对"一带一路"倡议的认知和了解。四是鼓励成员单位组织开展"一带一路"主题访学、"一带一路"高级政务研讨班、"一带一路"国际暑期学校、"一带一路"留学生研究会等丰富多彩的活动，切实发挥了政策沟通和增进了解的作用。

（四）系统开展理论研究，主动打造"一带一路"理论体系和话语体系。"一带一路"是一项造福世界的伟大事业，需要系统的理论支撑，需要主动推动理论创新。智库联盟秘书处认真学习贯彻习近平总书记关于加强"一带一路"学术研究、理论支撑、话语建设的要求，提炼总结"一带一路"倡议的时代背景、核心理念、推进路径，系统阐述"一带一路"的国际担当和世界意义，不断进行理论创新。一是自觉把"一带一路"放到世界和中国发展大历史中进行定位，深入研究"一带一路"建设的发展动力和内在规律，挖掘这一实践背后的思想和理论依据，努力对传统经济学进行创新超越，推动经济学理论发展。二是坚持马克思主义的立场、观点、方法，深入剖析"一带一路"对人类社会发展规律的认识，突出强调"一带一路"所体现的团结、互助、公平、正义等理念，主动弘扬中国特色的国际合作理念。三是深入挖掘"一带一路"所体现的中华传统文化精华，推动国际社会持续深化对"一带一路"理念、方案、路径的认识。在智库联盟成员单位共同努力下，"一带一路"理论和话语建设逐步走向体系化。

（五）主动发挥社会效益，切实推进务实合作。智库联盟坚持基于但不限于智库的原则，主动与地方政府、企业、媒体等加强对接，为推进各领域务实合作提供智力支持。一是促进"一带一路"民心相通建设，在"一带一路"国际合作高峰论坛"增进民心相通"平行主题会议上启动"增进'一带一路'民心相通国际智库合作项目"，围绕陆上6大经济走廊、澜湄机制、21世纪海上丝绸之路等组建8个智库联盟分支网络，并发布《中国与"一带一路"沿线国家民心相通研究报告》，相关成果列入高峰论坛成果清单。二是鼓励成员单位主动与企业项目对接，在项目论证、法律咨询、风险防范等方面为企业提供咨询服务。三是注重研究成果的社会转化，先后出版《"一带一路"热点问答》《"一带一路"跨境通道蓝皮书(2016)》《"一带一路"国际智库合作联盟研讨会对话集（英文版）》《"一带一路"民心相通报告》（即将出版）、《"一带一路"跨境通道蓝皮书（2017)》等，并与俄罗斯战略研究所合作出版《丝绸之路经济带与欧亚经济联盟对接研究（英文版）》，较好地发挥了增进了解、深化认识、释疑解惑的功能，在国内外引起良好反响。

二、关于进一步加强智库联盟建设的几点设想

（一）明确功能定位，强化行动能力，服务建设进程。下一步，智库联盟将在继续发挥"信息源""政策源"和"舆论源"功能基础上，重点提升"行动力"。一是深入开展调查研究，继续发挥咨政建言作用。立足智库联盟优势和成员单位特点，在前期工作基础上继续围绕"一带一路"建设开展调研，突出研究的系统性、针对性和实效性，主动加强与国外智库的沟通协调，通过联合研讨、合作研究、委托研究等方式，共同推动相

关国家发展战略对接，切实发挥服务政府决策、推动政策沟通的作用。二是进一步加强对外交流，更好发挥公共外交功能。加强智库交流、信息共享、成果互换，推动相关国家智库学者、媒体精英不断深化对"一带一路"理念的认识，增进沿线国家民众对"一带一路"积极意义的理解。三是积极探索"智库+"模式，切实提升智库联盟的"行动力"。进一步拓展智库联盟朋友圈，在吸收更多高水平智库加入的同时，推动智库联盟与政府、企业、媒体、社会组织等建立更紧密的关系，努力扮演"一带一路"智慧集散地和信息枢纽站的角色。在上述工作基础上，探索将智库联盟打造为"一带一路"合作治理机制的重要组成部分。

（二）完善组织机构，凝聚人脉资源，扩大国际影响。智库联盟将充分利用广泛的国际人脉资源，进一步健全领导机构，提升国际影响力。一是成立智库联盟国际顾问委员会。邀请国内外（前）政要担任顾问委员会委员，为完善"一带一路"顶层设计建言献策，为"一带一路"务实合作增添动力，为优化"一带一路"软环境提供引领。二是成立智库联盟专家委员会。邀请国内外权威专家学者为委员会委员，负责对智库联盟的研究方向、课题和项目评估等工作进行指导。三是健全智库人脉数据库。依托智库联盟现有人脉资源，精心打造"智库联盟人脉库"，通过组织来华访问、考察、研讨等，进一步增进成员单位专家学者对"一带一路"倡议的客观认识。

（三）聚焦工作重点，打造品牌活动，助力务实合作。智库联盟将紧贴"一带一路"建设进程，聚焦重点、打造亮点。一是打造智库联盟品牌活动，定期召开"一带一路"国际智库论坛，在论坛框架下建立智库联盟工作组会议、智库联盟年会等多层会议机制，发布智库联盟年度报告。二是探索部省合作模式，根据"一带一路"建设总体需要，结合相关省区市自身特点，科学设计主题活动，切实服务地方参与"一带一路"建设进程。三是探索多元合作平台，继续加强与工商、媒体、地方政府等的跨界合作，共同举办形式多样的对话活动，逐步构建以智库为枢纽的"'一带一路'行动共同体"。

（四）拓展调研路径，推动理论创新，提升研究水平。"一带一路"是一项全新实践，无成熟经验可循，智库联盟秘书处将始终坚持理论创新与实践创新相结合，深入开展相关研究。一是坚持马克思主义立场、观点、方法，传承中华传统文化精华，把"一带一路"放置世界发展大历史中去认识和定位，精心打造"一带一路"理论体系和话语体系。二是深入研究"一带一路"与五大发展理念的关系，与京津冀协同发展、长江经济带建设、粤港澳大湾区建设等国内发展战略的关系，与世界经济再平衡的关系，与新型全球化的关系，与联合国 2030 年可持续发展议程的关系，与其他地区合作机制的关系等，主动适应并引领世界发展方向。三是深入开展对策性研究，针对"一带一路"建设中亟须解决的重大问题献智献策，针对"一带一路"建设中可能面临的困难、风险、挑战等提出政策建议。挖掘和梳理"一带一路"建设中涌现的经典案例，总结经验、提炼规律、举一反三，为相关企业和具体项目提供借鉴。四是做好"一带一路"国别、区域、行业、领域等基础性研究，在成员单位中遴选培育一批"专、精、特、新"的调研"单打冠军"。智库联盟将推动设置联合研究和委托研究课题，与相关智库共商研究议题、共享研究成果。同时，智库联盟将进一步加强与西方发达国家智库合作，共同深化"一带一路"研究，不断增进西方发达国家对"一带一路"的积极认知。

（五）创新方式方法，拓展工作渠道，确保工作成效。一是在现有 8 大分支网络的基础上，围绕产业园区、陆路交通、海路运输、信息基础设施、港口城市、空港城市、绿色发展、国际标准等组建各行业、各领域分支网络，逐步构建起立体化、全覆盖的联盟网络，进一步提升研究和交流活动的精细化水平。二是健全智库联盟秘书处工作体系，明确职责，细化分工，推动各板块工作各展所长、分工合作、一体发展。三是创新工作方法，充分利用门户网站、微博、微信、微视频、APP 应用等，介绍联盟、解读政策、实时交流，对外发布课题招标、访学项目、培训项目等信息，努力打造"一带一路"权威信息集散地。

第五节 "一带一路"倡议框架下的中欧智库 合作、现状、前景和问题^①

一、"一带一路"框架涉中欧智库合作基本情况

人文交流一直是中欧关系的三大支柱（其他两个支柱是政治和经贸）。2012 年 2 月，温家宝总理与欧洲理事会范龙佩主席、欧盟委员会巴罗佐主席在北京举行第 14 次中欧领导人会晤，双方领导人正式宣布同意建立中欧高级别人文交流对话机制。中欧高级别人文交流对话机制将与中欧高级别战略对话和中欧经贸高层对话机制相互补充，相互促进，共同构成中欧关系的三大支柱。在人文交流与对话机制下，中欧智库交流也越来越扮演重要的角色和作用。围绕着"一带一路"倡议展开的智库交流活动，也逐渐丰富起来。

（一）欧洲智库对"一带一路"倡议的最初反应

中欧智库之间围绕"一带一路"倡议合作较早开展，最初的交流主要集中在双方对互联互通的理解上。2014 年 7 月 22—23 日，笔者参加了在上海举办的"互联互通：促进亚欧合作的机遇"亚欧会议智库论坛上较早地探讨过相关问题。一些西欧智库和决策者对于互联互通的理解更多是基于一种空间概念，即在共同的空间状态下，人力、资本、商品、服务等的无限制、无障碍的流通，欧洲统一大市场的建设就是充分的体现。他们习惯从建设欧洲统一大市场的经验出发来理解中国的互联互通倡议。部分西欧智库把人口流动、移民问题、有组织犯罪、社会排斥与社会融入等列入互联互通范畴内。欧方认同的互联互通甚至包括了市场准入、知识产权、

---

① 作者：刘作奎，中国社会科学院欧洲研究所研究员。

人权等一系列问题。① 部分中东欧国家与中国具有较多的共同语言，包括捷克前副总理斯沃博达在内的中东欧官员认为，互联互通只是个工具，不能将其赋予太多的民生重担。重要的是要从战略层面来理解互联互通，不要把民生因素过于突出出来。②

"一带一路"倡议 2014 年完全推出，欧盟官方对"一带一路"倡议的反馈还是比较缓慢的，反映到智库合作与探讨上并不是那么热络，在 2014 年和 2015 年两个年头，来自欧洲智库的反应相对不是那么积极，直到 2016 年情况才有所改观，中欧智库关于"一带一路"交流高密度展开。总的来说，因为中国明确将中东欧 16 国列入"一带一路"沿线国家，而对西欧、南欧和北欧国家则采取开放态度，但未明确列入"一带一路"沿线国家，故中国和中东欧国家智库关于"一带一路"倡议的交流明显更多一些。③

---

① Connectivity: Opportunity to Boost ASEM Cooperation, ASEM Think-Tank Symposium, 22-23 July 2014, Shanghai, China.

② Comments from former Deputy Prime Minister Cyril Svoboda, Connectivity: Opportunity to Boost ASEM Cooperation, ASEM Think-Tank Symposium, 22-23 July 2014, Shanghai, China.

③ 据笔者不完全统计，中欧智库召开的有关"一带一路"倡议会议有：2016 年 4 月 18 日，中国社会科学院欧洲研究所与德国阿登纳基金会联合主办的"中欧关系与'一带一路'"国际研讨会在北京召开，30 多位来自中国与欧洲的专家、学者，探讨交流"一带一路"合作倡议对中欧关系发展的具体影响，并提出中欧合作的新领域；2016 年 5 月，16+1 智库网络联合中国商务部国际商务官员研修学院和我院蓝迪国际智库联合组织了名为"2016 年丝绸之路经济带与中国—中东欧'16+1'机制对接治理能力"的研修班，为中国与中东欧国家经贸、投资对接提供了大量政策建议，中东欧 16 国近 20 名智库学者参加；2016 年 6 月 17 日，"多瑙河和新丝绸之路"国际学术研讨会在塞尔维亚贝尔格莱德举行。研讨会由中国社会科学院、"16+1"智库交流与合作网络、塞尔维亚国际政治与经济研究所联合主办，来自中、塞、中东欧等国约 50 名智库学者与会。会议围绕"一带一路"倡议的重要性、多瑙河项目与"一带一路"倡议合作的可能性、塞尔维亚在"一带一路"倡议中的作用、落实"一带一路"倡议面临的挑战等议题展开讨论；2016 年 7 月 16 日中国人民大学举办"一带一路"与中欧关系国际学术研讨会，中欧多名智库学者参加；2016 年 7 月 18 日，由中国社会科学院 16+1 智库交流与合作网络与欧洲研究所联合主办的"推动国际产能合作和'一带一路'建设背景下的中国—中东欧国家合作"专题研讨班在北京召开，来自中东欧 16 国的智库机构代表与会；2016 年 11 月 1 日，"一带一路——巴尔干视角"国际研讨会在塞尔维亚贝尔格莱德召开。本次研讨会由贝尔格莱德大学安全学院主办，来自中国和中东欧国家 40 多名学者与会；2016 年 11 月 11 日，清华—卡内基全球政策中心举办"一带一路"对欧洲的潜在影响研讨会。

(二)中国是推进"一带一路"框架下智库合作的主导力量

这种改观很大程度上也与中方的政策推动有关,"一带一路"的智库对话随着 2014—2015 年中国政府陆续推出一系列重磅举措而得以推进。2015 年 1 月,中共中央办公厅、国务院办公厅印发了《关于加强中国特色新型智库建设的意见》。2015 年 3 月 28 日,《推动共建丝绸之路经济带和 21 世纪海上丝绸之路的愿景和行动》的出台,明晰了合作的愿景,推动了中国国内的"一带一路"研究热。2015 年 12 月 1 日,国家高端智库建设试点工作会议在京召开,强调着力建设一批国家急需、特色鲜明、制度创新、引领发展的高端智库,推动我国智库建设实现新的发展。两项政策、两种因素的叠加催生了中欧智库对"一带一路"研究和交流热。在政策导向上,中欧领导人峰会提出了"一带一路"倡议与欧洲现行重要计划的对接,"16+1"领导人峰会推动中东欧国家与"一带一路"倡议相对接,提升了双方智库交流的空间,为智库交流做了很好的引导和推进。

总体来看,中国方面主动设计、主动建制、主导中欧智库探讨"一带一路"倡议的特色比较明显。

(三)推动"一带一路"智库合作的机制化建设情况

推动中欧智库关于"一带一路"倡议的对话离不开机制化建设,下列机构的形成作用甚大①:

1. 中联部"一带一路"国际智库合作联盟:2015 年 4 月由中共中央对外联络部牵头,联合国务院发展研究中心、中国社会科学院、复旦大学等成立的智库合作机制,秘书处设在中联部当代世界研究中心。该合作联盟

---

① 中国社会科学院亚太与全球战略研究院、中国人民大学重阳金融研究、国家开发银行研究院、中国与全球化智库等新型智库也积极参与推进"一带一路"框架下的中欧合作。

会员面向国内外，与包括欧洲国家在内的"一带一路"相关国家合作，共同推进"一带一路"倡议。该智库联盟下的理事单位也大都专注于"一带一路"研究，并且各有特色。目前国内外成员智库约 230 家，为"一带一路"建设提供智力支持发挥了重要作用。

2. 中国社会科学院 16+1 智库网络："一带一路"倡议在欧洲的布局放在中东欧，16 个中东欧国家均列入"一带一路"倡议框架下，因此中国和中东欧智库关于"一带一路"倡议的交流一直是热点。2015 年 12 月中国—中东欧国家智库交流与合作网络（简称"16+1 智库网络"）在外交部的支持下由社科院牵头成立，秘书处设在欧洲研究所。它是一个国际性智库，面向国内和中东欧 16 国 70 余家智库。

在推进中欧交流尤其是智库交流上，支持的资金的规模和力度都有所提升，主要包括公派出国交流（国家留学基金委基金）、地方的教育和交流基金以及地方设立的专项研究课题。各部委也积极推出相应的研究基金，主要包括：外交部"指南针计划"、中国—中东欧国家关系研究基金、国家发改委"一带一路"研究课题等。

二、中欧智库涉"一带一路"交流的主要话题

（一）"一带一路"倡议的动机和目的是什么

这也是欧洲智库最为关心的问题之一。2015 年据中国社会科学院针对欧洲智库的相关调查发现，欧洲智库对此问题的了解相当多元，但也相对集中。

从调研的实际情况看，绝大多数被调查的精英认为，中国"一带一路"倡议构想的根本目的是清楚的、明确的，即推进与"一带一路"倡议沿线国家的经贸与投资合作占据了绝大多数的比例（76.4%），而推动与"一带一路"倡议沿线国家的互联互通同样占据了较高的比例，为 71.8%。虽然，部分精英也认为"加快中国在全球的能源、资源为导向的战略布局"

（40.9%）和"推动中国优势装备走出去"（34.5%）占据了一定的比例，但显然与前两项有明显的差距。①

当然，也有不少智库对"一带一路"有一些具体的猜测与分析。意大利某智库就认为，中国当前政府不再满足之前提出的"韬光养晦"战略。美国的"亚太再平衡"战略使中国借机向世界明确阐释自己新的外交战略。美国"亚太再平衡"战略明显具有针对中国的性质，"新丝绸之路"始于中国，经过中亚到达欧洲，美国在这一沿线上尚未有正式的盟友。同时美国从阿富汗撤军恰好给了中国战略空间，中国可以与这条经济带的沿线国家建立战略关系；"21世纪海上丝绸之路"始于中国沿海地区，途经东南亚、南亚，最终到达地中海，这同样给了中国机会加强与沿线伙伴国的合作，保护中国脆弱的海运供应线。另外，"一带一路"有助于消解中国在处理领土争端时所产生的负面的国家形象。② 出于安全方面的考虑，中国在新疆正面临愈加严重的"三股势力"威胁：恐怖主义、极端主义和分裂主义。对于中国领导人来说，发展和安全是两个同等重要的问题。新丝绸之路途经新疆，可以将这一地区同外界联通起来，促其发展和繁荣，从而缓解紧张的局势。③ 在国际贸易方面，中国可以通过"一带一路"倡议建立自由贸易区、减少非关税壁垒，从而增进中国与其他参与国的贸易纽带。另外，贸易的进出口在中国经济中所占比例较大，然而目前中国无法且不能控制商品进出口贸易航线，这就带来了战略上的脆弱性。"一带一路"提供的新航路建成之后，这种战略风险就能够显著降低。④

---

① 刘作奎：《欧洲与"一带一路"倡议：回应与风险》，中国社会科学出版社2015年版。

② Nicola Casarini, Istituto Internazionali, Is Europe to Benefit from China's Belt and Road Initiative? in IAI Working Papers No.15/40, October 16, 2015.

③ Mario Esteban, Senior Analyst for Asia-Pacific at the Elcano Royal Institute, Miguel Otero-Iglesias, Senior Analyst for the International Political Economy at the Elcano Royal Institute, What Are the Prospects fro the new Chinese-led Silk Road and Asian Infrastructure Bank? April, 17, 2015.

④ Nicola Casarini, Istituto Internazionali, Is Europe to Benefit from China's Belt and Road Initiative? in IAI Working Papers No.15/40, October 16, 2015.

2. 中国推进"一带一路"倡议对欧洲的影响

欧洲国家智库还重点关注"一带一路"倡议可能对欧洲国家的影响，其中评价有积极的方面，也有消极的方面。

"一带一路"正式提出后，有德国智库学者质疑该倡议会分化欧洲乃至整个西方世界，比如说：英、德、法、意等国不顾美国的反对加入中国主导的亚投行，这个举动一方面说明西欧国家重视以中国为代表的亚洲新兴经济体，而逐渐疏远了与美国的关系。另一方面，这给予了中国对欧盟分而治之的机会，中国可以利用欧盟乃至整个西方同盟在加入亚投行问题上的不一致来分裂西方。英国为了在中欧经贸关系中提升重要性，尤其是提高对于德国的竞争力而第一个宣布加入亚投行，这是英国针对德国中欧经贸地位的挑战。中国的"一带一路"倡议起到了分化欧洲的作用。[1]

更多学者认为"一带一路"的建设会对欧洲国家会产生积极影响。首先，"一带一路"倡议给欧洲带来难得发展良机。"一带一路"建设的项目虽然处于初级阶段，但是其在欧亚大陆的发展中产生历史性影响的潜能较大。"一带一路"倡议不仅包含交通、能源等方面的基础设施建设，同时还要建设重要的融资平台——亚洲基础设施投资银行，这可能意味着国际金融体系的新时代即将开启，对于欧洲各国来说，如果在战略导层面就开始注重与世界上最活跃的经济体建立联系，并找到新的经济支持，那么未来发展前景必将更加良好。[2] 第二，"一带一路"在欧洲的建设可提高南欧海港在国际海洋运输中的地位。根据"一带一路"倡议的规划，贝尔格莱德—布达佩斯铁路线将把旅客和商品货物往返两地的时间从 8 小时缩短至不到 3 小时。此外，中国还将修缮希腊境内的铁路线。一旦比雷埃夫斯至布达佩斯的高铁全部建设完成，中国出口欧洲市场的商品将因运输成本

---

① Volker Stanzel, "China Divides the West, ISPSW Strategy Series", March 2015.

② Nicola Casarini, China's Rebalancing towards Europe, in the International Spectator, Vol.50, No.3, September 2015.

的降低更具竞争力。① 欧洲东南部和地中海地区，尤其是希腊海港是丝路基金的主要获益者。除了希腊海港，以中远集团为首的中资公司在意大利海港的投资也颇具规模，其中影响最大的是那不勒斯港和热那亚港。② 在西班牙，中国通过巴塞罗那港和巴伦西亚港运输的货物多于其他国家，阿尔赫西拉斯港紧随其后。有西班牙学者认为，从短期来看，当前最重要的任务是对巴塞罗那港的巴塞罗那欧洲南码头的扩建，以打通海上丝绸之路在该地的通道。③ 第三，"一带一路"还会对中欧人文交流领域，特别是旅游业的发展带来促进作用。来自中国游客的旅游需求激起了巨大的期待，而旅游恰是全球经济中拉动投资与就业并带动产业增长的重要一环。意大利是"丝绸之路经济带"和"21世纪海上丝绸之路"的交汇点之一，中国与意大利的合作对于建设"一带一路"具有示范作用，通过简化签证政策、提供便捷多样的旅游线路和深入了解中国游客的需求，意大利可以在加强人文交流方面与中国开展进一步合作。④ 而希腊学者也认为吸引中国游客到希腊旅游是希腊可以与中国开展合作的关键产业之一。⑤

3. 欧洲国家如何与"一带一路"倡议进行对接

欧洲智库除了关注"一带一路"倡议的动机和目的以及对欧洲的影响外，还非常关心该倡议如何与欧洲现有的计划和安排相对接问题。针对

---

① Dragan Pavlicevic, China, the EU and One Belt, One Road Strategy, in China Brief, Vol.15, No.15, July 2015.

② Marco Sanfilippo, Chinese Investment in Italy: Facing Risks and Grasping Opportunities. IAI Working Papers, No.14|19, December 2014.

③ Mario Esteban, Senior Analyst for Asia-Pacific at the Elcano Royal Institute, Miguel Otero-Iglesias, Senior Analyst for the International Political Economy at the Elcano Royal Institute, What Are the Prospects fro the new Chinese-led Silk Road and Asian Infrastructure Bank? April, 17, 2015.

④ Nicola Casarini, Istituto Internazionali, Is Europe to Benefit from China's Belt and Road Initiative? in IAI Working Papers No.15/40, October 16, 2015.

⑤ Frans-Paul van der Pattern, Chinese Investment in the Port of Piraeus, Greece: the Relevance for the EU and the Netherlands, in Clingendael Reports, February 14, 2014.

此，笔者也做了相关调查，即"容克投资计划"与"一带一路"倡议对接问题。

据中国社会科学院 2015 年底的调查统计，有超过 40%的人认为"不清楚"，意味着不少精英对于这种合作潜力并没有明确的概念，而认为"待观察"也高达 21.8%，这说明，不少西欧国家的智库，对其还处于了解的阶段，很难提出具有非常好的针对性的促进西欧国家与"一带一路"规划内容进行对接的意见。

德国一些智库专家认为"一带一路"倡议构想符合德国以及欧洲的利益，为中国与德国以及欧洲之间的合作创造了机会，中德双方应该在此问题上相互支持合作，如建议欧盟出台的能源、投资以及基础设施建设项目向中国开放；建议欧洲建立长期、专门的中欧丝绸之路对话机制，双方可以在基础建设领域、农业领域、环保以及城镇化建设方面共同开发合作项目。①

英国智库认为，英国近年来成为中国投资最多的欧洲国家，中英之间在金融、科技创新以及文化产业等方面可以形成很好的合作。英国在金融行业方面的传统优势和经验可以为中国"一带一路"在欧洲的融资活动以及亚投行的良好运行提供帮助。②

西班牙的智库学者认为，"一带一路"的自由、国际化、经济多样性以及一体化的原则，这与欧洲的外交政策是相一致的，"一带一路"给欧洲国家带来很多机遇。首先是欧洲的建筑、运输等企业可以有机会参与新的基础设施建设项目；其次，为欧洲向中国潜力较高的地区开拓出口和投资市场提供机遇，如中国的内陆地区经济增长快于沿海，而丝绸之路经济带重点发展也是内陆地区；最后，中国与希腊以及中东欧国家建立合作关系，并且在该区大量投资基础设施建设，未来随着中欧陆海快线的建成，

① 《德国智库解读"一带一路"倡议》，http://gb.cri.cn/42071/2015/05/11/882s4958219.htm。
② David Warren, "Does Britain Matter in East Asia?", Chatham House, Asia Programme Research Paper, Sept, 2014.

中欧贸易的重要港口将会从欧洲北部转移到地中海地区。[①]

三、中欧智库涉"一带一路"对话利用的主要平台和方式

1. 智库搭台和经济唱戏

本质上说,中欧之间的智库合作是一项派生性的合作。目前,"一带一路"倡议下的智库合作主要还是紧紧围绕如何推动中国和欧洲国家的经贸与投资合作展开。比如"一带一路"倡议与"容克投资计划"对接等领域的务实研究。另外,中欧之间如何建立自贸区的研究也开始启动。尽管安全等高政治领域也有所涉及,但并不是主要的。经贸和投资是务实合作最具体的体现,智库对话也主要集中在基建、投资、出口等一系列务实问题上。多个智库对话或论坛,事实上均把经贸合作列为首位,智库则针对如何促进经贸合作出主意、提问题等。

2. 地方合作和城市外交

中欧智库合作也积极推动城市之间的点对点合作,因此地方合作也成为中欧智库涉"一带一路"交流的一个平台。中国和欧洲智库合作中城市扮演的角色越来越重要,比如四川同捷克、重庆同德国等的合作。比如四川和波兰罗兹举办的地方合作论坛,主要涉及"一带一路"话题,迄今举办了多届,政、商、学代表云集,产生了较大的影响力。如"16+1合作"框架下的地方领导人会议,先后在重庆、捷克、河北等地举行,配套的智库会议也积极跟进,集中探讨城市在"一带一路"倡议框架下的合作。又如宁波市政府,通过举办商贸论坛和中国—中东欧国家特色商品博览会等,汇聚了经贸和智力资源,强化了"一带一路"倡议的引领作用。

---

① Mario Esteban, Miguel Otero-Iglesias, "What are the prospects for the new Chinese-led Silk Road and Asian Infrastructure Investment Bank?", ARI 23/2015.

3. 高层互访和智库对话

高层互访对"一带一路"倡议的推进具有引领作用。如 2016 年习近平主席访问捷克、波兰和塞尔维亚，李克强总理访问拉脱维亚等，智库就很好利用上述机会，展开有关"一带一路"倡议的对话，既配合了国家政策，也起到了智库交流的作用。需要提及的是，中国社会科学院 16+1 智库交流与合作网络，借高层互访，在东道国捷克举办了"中欧国家与'一带一路'倡议"的中捷智库研讨会，在东道国波兰举办了"中国外交政策论坛：如何推进中欧的互联互通"，在塞尔维亚举办了"多瑙河与新丝路"国际智库论坛，产生了很好的效果，促进了人文相通。

4. 民间往来和人文交流

除了上述提到的平台和抓手，还有国内外智库、人文和学术机构的常规性交流与合作。这种合作数量多、规模小，强调深度和点对点交流，同样产生了良好的效果。一些独立学者撰写多个"一带一路"倡议的成果，并为此展开了宣传和交流，形成了良性互动。

四、中欧智库涉"一带一路"对话面临的主要问题

1. 对话质量良莠不齐，影响力大小不一

中欧智库涉"一带一路"倡议的合作与对话较多，但高质量的对话偏少。智库热催生了中国智库加快到欧洲国家调研"一带一路"，但在这种热闹的背后，相对缺乏冷思考和货真价实的实地调研成果。此外，不同智库机构间合作对话产生的影响不一样，有的会议缺乏对重点议题的日程设置和深度研讨，未能在欧洲智库中踏石留印，产生广泛而积极的互动。

2. 机制不稳定，一些涉"一带一路"倡议的自组织网络囿于话题、兴趣等容易消退

实际上，很多组织和网络符合智库的特点，大家兴趣并不一致。由于对"一带一路"关注点不一样，智库或学界自发组织的对话和合作比较零

星和分散，大都缺乏机制化。往往每年只是开一两次会议，会议结束后再无交流和常规性对话。

3. 欧洲智库发出的负面声音值得重视

欧洲智库的负面倾向较明显。部分欧洲舆论场对"一带一路"倡议的负面报道不容忽视。比如欧洲对外关系委员会（ECFR）则提出了"战争冲突"论①，认为中国推进的互联互通计划将在欧亚大陆引发一场"互联互通战争"（connectivity wars）。还有欧洲智库认为，"一带一路"倡议是"中国版的马歇尔计划"，是一项地缘政治倡议以及中国扩大势力范围的一个尝试。

4. 成果质量有待提升

中国智库在推进"一带一路"在欧洲布局上，不少成果或作品要么专注于宏大叙事，内容空洞，要么虽专注细节，但视野不够宽，以我为主、自说自唱。部分成果水平较低，反映出有的智库对欧洲国家尤其是中东欧国家不甚了解。

五、未来前景

1. 智库发展的前景较为看好，潜力较大

鉴于"一带一路"倡议的包容性以及给欧洲所能带来的实实在在的利益，人文交流和政策沟通还需要很多工作来做，囿于很多人与人沟通的问题无法解决，智库的角色和作用将会日益凸显出来。

2. 政府对智库的政治引导色彩将更加突出

无论中欧智库采取何种合作态势，官方引导的因素将非常突出，但考虑到欧洲的总体形势，将可能出现东热西冷的总体格局。中东欧部分国家

---

① Mark Leonard, "Connectivity Wars", European Council on Foreign Relations, http://www.ecfr.eu/europeanpower/geoeconomics?utm_source=markcol&utm_medium=email&utm_campaign=connectivity.

热情，而有的西欧国家可能冷淡（英国除外）。欧洲的保护主义、难民危机、地缘政治安全等引发西欧大国焦虑，内敛趋势明显，对域外倡议明显缺乏兴趣。因此，中国积极引导推进欧洲的合作热情将是一个重要方向，智库对此将扮演推进性角色。

3. 智库合作将更加专业化和深度化

尽管"一带一路"倡议涉及的领域较为宽泛，但对于涉"一带一路"倡议的安全风险评估、具体项目进展、中国方式的被接受程度等，均需要智库提供专业化的视角和政策建议。中欧智库合作空间越来越大、专业性需求将会突出，而不会在集中于内涵和重要性的讨论，未来将重点探讨可行性和风险评估。

4. 智库将向复合性功能方向发展

人文相通是"一带一路"建设需要，要想推进好，离不开人文交流，未来的作用会愈发突出，而且在中欧战略合作中的作用将会越来越突出。智库的作用将向复合性方向发展，不断聚焦于专业性研究，提供政策建议，而且将扮演政策沟通、释疑解惑的角色，同时也会扮演我国对外政策宣传者的角色。

第六节　"一带一路"框架下的国际非政府组织研究①

一、研究背景

自 2013 年中国提出构建"丝绸之路经济带"和"21 世纪海上丝绸之路"

---

① 本节的部分观点曾发表于《外交评论》2016 年第 5 期。作者：柳建文，南开大学周恩来政府管理学院副教授。

以来,"一带一路"倡议已成为全球关注的热点。为配合"一带一路"倡议,中国正在全方位推进海外投资和国际经济合作。2016 年我国企业在"一带一路"沿线 61 个国家新签对外承包工程项目合同 8158 份,新签合同额 1260.3 亿美元,占同期我国对外承包工程新签合同额的 51.6%,同比增长 36%。[①] 对外投资合作呈现持续快速发展势头(见图 3-2)。

单位:亿美元

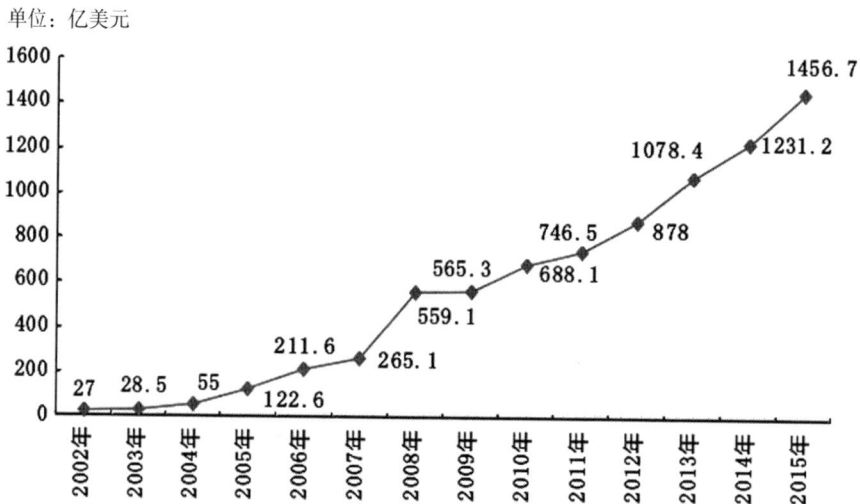

图 3-2 2002—2015 年中国对外直接投资流量情况

资料来源:商务部《2015 年度中国对外直接投资统计公报》。

从地域分布看,截至 2015 年年末中国境内投资者共在全球 188 个国家(地区)设立对外直接投资企业(简称境外企业)3.08 万家,遍布全球超过 80% 的国家地区。其中亚洲的境外企业覆盖率为 97.9%,欧洲为 87.8%,非洲为 85%,北美洲为 75%,拉丁美洲为 67.3%,大洋洲为 50%。此外还建立了 75 个境外经贸合作区,可以说是"全面开花"(见表 3-12)。

---

① 商务部合作司:《2016 年对"一带一路"沿线国家投资合作情况》,http://fec.mofcom.gov.cn/article/fwydyl/tjsj/201701/20170102504239.shtml。

表 3-12 2015 年年末中国境外企业在各洲分布

洲　　别	2015 年年末国家（地区）总数（个）	中国境外企业覆盖的国家（地区）数量（个）	覆盖率（%）
亚　　洲	48	46	97.9
欧　　洲	49	43	87.8
非　　洲	60	51	85.0
北美洲	4	3	75.0
拉丁美洲	49	33	67.3
大洋洲	24	12	50.0
合　　计	234	188	80.3

资料来源：《2015 年度中国对外直接投资统计公报》。

　　中国的对外投资主要集中在能源开发、水利水电和交通基础设施建设等领域。目前中国的银行和公司在 70 个国家参与建设至少 350 个海外水电大坝项目。这些能源开发和水坝项目大多集中在非洲和东南亚等发展中国家。值得关注的是，在中国对外投资进入快车道的同时，一些境外投资项目却遭到非政府组织的干扰、抵制甚至搁浅。与传统的贸易保护主义、民族企业利益诉求、国家安全等东道国政府对投资者施加的影响不同，一些项目遇阻主要源于企业与当地民众及非政府组织之间的紧张关系，这是典型的非政府因素。中国对来自国外政府的经济干扰经常予以理直气壮的驳斥和反击，但对于非政府组织的批评和阻挠我们始终未能找到有效的应对措施。"现实中我们经常遭遇如此的困境：当一些西方非政府组织在人权、环保、贸易逆差等议题上纷纷向中国发难时，它们的政府却可以置身事外。然而，这丝毫没有减少中国承受的国际压力。因为西方草根提供的批评论据往往容易引起关注和同情，与之对抗的任何政府势必因激起众怒而丧失道义制高点。"① 中国推进"一带一路"重点地区的非政府组织数量

---

① 吴建民：《加强对外交流与合作的几点想法》，http://www.people.com.cn/GB/shizheng/1026/2381583.html。

庞大、成分复杂，仅在大湄公河地区活动的民间环保组织数量就高达 1.7 万余个，其中很多参与了针对中国的反坝、反矿运动和反油气管道活动。目前，中国推进"一带一路"正面临这一困境。

二、经济发展中的国际非政府组织及其双重角色

非政府组织是在地方、国家或国际层面上组织起来的非营利性的、志愿性的公民组织。根据活动范围，可以区分为国内（本土）非政府组织（NGOs）和国际非政府组织（INGOs）。国内非政府组织是指以国内为基地，主要在国内活动的非政府组织，其中有地方性非政府组织，也有全国性非政府组织。国际非政府组织是指那些不是根据政府间协议建立的非营利性国际组织，他们的成员和活动范围均涉及多个国家。目前国际非政府组织的数量已经达到 13000 多个，成为国际社会经济发展中的一支重要力量。

从实践中看，国际非政府组织关注跨国界的全球性或区域性问题，特别关注欠发达国家的社会、经济、政治发展以及妇女、儿童、土著印第安人、农民等弱势群体和底层群体的生存，可大致区分为慈善类、环保类以及带有意识形态和政治色彩的人权类组织。慈善类非政府组织如"国际红十字会"等，主要对贫困国家、地区和弱势群体予以资金扶持；环保类非政府组织如"绿色和平""国际河流网"等，他们关注全球生态环境问题，从环境伦理、公正、透明、民族传统文化等方面对国家或企业的经济活动进行道德评判，对其经济行为进行监督；人权类非政府组织如"大赦国际""人权观察""环球见证"等，他们关注经济发展过程中少数民族、土著居民、工人、农民及其他弱势群体的生存权、发展权以及政治参与权利。

由于非政府组织通常从贫困人群、边缘人群或脆弱人群权利的角度开展宣传和工作，因此他们的主张带有强烈的道德色彩。"尤其关于全球性

问题的跨国组织可以说是一种促进那些与国家间正义、民族间正义和个人正义有别的世界正义的世界派：它们的价值取向和目的是本质上世界主义性质、而非民族国家性质的，它们将全球性置于自己的政治理念、组织和行动的中心位置，一般具有对作为一个整体的人类的政治责任和道德义务感。"[①] 与注重经济发展的主流话语体系不同，非政府组织强调伦理、人权、公正的主张容易被底层民众接受。一些国际非政府组织资金实力雄厚，可以深入到国家内部开展工作，这使得他们更有能力塑造公众舆论，进行社会动员，以此影响政府和企业的行为。1996 年，绿色和平组织联合 20 多个境外环保组织抵制在马来西亚沙捞越州境内修建巴昆水电站。在一份书面陈述报告中，全世界 120 个非政府组织劝说瑞典和瑞士工程设计公司撤出了这项水电工程。

　　在国际经济合作中，非政府组织正在发挥重要作用。由于缺乏强制性的国际组织，政府一直是推动区域经济合作最重要的力量。因此，传统"区域主义"视角下的国际合作主要限于民族国家政府之间的合作。但政府间合作并未消解国家主权，反而在某些方面刺激了贸易保护主义、国家主义乃至民族主义兴起，经济全球化和区域一体化步履维艰。区域经济合作推进不力的部分原因是过于依赖政府、政府间组织等国家行为体，而忽视了一些关键性的社会力量特别是非政府组织作用的发挥。"民族国家的利益和政治斗争在很多情况下阻碍了各国政府之间的合作，非政府组织的非国家性和非政治性则使它们能够放手开展民间的国际合作，同时促进政府间的合作。"[②] 非政府组织在对话、协商和谈判方面的丰富技巧有助于国际合作的开展。"这取决于 NGO 的特点：集中而又单一的问题、强烈的原则性义务、相对高水平的信息和专门知识、处理问题的特殊策略。"[③] 随着跨国界问题增多，非政府组织在提供国际公共产品、推进区域合作方面的

---

①　时殷弘：《全球性交往：互相依赖和非国家行为体》，《欧洲》2001 年第 5 期。

②　赵黎青：《非政府组织与联合国体系》，《欧洲》1999 年第 5 期。

③　A.M. 克拉克：《论非政府国际组织在国际社会中的影响》，《国际政治研究》1996 年第 1 期。

重要功能日益突出。"较具体地说，非政府组织迄今为止的最大的世界政治作用，在于引起或大大加强不同国度的许许多多人士对于某些全球性或区域性问题的意识，并且由此逐渐导致这些问题被纳入国际外交议程，成为国际社会关注、讨论和行动的对象。"① 由于非政府组织的推动，在区域一体化的过程中出现了两种区域经济整合模式，"自上而下（top-down）"的区域主义整合模式和"自下而上（bottom-up）"的区域化整合模式。前者的动力主要来自政府，后者的动力则来自私人企业和非政府组织等。"民族国家的利益和政治斗争在很多情况下阻碍了各国政府之间的合作，非政府组织的非国家性和非政治性则使它们能够放手开展民间的国际合作，同时促进政府间的合作。"② 比如，欧洲社会非政府组织平台（Platform of European Social NGOs）正是通过广泛参与欧盟的活动而推动了欧洲地区整合。③ 在《民族国家的终结与区域经济兴起》中，大前研一预言，随着经济全球化和区域一体化的进展，现代国际关系将进入一个渐进的"去国家中心主义"的阶段。④ 随着新区域主义兴起，国际行为体已不再局限于民族国家（政府）或国家间组织，非政府组织、跨国公司等非国家行为体已经成为推动地区发展的主角。"世界上新近出现的地区公民社会，给围于主权的地区主义更进一步的打击。"⑤ 区域合作也开始由国家主导的一元化模式向公司引导的市场模式和非政府组织参与的公民社会模式演化。因此，非政府组织甚至和政府间国际组织、国际机制一起被视为国际制度的一种。⑥

---

① 时殷弘：《全球性交往：互相依赖和非国家行为体》，《欧洲》2001 年第 5 期。

② 赵黎青：《非政府组织与联合国体系》，《欧洲》1999 年第 5 期。

③ Andrew Hurrell, "Explaining the Resurgence of Regionalism in World Politics", *Review of International Studies*. 1995, 4:331-358.

④ Kenichi Ohmae, *The End of the Nation State: The Rise of Regional Economies*, NewYork: Free Press. 1995, p.4.

⑤ 王正毅、迈尔斯·卡勒、高木诚一郎：《亚洲区域合作的政治经济分析》，上海人民出版社 2007 年版，第 394 页。

⑥ 秦亚青：《权力·制度·文化》，北京大学出版社 2005 年版，第 100 页。

　　但是，我们在肯定非政府组织为区域发展乃至全球治理发挥积极作用的同时，也要关注其对区域合作和国家利益可能带来的负面效应。以非政府组织为主要力量的反全球化运动在 1997 年成功抵制了经合组织成员国的多边合作协议；成立于 1992 年的市民贸易运动（Citizens Trade Campaign）主要围绕北美自由贸易协定进行斗争；目前反对美洲自由贸易协议的"半球社会联盟"（Hemispheric Social Alliance）已经拥有 4900 多万名成员。近年来，在公司观察组织（Corporate Watch）的倡导下，世界反跨国公司运动（Anti-corporate Movement）正在兴起。一些极端的反全球化组织倡导民族经济与世界经济脱钩，对雇佣外国劳工予以严格立法或驱逐出境，甚至反对一切形式的国际合作。"极端反全球化组织的价值偏好中潜含着一种狭隘的民族主义乃至盲目排外主义的危险倾向。这些危险倾向为我们如何正确地看待非政府组织中的反全球化力量及其对国际关系的影响提供了新的尺度。"① 非政府组织代表公共利益的努力和形象虽然在很大程度上被认可，但他们如何代表民意以及代表何种"公共利益"并非没有争议，其行动的"合法性"和目的也受到质疑。比如，乌干达国家职业环保主义者协会（NAPE）只有 25 名成员，不足以代表百万人来反对外资水电站的建设。非政府组织的领导者大多来自城市中的知识分子或中产阶级，他们只是在国际上表现活跃，而在广大的农村地区缺乏大众基础，在很多情况下，他们的行动和民众的实际需求往往脱节。一些非政府组织片面强调环境保护、劳工问题，忽视穷国发展经济的要求。2014 年，由于绿色和平组织、大赦国际等非政府组织对印度库丹库拉姆核电项目、德里孟买工业走廊项目的抵制和抗议，印度的能源发展计划严重受阻。据印度内政部提供的数据，非政府组织的抗议活动造成大约 3 万亿卢比的损失，相当于印度全年 GDP 的

---

　　① 刘贞晔：《国际政治领域中的非政府组织：一种互动关系的分析》，天津人民出版社 2005 年版，第 291 页。

2%—3%。①

由于非政府组织缺乏民主的管治与问责体系，他们所采取的立场容易受潮流以及感性的影响，有时甚至违背事实以换取社会运动的速度和规模，以达到立竿见影的效果。此外，"所有的非政府行为主体都有各自的机构利益，从狭义的金融利益到广义的、寻求变革的意识形态方面的议程，可谓多种多样。这些利益容易招致不满，甚至有可能用于非法利益……例如使用暴力或其他无法为社会接受的方式追求宗派利益。"② 近年来，非政府组织及其行动的合法性正遭受越来越多的质疑。对于非政府组织在境外对中国区域合作以及国家利益的挑战，我们需要系统分析和有效应对。

三、非政府组织对中国境外经济项目的干预及其缘由

在国际经济领域活动比较频繁的是环保、人权类非政府组织，其行动策略主要是对政府或企业经过协商达成的经济合作项目进行评估和监测，他们关注项目实施过程是否透明，当地生态环境是否遭到破坏以及土著群体的利益是否受到侵害等。

中缅合作兴建的密松大坝位于缅甸伊洛瓦底江上游克钦邦境内，设计装机容量 600 万千瓦，计划 2017 年首台机组发电。2014 年，缅甸国内多个非政府组织和当地民众数次举行示威，要求永久停建密松大坝。在抗议过程中，缅甸"生物多样性与自然保护协会"（Biodiversity and Nature Conservation Association）公开了一份所谓的密松大坝环境影响评估报告指出：密松大坝不仅会破坏当地的自然景观，阻碍鱼类向上游产卵区的季

---

① How the government is smothering dissident NGOs, http://www.aepf.info/news/news-from-networks.

② ［美］英吉·考尔等编：《全球化之道：全球公共产品的提供与管理》，人民出版社 2006 年版，第 191 页。

节性迁移，也将影响伊洛瓦底江下游地区的橡胶种植和水稻生产。同时，大坝的修建还将淹没重要的历史文化遗址，包括一棵神圣的菩提树。以"绿色克钦运动"为主的数十个地方性非政府组织构建起一个针对密松大坝的全国性组织"克钦发展网络"（Kachin Development Network Group）发动大规模反坝运动，最终迫使大坝停建。

2014 年开始动工的尼加拉瓜跨洋运河项目长 278 公里，宽 230—520 米，深 30 米，将配套修建两个港口，一个机场，一个人工湖，两个船闸，一个自贸区，一个旅游区，此外还有水泥厂和钢铁厂，由香港尼加拉瓜运河发展投资有限公司（HKND）投资建设。在"反尼加拉瓜运河"行动中，洪堡特中心等非政府组织声称运河的开凿可能使国家脆弱的生态系统遭到不可逆转的破坏，因为它将穿越 1411 平方公里的自然保护区，砍伐 6000 英亩的原始森林，严重影响貘、美洲虎、海牛、巨型食蚁兽及海龟的生存。目前该项目几经延迟，各方还在激烈的博弈之中。

伴随国家的政治转型，非政府组织对政治权利的关注成为主流，他们强调公民在经济发展过程中的参与权。缅甸民选政府上台后，民众的政治参与热情高涨，"克钦发展网络"声称密松水电站合同的签订不透明，地方民众参与权利完全被忽视，他们发起反坝行动的主要目的是推动建立平等、公正的公民社会，促进缅甸的社会政治改革。克拉克等人早前在研究菲律宾等东南亚非政府组织的政治参与和抗争行动时指出，这些处在政治转型时期的非政府组织活动都具有内在的政治性，他们不仅期望参与地方发展计划而且能够动员当地民众参与政治并影响宏观经济和政治的发展。[①] 因此，反管道、反坝运动并非单纯的环境因素所诱发，部分非政府组织将经济合作项目"政治化"以满足自己的政治需求。

除了环保和人权方面的指责，非政府组织和当地居民抵制中国投资项

---

① G.Clarke, *The Politics of NGOs in South-East Asia: Participation and Protest in the Philippines*. London :Routledge Press. 1998, pp.195-196.

目的另一理由是土著居民没有很好参与到项目实施中，未能从项目开发中获得足够利益。中国开展能源合作的重点地区主要分布在南亚、非洲和拉丁美洲地区，以发展中国家为主，其中一些还是联合国确定的最不发达国家。由于缺乏资金、技术和人力，这些国家难以独立开发资源，最合理的选择是与其他国家合作进行开发。这种合作往往采取 BOT 方式，即技术、资金能力较强的国家在资源所在国投资建设（Build）项目，项目建成后由建设方运营（Operate），运营期满后投资国将项目转交（Transfer）给资源所在国。在区域经济合作中，BOT 项目相对独立，主要由投资方操作，效率很高，但容易导致开发项目与周边区域发展的脱节。比如，秘鲁的矿山大多位于贫困地区，但一些原住民认为中国企业的矿产开发并未对当地社区发展提供可观的支持。① 联合国最近发布的《大湄公河流域环境展望》指出，大湄公河流域国家的经济合作提高了这一地区的收入和福利水平，尤其是在泰国、越南和中国云南省。然而，大部分的增长忽略了这一区域超过 70% 的农村人口，他们中的许多人直接依赖自然资源为生。② 中巴经济走廊是"一带一路"的旗舰项目，其项目投资规模超过了 300 亿美元。但据中国学者在巴基斯坦的考察，相较于英、美、日、沙特、阿富汗等国企业，中国企业在当地的存在感和融入感有很大差距。③

2015 年 6 月，国际河流组织（International Rivers）对七家主要的中国海外水电公司承建的项目进行了环境管理、社区与劳工关系以及风险管理方面的评估，其中社区与劳工关系的评估指标涉及当地民众对项目的参与情况、原住民社会影响评价、制定适当的社区关系政策、有意义而负责任

---

① Nathaniel Parish Flannery.2013,Political Risk: What Should Investors Know About China's Interest In Peru?http://www.forbes.com/sites/nathanielparishflannery/2013/09/17/political-risk-what-should-investors-know-about-chinas-interest-in-peru/.

② 黄勇：《〈大湄公河流域环境展望〉发布，土地退化、空气和水污染、生物多样性损失是这一区域所面临的重要环境问题》，《中国环境报》2007 年 7 月 20 日。

③ 王秋蓉：《"一带一路"背景下我国企业海外生存之道》，《WTO 经济导刊》2015 年 10 月 26 日。

的沟通与意见征求、投诉与申诉机制建设；以及项目利益分享承诺，包括公平获得电力服务、增加受影响社区可获得的当地自然资源、受影响社区分享水电的直接经济收益等。结果显示，在社区与劳工关系方面的整体得分普遍不高。

由于语言文化差异以及劳工素质，中国企业倾向于使用国内的工人。据《2015 年中国 500 强企业发展报告》和贸发会议发布的《2016 年世界投资报告》，全球 10 大跨国公司国际化员工平均比例为 93.2%，而中国 10 大跨国公司国际化员工平均比例仅为 33.89%，有些公司的比例甚至不足 10%。

从国际层面看，部分非政府组织被发达国家利用来维护其主导的全球秩序，为其对外战略张目。据美国国际发展署的统计，2010 年在美国国际发展署注册的非政府组织从美国国际发展署和其他政府部门接收到高达 68 亿美元的活动经费。非政府组织为争取资金，在进行具体项目操作之前就开始本能地做出政策调整以主动迎合政府的意识形态和战略需求。一些"国际非政府组织"在特定国家主流政治势力的扶持下，正在以更为隐蔽和更易被接受的方式行使着政府的部分政治权能。[1] 近年来，中国海外投资的迅速崛起，惊动了环保组织和西方的大坝建设者和融资者，这些建筑和金融机构已经控制了全球市场几十年。中国在世界其他地区的崛起和知名度增加也激发了他们的恐惧和怀疑。一些西方分析家认为，中国在东南亚等地区的海外投资增长日益削弱了美国和欧洲在该地区的影响力。来自于西方的国际非政府组织如环球见证、大自然保护协会，国际自然保护联盟、国际河流保护组织因而密切监测中国企业参与的大坝建设、石油矿产资源开发以及橡胶林的开采。[2]

---

[1]　徐莹：《残缺的独立性：国际非政府组织首要结构性困难解析》，《世界经济与政治论坛》2008 年第 3 期。

[2]　Peter Bosshard. China's Overseas Dam Builders: from Rogue Players to Responsible Actors? http://www.japanfocus.org/-Peter-Bosshard/3347/article.html.

联合国开发计划署的研究表明，尽管没有完整的数据，但综合所有研究及几次采访所得的结果，可以肯定参与发展合作的国家和地方性非政府组织许多资金来自外国捐赠者。在肯尼亚，该国非政府组织90%以上的资金都来自国际援助。在乌干达，外部资金占到该国非政府组织总资金的80%以上，而私人捐助占比不足3%。在长期接受外部资金援助的过程中，这些非政府组织已经逐渐养成了多种技能，以满足捐助方不断变化的利益需求。① 在东南亚，经常参与反对中国水电开发项目的缅甸"丹瑞天然气运动""克钦发展网络"等非政府组织长期接受美国国家民主基金会（National Endowment for Democracy）的赞助。行业研究显示，发展中国家只有33%的水能资源得到了开发。大部分未开发的水能潜力主要分布在最贫困的国家，目前非洲水电的潜力只有5%得到开发，而在北美洲和欧洲，水电潜力已有80%得到开发。国际水电协会认为发展中国家必须抓住机遇开发水能资源，减轻贫困并获得经济利益。② 但过分依赖国际援助使得这些本土非政府组织对外部投资的抗议充满了大国政治博弈的色彩，他们的抗议行动往往与地方的实际发展严重脱节，成为某些西方大国推行地区战略的工具和棋子。

四、推进"一带一路"应采取有效措施应对国际非政府组织的挑战

近年来，非政府组织在国际经济发展中的地位日益突出。亚行国际非政府组织论坛（NGO Forum on ADB）旨在对亚行资助的区域合作项目进行监视，以保障被开发地区人民在开发政策制定和实施过程中的影响力，保护开发地区的环境以及提高开发地区人民的福祉。目前，亚行非政府组

---

① 联合国开发计划署：《2013年9月携手公民社会提供对外援助》，第130—157页。

② 韦凤年：《探寻大坝建设与生态环境的平衡》，《中国水利》2004年第23期。

织论坛在东南亚地区、湄公河次区域、中亚及高加索地区非常活跃。相比于政府，非政府组织具有一些比较优势，包括能够考虑当地实际和需要、就问题进行独立的评估、提供专业的知识和建议、保证信息的畅通、进行系统的监督和纠错。① 中国在推进国际区域合作中应鼓励企业邀请当地非政府组织参与投资项目的设计和实施，这可以增加项目的透明度，规避可能存在的社会风险。与非政府组织开展对话沟通可以了解底层民众的诉求，避免项目与民众实际需求的脱节。

加强与非政府组织的沟通可以在一定程度上缓解不可预期的社会政治风险。2015 年 3 月，斯里兰卡政局更迭，新政府上台后一系列涉外合作项目被叫停并重新评估，其中包括中国投资 14 亿美元建设的科伦坡港口城项目。斯里兰卡非政府组织"斯中社会文化合作协会"表示，科伦坡港口城项目将为斯里兰卡发展带来巨大资金支持，为当地创造大量就业机会，对促进当地社会经济发展有着重要作用，因此该组织呼吁斯里兰卡新政府"从国家发展的重要利益出发，允许港口城项目继续进行建设并消除任何因暂停港口城项目可能引发的不利影响"。2015 年 12 月，斯里兰卡内阁批准被叫停的科伦坡港口城项目进行防波堤建设。

其次，维护中国的海外利益也需要非政府组织的积极参与，因为非政府组织是经济项目的重要利益相关者。利益相关者是指受项目结果影响或可能影响项目结果的个人或团体，既可能包括受影响的社区、当地组织、非政府组织和政府当局，也可能包括政治人物、商业或工业企业、工会、学术或宗教团体、全国社会和环境公共机构以及媒体。因此，有学者认为"中国海外利益"指的是"中国政府、企业、社会组织和公民通过全球联系产生的、在中国主权管辖范围以外存在的、主要以国际合约形式表现出来的中国国家利益"②。调查显示，不少中国企业对于利益相关方的重视程

---

① 刘鸿武：《中非发展合作理论、战略与政策研究》，中国社会科学出版社 2011 年版，第 278 页。

② 苏长和：《论中国海外利益》，《世界经济与政治》2009 年第 8 期。

度主要还是取决于与核心业务的关联程度。重视程度排名前五的利益相关方分别为客户、股东（投资者）、投资国政府、中国政府当地常驻机构以及供应商。相反，位于末五位的利益相关方为：当地社区、行业协会、新闻媒体、国际组织（如联合国驻当地机构）及非政府组织。

中国企业需要与非政府组织建立起有效的沟通机制。非政府组织对中国企业行为的认知有时存在偏差，但一些企业往往没有对非政府组织做出积极回应，从而使双方误解越来越深。根据国际非政府组织"企业与人权资源中心"（Business&Human Rights Resource Centre）的统计，从 2005 年到 2014 年 4 月，他们与总部设在大中华地区的中资企业和外国"跨国公司"就环境和人权指控问题接洽了 223 次，跨国公司的回应率是 77%，而中资企业的回应率则是 50.4%，明显偏低。目前，非政府组织直接与中国企业联系的公开渠道非常有限。

"国际河流组织"中国项目主任接受《环球时报》采访时谈到，"国际河流"曾做过一个关于中企海外水电站项目的评估，评估之初他们想和相关中国企业联系，但却没有得到任何回应。[1] 缅甸非政府组织"克伦邦环境与社会行动网络"水治理项目协调员对澎湃新闻表示，他们与政府和中国企业接洽非常困难，决策过程中没有人聆听他们的声音，所以唯一的途径就是组织抗议，以此表明他们的存在。[2]

水电、能源等项目的投资周期很长，需要在当地进行数十年甚至更长时间，非政府组织能向企业提供很多当地的、社区的知识和资源。因此，与非政府组织合作可以创造民间对外部投资的友好态度，减少海外投资的社会成本。早在 1951 年，美国便专门设立技术合作署署长特别助理一职，负责与关心向低度发达地区提供技术援助的民间组织保持联络。美国认为非政府组织成员的技术和知识对合作计划的有效开展具有重大价值，因为

---

① 王雯雯：《看中企在柬埔寨如何化解"大工程魔咒"》，《环球时报》2016 年 1 月 15 日。

② 《中国式走出去：投资海外，NGO 是敌人还是利益相关方?》，http://www.ngocn.net/news/363704.html。

他们了解世界各地具有不同文化背景的民族的生活方式。1989 年日本外务省建立了"非政府组织事业保证金制度"，仅在当年就支出 1.1 亿日元，东南亚非政府组织的项目都得到了该项目的支持。20 世纪 90 年代以来，丰田财团加大了对东南亚国家非政府组织的资助力度。据报道，目前在柬埔寨一共约有 1000 家非政府组织，很多是西方国家和日本扶持的非政府组织，这些非政府组织不仅为西方国家提供关于柬埔寨的国情和经贸信息，还直接参与发放援助物资、人力资源培训、对外宣传等工作，更重要的是，他们在开展这些工作的同时还宣传了西方价值观，为西方国家对柬埔寨的援助和投资推波助澜。[1]

中国的发展合作规模每年都保持持续增长的态势。2014 年发布的《中国的对外援助》白皮书中的数据显示，中国在 2010 至 2012 年期间共提供了 144.1 亿美元的发展合作资金，但这些合作资金主要集中在交通运输、大中型基础设施建设等经济领域，公共服务领域的合作力度较弱，特别是在非政府组织方面没有任何投入。[2] 为推进"一带一路"，中国应有针对性地支持重点合作区域的非政府组织，企业在投资中可以设立独立的基金会对当地非政府组织予以适当的援助。

再次，促进国内民间组织的国际化，积极开展民间外交。与政府之间的沟通相比，非政府组织的沟通方式和手段都更具灵活性。目前，中国具有国际影响力的非政府组织很少。据统计，2015 年总部在中国的国际非政府组织只有 140 家，国内 3549 个基金会中涉外基金会只有 8 个。在全世界拥有联合国经社理事会非政府组织咨商地位的 3534 家机构中，中国的非政府组织只有 44 家（包含香港和台湾地区的非政府组织组织），仅占 1.2%。[3] 值得注意的是，随着中国对外投资规模的扩大，已经有越来越

---

[1] 宋梁禾:《中国对柬埔寨的援助评价及建议》,《国际经济合作》2013 年第 6 期。
[2] 联合国开发计划署:《需求驱动的数据：伙伴国家如何收集中国发展合作信息》,2015 年 6 月。
[3] 吕晓莉:《中国非政府组织的国际化路径研究》,《当代世界与社会主义》2012 年第 6 期。

多的中国境内非政府组织开始关注中国海外投资对东道国土著居民生计、生态环境的影响，并为改进中国企业的行为和改善中国的国际形象而努力。比如 2004 年 3 月在北京市朝阳区民政局注册成立的全球环境研究所（Global Environmental Institute，GEI）大力推动环境、能源等议题的国际合作，是率先在海外成功实施环境与发展项目的中国本土非政府组织。2015 年，GEI 在北京及昆明举办了两场"中国对外投资企业环境能力建设培训会"，帮助在东南亚国家开展投资以及有计划去东南亚投资的国有和大中型民营企业更好地规范其海外投资中的经济行为，减少社会冲突。GEI 还在缅甸仰光举办了"环境和发展研讨会"，参加者包括缅甸企业协会领袖和民间社会组织。但是，这些非政府组织很难从国内政府层面得到资金支持，其大部分活动经费来自海外基金会的资助。中国应加大对这类具备走出国门能力的非政府组织的资助，扩大其在国际社会的影响力。

最后，中国需要倡导成立国际非政府组织服务"一带一路"倡议。因为"一带一路"涉及不同政治制度和意识形态的国家，部分非政府组织和民众之所以抵制和干扰中国的投资项目，与制度和意识形态偏见不无关系。而非政府组织的参与可以淡化经济合作的政治色彩。"区域经济合作的核心精髓是参与合作的各方以地方政府、企业、非政府组织为主，巧妙地避开了国家层面上的政治制度、意识形态方面的争议，开展具有实质性内容的经济合作。"① 就亚太地区的经济合作发展史而言，太平洋盆地经济理事会（PBEC）、太平洋贸易与自由发展会议（PAFTAD）以及太平洋经济合作理事会（PECC）等非政府组织一直扮演着区域经济合作的推手。目前 PECC 仍继续协助 APEC 达成亚太区域经济合作的各项目标，PECC 对亚太区域经济合作的发展可谓贡献颇多。② 东盟工商联合总会（ASEAN-CCI）、东盟战略及国际研究所（ASEAN-ISIS）、东盟妇女组织联盟（ASE-

---

① 张庆霖：《次区域经济合作模式的演化》，《经济问题探索》2014 年第 11 期。
② 游雅雯：《太平洋经济合作理事会（PECC）对亚太经济合作会议（APEC）的影响：国际非政府组织（NGOs）在亚太区域的角色与地位》，《中山人文社会科学期刊》2006 年第 2 期。

AN-Alliance of Wornen's Organizations）等 58 个非政府组织都是在东盟的倡导或组织下成立的。目前由中国倡议成立的丝路基金、亚洲基础设施投资银行等都是政府间组织，还没有建立一家非政府组织。"一带一路"建设仍然具有比较明显的 G2G 的特点，即"政府对政府"，这种传统的合作模式容易遭到社会层面的抵制。对此，习近平总书记特别强调，要引导更多社会力量投入"一带一路"建设，努力形成政府、市场、社会有机结合的合作模式，形成政府主导、企业参与、民间促进的立体格局。[①] 借鉴东盟、欧盟通过建立国际非政府组织推进区域一体化的经验，可以倡导建立以"一带一路"冠名的非政府组织，以此作为社会载体，从民间层面推进"一带一路"倡议落地。

---

① 习近平:《建设"一带一路"要发挥地方积极性》, http://news.sina.com.cn/c/nd/2016-04-30/doc-ifxrtzte9842566.shtml。

后　记

　　为总结"一带一路"建设持续推进三年多来，民心相通领域工作取得的主要进展、成就，并探索未来工作推进方式，"一带一路"智库合作联盟秘书处——中共中央对外联络部当代世界研究中心联合中国人民大学重阳金融研究院共同编辑出版《"一带一路"民心相通报告》。

　　本书是系统梳理和总结"一带一路"民心相通领域工作成就和经验的第一部著作。中联部部长宋涛十分关心和支持本书的编写工作，提出了重要的指导性意见。中联部副部长、"一带一路"智库合作联盟共同理事长郭业洲多次过问编写进程并提出许多重要修改意见。中联部当代世界研究中心主任、"一带一路"智库合作联盟秘书长金鑫带队到有关部委、地方调研民心相通工作进展情况，并具体组织了全书编写、统稿和修改工作。中国人民大学重阳金融研究院执行院长王文多次会同编撰人员就内容、提纲及体例等进行了深入细致的交流商讨。中联部当代世界研究中心战略研究处承担了本书联系、组稿和前期编辑工作。中国人民大学重阳金融研究院信息中心承担了本书后期编辑、校对工作。

　　文化部、科技部、环保部、国家新闻出版广电总局、国家体育总局、共青团中央、中国法学会、国家宗教局、国家汉办等部委和单位，福建、新疆、云南、黑龙江、陕西等省区以及中国社科院、北京大学、南开大学、兰州大学、广西大学、华东师范大学、上海交通大学、上海外国语学院、北京语言大学、北京第二外国语大学等"一带一路"智库合作联盟理事单位为本书提供了稿件。

本书收录文稿具有原创性、前沿性、权威性，数据和信息真实、准确，研究报告坚持正确的政治方向和学术导向，提出的对策建议具有较强的操作性和针对性，力图为"一带一路"顺利推进发挥咨政建言作用。

"一带一路"智库合作联盟秘书处致力于将该著作打造成"一带一路"民心相通领域的权威信息发布平台和研究成果的展示"窗口"。本书作为抛砖引玉之作，错漏之处在所难免，诚请有关专家和广大读者批评指正。

编　者

2017 年 10 月 18 日

责任编辑：曹　春

责任校对：吕　飞

图书在版编目（CIP）数据

"一带一路"民心相通报告/郭业洲 主编 . —北京：人民出版社，2018.1

ISBN 978 - 7 - 01 - 017683 - 3

I. ①一… 　II. ①郭… 　III. ① "一带一路" - 国际合作 - 研究　②文化

　交流 - 研究 - 中国　IV. ① F125.5 ② G125

中国版本图书馆 CIP 数据核字（2017）第 081781 号

"一带一路"民心相通报告

YIDAI YILU MINXIN XIANGTONG BAOGAO

主编　郭业洲　执行主编　金　鑫　王　文

人民出版社 出版发行

（100706　北京市东城区隆福寺街 99 号）

北京盛通印刷股份有限公司印刷　新华书店经销

2018 年 1 月第 1 版　2018 年 1 月北京第 1 次印刷

开本：710 毫米 ×1000 毫米 1/16　印张：20.5

字数：298 千字

ISBN 978 - 7 - 01 - 017683 - 3　定价：58.00 元

邮购地址 100706　北京市东城区隆福寺街 99 号

人民东方图书销售中心　电话：（010）65250042　65289539

"一带一路"智库合作联盟

"一带一路"智库合作联盟成立于 2015 年 4 月，是为配合"一带一路"合作倡议，由中共中央对外联络部、联合国务院发展研究中心、中国社会科学院、中国国际经济交流中心、复旦大学搭建的高端智库平台。秘书处设在中联部当代世界研究中心。智库联盟由 200 多家"一带一路"相关国家重要智库成员单位组成。联盟设顾问委员会，希腊前总理帕潘德里欧、斯洛文尼亚前总统图尔克、法国前总理德维尔潘、意大利前总理达莱马、埃及前总理沙拉夫、坦桑尼亚前总理平达、泰国前国会主席蓬拉军、伊朗前副总统加福里法尔德等 10 余位国外前政要担任外籍顾问。

当代世界研究中心

当代世界研究中心成立于 1994 年，是直属于中共中央对外联络部的智库，主要从事中国对外战略、世界政党政治、社会政治思潮、国外政治制度、国际形势、国家发展模式比较等方面的研究。中心成立以来，始终秉持以服务党和国家的决策为宗旨，推出了一批高质量的研究成果，许多成果得到中央领导的批示和国外智库同行的好评。中心已与世界上 60 多个国家的主流智库建立了不同形式的联系。聘请了 140 余位国内外有影响力的政要和学术机构、高等院校的专家学者担任理事和特约研究员。

中国人民大学重阳金融研究院

中国人民大学重阳金融研究院（人大重阳）成立于 2013 年 1 月 19 日，是重阳集团董事长裘国根先生向母校捐款 2 亿元并设立教育基金运营的主要资助项目。

目前，人大重阳下设 7 个部门、运营管理 3 个中心（生态金融研究中心、全球治理研究中心、中美人文交流研究中心），被中国官方认定为 G20 智库峰会（T20）共同牵头智库、中国金融学会绿色金融专业委员会秘书处、"一带一路"中国智库合作联盟常务理事、中国—伊朗官学共建"一带一路"中方牵头智库。